Literatura, política y sociedad: construcciones de sentido en la Hispanoamérica contemporánea.

Homenaje a Andrés Avellaneda

Álvaro Félix Bolaños
Geraldine Cleary Nichols
Saúl Sosnowski
Editores

ISBN: 1-930744-33-1

© Biblioteca de América, 2008
INSTITUTO INTERNACIONAL DE LITERATURA IBEROAMERICANA
Universidad de Pittsburgh
1312 Cathedral of Learning
Pittsburgh, PA 15260
(412) 624-5246 • (412) 624-0829 fax
iili@pitt.edu • http://www.pitt.edu/~hispan/iili/index.html

Colaboraron en la preparación de este libro:

Composición y diseño gráfico y tapa: Erika Braga
Correctores: Alicia Covarrubias, Fernando Lanas y Susana Rosano

Literatura, política y sociedad: construcciones de sentido en la Hispanoamérica contemporánea.

Homenaje a Andrés Avellaneda

Álvaro Félix Bolaños
Geraldine Cleary Nichols
Saúl Sosnowski
Editores

Literatura, política y sociedad:
construcciones de sentido en la
Hispanoamérica contemporánea.
Homenaje a Andrés Avellaneda

Presentación
Álvaro Félix Bolaños, Geraldine Cleary Nichols y Saúl Sosnowski 7

Sobre la obra crítica de Andrés Avellaneda
José Luis de Diego 17

Violencia en el deshielo: imaginarios latinoamericanos posnacionales después de la Guerra Fría
Mabel Moraña 37

Ulrich Schmidel y la continuada composición de sus memorias de la conquista del Río de la Plata
Álvaro Félix Bolaños 45

Los problemas de traducir un clásico vernacular: el caso de Martín Fierro
Daniel Balderston 67

Saberes tecnológicos y cuerpos (pos)coloniales: Martí en la escena norteamericana
Beatriz González-Stephan 77

Elías Castelnuovo, entre el espanto y la ternura
Sylvia Saítta 99

La guaracha del Macho Camacho: *entre lo soez y lo camp, entre lo camp y lo soez*
Efraín Barradas 115

Lo real sin identidades. Violencia política y memoria en Nadie nada nunca, Glosa *y* Lo imborrable *de Juan José Saer*
Miguel Dalmaroni 125

El imaginario del poema: Marosa di Giorgio
Alicia Genovese 143

6 • Índice

Fragmentación del cuerpo: la escritura y la memoria en The Little School *y* Pasos bajo el agua
Marta Zulema Bermúdez 151

De padres muertos y enfermos: paternidades, genealogías y ausencias en la novela argentina de la posdictadura
Fernando Reati 169

El norte y el sur de la poesía
Francine Masiello 189

Discursos críticos y discursos sociales: los estudios literarios latinoamericanistas en el contexto de los Estados Unidos
Andrés Avellaneda 201

Colaboradores 211

Literatura, política y sociedad: construcciones de sentido en la Hispanoamérica contemporánea. Homenaje a Andrés Avellaneda

ÁLVARO FÉLIX BOLAÑOS
GERALDINE CLEARY NICHOLS
SAÚL SOSNOWSKI

Nada fue más fácil que aceptar la invitación de Álvaro Félix Bolaños a colaborar con él en la preparación de un volumen de homenaje a nuestro colega-amigo-hermano Andrés Avellaneda. Nada más difícil que la ausencia de Félix. En este cruce de caminos la celebración adquiere un tinte de recuerdos y la alegría se recorta contra la lectura de los apuntes que Félix preparó para esta introducción. Habíamos pensado en modular nuestras versiones en una sola voz; creo, sin embargo, que para mantener viva su presencia y la actualidad de su trabajo, corresponde mantener los apuntes de Félix. He hecho algunos ajustes y los he reorganizado conforme al índice del volumen.

La mayoría de estos ensayos están emparentados con los intereses temáticos de Andrés Avellaneda y con su interés en la relación entre la literatura y la política. El primero de ellos ("Sobre la obra crítica de Andrés Avellaneda") tiene, además, la virtud de marcar los aportes que ha realizado en su carrera como crítico literario. José Luis de Diego hace una especie de cartografía del itinerario crítico de Avellaneda al indicar que éste ha producido "trabajos que trazan panoramas sincrónicos del estado de la literatura argentina".

Según de Diego, Avellaneda traza al menos tres mapas. El primero de ellos es de 1983: *El habla de la ideología. Modos de réplica literaria en la Argentina contemporánea*. Más que cuatro ensayos dedicados a cinco autores argentinos –dice– "sería más justo definirlo como un libro sobre el peronismo, sobre un modo de leer la literatura de los autores mencionados, como 'réplica' de un grupo social durante el primer peronismo". El concepto "ideología" que utiliza Avellaneda no es el marxista de "falsa conciencia" o "algo que enmascara u oculta un orden opresivo", sino que funciona "como un sistema de creencias y valores identificables con un grupo o clase social" [...;] "se escribe un texto (el 'habla') para lectores del mismo grupo, quienes poseen las competencias necesarias para decodificarlo". Ese grupo es lo que Stanley Fish llamaría "an interpretative community".

Convertido en clásico de la crítica literaria argentina en torno al primer peronismo, este libro contiene dos novedades "fuertes". En primer lugar, es una apuesta metodológica a categorías ("ideología", "lector real", "extratexto", "contrato de lectura") que rompe con el estructuralismo y ofrece una lectura "más sociológica, más política" en que los textos literarios son réplica. Ofrece, además, un "gesto crítico fundacional" al plantear una idea vigente aún hoy: que el primer peronismo es "un espacio generador de lenguaje en la literatura argentina". Este primer mapa incluye también estudios de autores como Daniel Moyano y Jorge Asís.

El segundo mapa corresponde a 1985 y se da en torno a la intervención de Avellaneda en un congreso realizado en la Universidad de Minnesota (1984). Se ocupa de la literatura producida entre 1960 y 1980 en que aparecen "los primeros desafíos al canon narrativo realista", lo cual requiere un "discurso *mestizo* [...] que exalte la naturaleza híbrida de los materiales". Este nuevo "canon" incluye una reinterpretación del legado de Borges y Arlt y una crítica al dogmatismo de la izquierda y al reduccionismo del populismo cultural (en ello coincide con Ricardo Piglia y Beatriz Sarlo). Este nuevo mapa demuestra la "particular sensibilidad de Avellaneda" para percibir en un corte sincrónico la literatura emergente así como sus futuras limitaciones.

En 1986 apareció su segundo libro, *Censura, autoritarismo y cultura: Argentina 1960-1983* (2 volúmenes), un "...excelente trabajo de recopilación documental sobre la acción represiva del estado contra la cultura en 23 años" de historia argentina. Allí Avellaneda cuestiona la noción de que el Proceso es un fenómeno nuevo "ya que su acción represiva es la culminación de un *crescendo*". El período examinado tiene "una etapa mayor de formación y acumulación hasta aproximadamente 1974 y otra de culminación y sistematización desde entonces hasta 1983". Más que ruptura, entonces, continuidad: a juzgar por sus decisiones públicas, la diferencia de la acción represiva de la dictadura del Proceso respecto de gobiernos anteriores no es de *naturaleza*, sino de *grado*. Las prescripciones que da la dictadura y sus gobiernos anteriores, apuntan a la protección de una cultura por medio de la subordinación a la moral. Por ello, "...será necesario recortar progresivamente el alcance de lo no-moral, que abarca los conceptos de sexualidad/familia, religión y seguridad nacional".

Cuatro años después, en 1990, Avellaneda se ocupó de las revistas literarias, incluyendo las publicadas a partir del retorno a la democracia. Dice de Diego: "A partir de 1990, la obra crítica de Avellaneda se desplaza hacia un objeto hasta entonces poco visitado: la crítica literaria, las historias de la literatura, las publicaciones culturales literarias; aquello que presuntuosamente, suele llamarse metacrítica o, en un sentido más amplio, crítica cultural". Este estudio: "le permite arribar a un par de conclusiones. Por un lado, *la existencia de una integración teórica y metodológica comprobable entre la crítica de la Argentina y buena parte de la realizada fuera de la Argentina*. Por otro, una preocupación recurrente en los textos de Avellaneda: *la cuestión del lector real*, esto es, el modo en que esa producción pueda encontrarse, dentro y fuera del país, con una audiencia que cierre el circuito de la comunicación y dé sentido a la variada riqueza de estos aportes".

El tercer mapa se da "... a partir de una doble articulación: una, digamos, nacional (cómo volver a construir sentidos frente a la *totalización fonológica* del poder y el sentimiento de orfandad de la derrota); otra, global (la asunción, para el campo literario argentino, del repertorio de novedades que imponía el llamado posmodernismo)". En 1994-95, hay trabajos que, según de Diego, no caben en estos mapas. Se trata de textos que se pueden considerar "de crítica literaria *strictu sensu*". Uno de ellos es "una somera genealogía de un género prestigioso: el *Bildungsroman*, desde su origen en Alemania hacia finales del siglo XVIII hasta un recorrido por las principales manifestaciones del género en Argentina" (sobresale el ejemplo de las mujeres escritoras).

A comienzos de 2000 Avellaneda se ocupa de "dos figuras centrales del panteón literario argentino: Arlt y Bioy Casares". Sobre el primero señala: "lo novedoso de Arlt es el efecto de desfamiliarización y no tanto su objeto, largamente transitado por el boedismo, y la lectura de Avellaneda procura detenerse en los nexos de sentido entre sus ficciones y el horizonte de expectativa de sus lectores contemporáneos". En 2002 publicó un texto sobre Eva Perón, "uno de los más difundidos de Avellaneda", donde analiza la proliferación de representaciones literarias en las que se ficcionaliza el personaje histórico. Avellaneda se pregunta: "¿Fue el peronismo un hecho maldito también para la literatura argentina?" Para responder esta pregunta, postula tres etapas en las relaciones entre política y literatura: la década del treinta, el peronismo y los sesenta. Para referirlas parte de un axioma de base: "... *en materia de literatura y política interesa más la discursividad (ficcional) de lo político, que la presencia referencial o temática de lo político*".

Por último está su producción crítica en proceso de desarrollo sobre los llamados "estudios culturales latinoamericanos" generados desde los EE.UU. y en América Latina: "si en las academias de Estados Unidos los *estudios culturales* tuvieron un sentido trasgresor y subversivo al incorporar como objeto de estudio *los particularismos étnicos, subculturales o de género*, en el contexto latinoamericano, ese desplazamiento fue leído como un peligroso abandono de las categorías que las ideologías igualitarias habían consolidado treinta años antes". Avellaneda desnuda "las falacias teóricas y metodológicas sobre las que se fundamenta cierto tipo de estudios derivados de una lectura sesgada que, desde Estados Unidos, se realizó de los posestructuralistas franceses, lecturas *donde es relativamente fácil ver los saltos al vacío efectuados por la interpretación y percibir cómo los 'hechos' [...] son desplazados por el artificio teórico*".

José Luis de Diego considera, y con razón, que la obra crítica de Avellaneda posee diversas virtudes. Ésta ofrece una lectura novedosa de la narrativa argentina del siglo XX; "cuidadosamente vuelve sobre sus propios pasos; en cada trabajo algo se reitera (de trabajos anteriores) y algo se expande"; es notoria la gran claridad de su exposición y la humildad de su actitud; realiza su obra en la Universidad de Florida sin que ese lugar de enunciación sea muy visible (y, acoto, sin que el lugar de residencia alterara su visión argentina/latinoamericana) manteniendo, a la vez, una saludable desconfianza ante la producción latinoamericanista realizada en EE.UU. desde la experiencia cultural y política de ese país.

Su conclusión ejemplar, que compartimos, señala que Andrés Avellaneda es "un crítico ampliamente reconocido, profusamente citado, con una labor sostenida en el tiempo, y que carece de cualquier forma de pedantería intelectual, que reniega de las jergas artificiosas, que no se escuda en un lugar de enunciación supuestamente privilegiado, que nunca ostenta lo que sabe. Creo que estos gestos —esa *ética de las formas*— son los que fundan la ejemplaridad de su práctica crítica e intelectual".

En "Violencia en el deshielo: imaginarios latinoamericanos posnacionales después de la Guerra Fría", Mabel Moraña ofrece una muy sugestiva propuesta de reflexión sobre la violencia en Latinoamérica en una época en que el neoliberalismo y la globalización han adulterado los conceptos tradicionales de sociedad, estado, nación y los sujetos en conflicto que la componen, así como las maneras fáciles de darle sentido al ejercicio exuberante, sofisticado y trasnacional de esa violencia. Moraña reconoce la imposibilidad en Latinoamérica (a diferencia de Europa) de pasar revista a las atrocidades de la violencia del colonialismo, el imperialismo norteamericano, los conflictos internos (laborales, guerrilleros, pandillas, policial, narcotráfico, dictaduras, levantamientos indígenas, violencia doméstica, etc.) o aun el llamado "costo social" de todas estas y otras conflagraciones. Ante esa imposibilidad Moraña propone estudiar la complejidad de la violencia, especialmente la de los sectores subalternos que ella llama "práctica social" al margen de la violencia estructural o institucionalizada, como un "lenguaje cifrado" que requiere, de parte del intelectual, "constantes contextualizaciones" que dejen al descubierto su carácter "primordialmente contingente, particularizado" y que impliquen "una toma de posición *política* frente a las realidades analizadas".

Como fuerza que "implementa formas extremas de socialización intergrupal", y sin negar sus perversas consecuencias, según Moraña, la violencia actual debe ser considerada "una *performance* que por medio de prácticas extremas opera a través de la creación de *un desorden simbólico*", una *performance* de "extrema dramatización" y "exhibicionismo obsceno" que ofrece algo positivo para el estudioso: la apertura de un "espacio teórico que reconstruye –o destruye– los mitos de orden y progreso" y que nos obliga a buscar nuevas perspectivas de análisis de "los criterios y procesos de legalización y criminalización de prácticas sociales protagonizadas por sujetos considerados un excedente del sistema".

El ensayo de Félix Bolaños busca desconstruir un mito perdurable en la historia literaria latinoamericana: que las memorias de Ulrich Schmidel son únicas y especialmente fidedignas. Muchos críticos han visto *Derrotero* como una obra "única y prístina", una de las pocas escritas "por los protagonistas de los hechos" y, por ende, como una "narración y descripción de gran inmediatez a los hechos y cosas en cuestión". Parece otro aval que este bávaro casi analfabeto pudiera "escribir de memoria y sin [...] notas" una historia tan detallada. Se pinta a Schmidel como un ingenuo aventurero, ignorante de los contextos políticos y legales de la empresa conquistadora.

Bolaños, con la convicción y perspicacia que han caracterizado todos sus escritos, muestra que ni las experiencias ni el texto de Schmidel son únicos; que durante sus años en el Río de la Plata él y todos los conquistadores estuvieron continuamente en contacto con "la escritura, la ley, los rituales tanto de legitimación y dominio de los indígenas como de apoderamiento general de los españoles"; que Schmidel elaboró varias versiones orales de sus memorias antes de poner una por escrito, seguramente la que tuvo mejor recepción entre sus oyentes. Bolaños logra colocar *Derrotero* en el contexto de la "obsesiva y nutrida producción textual sobre cada paso del proceso de conquista", y a Schmidel, en el lugar que le corresponde, como "el conquistador de ingenuidad ausente".

El texto de Daniel Balderston, "Los problemas de traducir un clásico vernacular: el caso de *Martín Fierro*", es no sólo muy útil sino emblemático de la complejidad transcultural y transnacional en que trabajan muchos hispanistas. Su ensayo es una rigurosa reflexión sobre las grandes dificultades y riesgos que se asumen al traducir del español latinoamericano al inglés estadounidense.

Balderston ofrece una poco conocida historia de las empresas editoriales que hicieron traducir el poema de Hernández y da una serie de ejemplos puntuales utilizando pasajes famosos del *Martín Fierro* cuya traducción ilustra todo lo que puede salir bien o extraordinariamente mal al interpretar culturas foráneas. Balderston demuestra su gran habilidad para explicar textos poéticos de tradiciones culturales norteamericanas y latinoamericanas. Todo ello pone en evidencia la función de gozne intercultural que juega un hispanista norteamericano en diálogo con hispanistas hispanos de Latinoamérica o inmigrantes a EE.UU. en el contexto de su función didáctica.

En "Saberes tecnológicos y cuerpos (pos)coloniales: Martí en la escena norteamericana" Beatriz González-Stephan señala la importancia que tuvo para Martí la modernidad vista a través de la tecnología. Fascinado por la velocidad y la automatización, las crónicas que escribió en Nueva York, por ejemplo, se centran en aparatos cercanos a una dimensión humana (frente a las grandes maquinarias industriales) y en los medios de comunicación que podrían reducir la distancia que separaba a América Latina de los centros más avanzados. Frente al recelo de otros intelectuales latinoamericanos ante la modernidad tecnológica, Martí supo entenderla sin por ello soslayar su crítica al capitalismo. Las exposiciones fueron lecciones pedagógicas; los nuevos objetos, materia para una nueva estética y para aplicaciones cotidianas; las crónicas, un género que mediaba entre otras alternativas.

González-Stephan concluye su brillante análisis afirmando: "La crónica permitía una experiencia simulada de la modernidad, que suplía perversamente el goce impedido de una modernidad todavía no experimentada. Con esa poética de lo mínimo y la sensibilidad por el menor detalle, exponía una hiperbólica acumulación que animaban al lector a la necesidad de poseer esos objetos. De algún modo, y también vicariamente, el consumo de la crónica como gesto preformativo de lectura, era también un gesto de antropofagia cultural, que bordeaba sólo la representación virtual del consumo de una modernidad que pasaba por el agenciamiento estético".

En "Elías Castelnuovo, entre el espanto y la ternura", Sylvia Saítta estudia la génesis biográfica e intelectual de la "literatura destructiva" de Castelnuovo en la Argentina. Ésta contrasta con la "literatura constructiva" que, según él, sí pueden escribir los rusos ya embarcados en el desmantelamiento de la sociedad capitalista. Saítta examina el impacto que sobre su práctica literaria y política tuvo el viaje que hizo Castelnuovo a la Unión Soviética en 1931 a través de sus extensas memorias de viaje, de los comentarios de sus contemporáneos en revistas literarias y culturales, así como, y principalmente, del trabajo literario y crítico del autor a su regreso. Le presta especial atención a su dirección de la revista marxista *Actualidad. Económica, política, social*, a sus teorizaciones sobre un arte proletario que, según Castelnuovo, adelantaría el triunfo de la revolución. Analiza, asimismo, su obra dramática y narrativa centrada en personajes del proletariado y el lumpen que lucha, con frecuencia en vano, por la justicia social.

La imagen que deja Saítta de este autor y su muy socialmente comprometida obra es la de un artista que no concibe la creación artística fuera de una función revolucionaria (con el proletariado urbano a la vanguardia) pero captado por un escepticismo y un anarquismo que "anulaba toda salida revolucionaria" porque no había salida para los lamentables sujetos subalternos que producía el orden capitalista. Y aunque, según Saítta, su literatura es una ficcionalización de las consignas del Partido Comunista de la época, puede encontrar "su particularidad en la literatura argentina" en razón de su abandono del realismo. Castelnuovo lo consigue por medio del permanente "desborde narrativo", "la exageración y la desmesura" que lo alejan de las tradicionales representaciones referenciales. El ensayo nos deja una figura combativa que aunque puso su obra artística al servicio de una causa política concreta es lo suficientemente compleja para trascender la inmediatez de esa causa.

"*La guaracha del Macho Camacho*: entre lo soez y lo camp, entre lo camp y lo soez", de Efraín Barradas, está al servicio de una pregunta con la que deliberadamente lo termina: ¿será que el ritmo innovador de *La guaracha* residirá en el vaivén que va de lo camp a lo soez y de lo soez a lo camp? Basado en la premisa de que el humor es la clave para entender la obra de Luis Rafael Sánchez, y especialmente su novela cimera, *La guaracha del*

12 • Álvaro Félix Bolaños • Geraldine Cleary Nichols • Saúl Sosnowski

Macho Camacho, Barradas estudia las reflexiones que ha hecho el escritor sobre la literatura puertorriqueña, sobre su propia narrativa y, en particular, sobre el humor. La dispersión y malas ediciones de los materiales que contienen estas reflexiones, así como el carácter inédito de algunas de ellas, le exigen a Barradas hacer una especie de arqueología de la poética de Sánchez en la que desentierra ensayos y conferencias del autor escritos y pronunciadas entre 1981 y 1987. La pieza crucial para este análisis es una reflexión que con el título de "Hacia la poética de lo soez" ha tomado la forma de artículo y conferencia pública. Allí Sánchez reivindica la insolencia como una forma de insubordinación artística por medio del lenguaje y ciertos tropos literarios. Lo soez, según explica Barradas, corresponde a lo humorístico en *La guaracha* y su uso en esta obra divulga la posición ideológica y estética del autor.

Este estudio le permite a Barradas relacionar el concepto de lo soez con el concepto de "camp" (según lo explica Susan Sontag) y establecer las diferencias que hay en la utilización de un concepto sobre arte en países desarrollados y en países del Tercer Mundo como México o Puerto Rico. Esa diferencia está, según concluye Barradas, en que "nuestro camp puede ser político". En la pluma de Sánchez, el juego estético es también un gesto político; el deleite por lo morboso y el rescate de lo vulgar son aparentemente superficiales pero profundamente reflexivos. Es esa ambigüedad, o "vaivén", lo que Barradas considera clave de la innovación artística de *La guaracha*.

"Lo real sin identidades. Violencia política y memoria en *Nadie nada nunca*, *Glosa* y *Lo imborrable* de Juan José Saer", de Miguel Dalmaroni, comienza advirtiendo que la complejidad de la obra narrativa de Saer, en particular su manejo de la memoria, no puede comprenderse por medio de las estrategias narrativas con las que la crítica comúnmente caracteriza las novelas escritas o publicadas durante la dictadura. Dalmaroni parte de dos propuestas sobre la narrativa de Saer: primero, que es una respuesta *directa* y prolongada a la experiencia de la violencia política en Argentina, y segundo, que en tal respuesta hay una concepción *heterocrónica* de la memoria.

El análisis de estas tres novelas resalta la compleja relación de la escritura saeriana con la representación de lo real ya que en ella prima una "fragmentariedad", las "repeticiones" y lo "inconcluso"; es decir, un modo "oblicuo de configurar la experiencia dictatorial y *aludirla* de manera figurativa o metafórica" pero nunca narrativamente. Dedicada al tema del horror de los años setenta, la narrativa de Saer, según Dalmaroni, representa las formas de lo social, o los lenguajes culturales disponibles, y resquebraja su sentido de certidumbre para convertir esas formas de lo social en "la ceguera más trágica". También caracteriza a esta prosa como "una crítica impugnatoria de lo social" en la que el realismo se diluye en lo que Dalmaroni llama un "*hiperrealismo* extremista" que "descalabra los procedimientos realistas". Las narraciones de Saer "problematizan la forma de narrar la experiencia porque problematizan la experiencia misma", porque ésta se ha vuelto extremadamente traumática. Por eso, según Dalmaroni, Saer "no busca indagar la irrealidad de lo que nos pasa sino la irrealidad de lo que *sabemos* real, la irrealidad de lo que se nos da de ver y creer".

La conclusión a que llega el artículo es que Saer no es un escritor "realista" en un sentido literario tradicional sino un autor *realista* en el "sentido filosófico del término"; es decir, "es una ficción que sostiene y se sostiene en un realismo filosófico conjetural". El carácter *heterocrónico* está en su adopción de una teoría materialista de la memoria porque "procura barrer con la ilusión unidireccional y cronicista de una historicidad lineal".

"El imaginario del poema: Marosa di Giorgio", de Alicia Genovese, comienza con una reflexión que intenta desvirtuar la noción de que el lenguaje poético es una anomalía o desviación. Para Genovese, la poesía de la uruguaya Marosa di Giorgio (1934?-2004) utiliza la proyección imaginaria para realizar sus búsquedas estéticas y sus aventuras del sentido. Sus textos se caracterizan por una construcción sobria, impecable y eficaz y por eso ejercen, según Genovese, una poderosa atracción por medio de "un entrecruzamiento inesperado de sentidos" con un énfasis mínimo en la alteración gramatical típica de la poesía.

El texto de Marta Zulema Bermúdez, "Fragmentación del cuerpo: la escritura y la memoria en *The Little School* y *Pasos bajo el agua*", compara dos "testimonios carcelarios" escritos por Alicia Partnoy y Alicia Kozameh, víctimas de la represión militar argentina y de las violaciones cometidas durante el gobierno de Isabel Perón, respectivamente. Esta emotiva y detallada lectura de los testimonios se inspira y aspira a continuar la tarea de "reconstrucción de la impunidad" iniciada por Andrés Avellaneda. La discusión y análisis de los textos gira en torno a la tarea de recuperar con la escritura la solvencia de la memoria integrando fragmentos junto al impacto sobre el cuerpo tras las sesiones de tortura. Es una especie de lectura atenta de dos textos de catástrofe en que la biografía de Bermúdez sirve de marco para celebrar la inutilidad del esfuerzo de los militares por anular la memoria de la ignominia.

Fernando Reati estudia siete novelas con el tema del padre (o del progenitor en general) escritas entre 1979 y 2004 en "De padres muertos y enfermos: paternidades, genealogías y ausencias en la novela argentina de la post-dictadura". Éstas son: *Persona*, de Nira Etchenique (1979), *Levantar ciudades*, de Lilian Neuman (1999), *El buen dolor*, de Guillermo Saccomanno (1999), *La hija de Singer*, de María Inés Krimer (2002), *Papá*, de Federico Jeanmaire (2003), *Visitas después de hora* (2003) de Mempo Giardinelli, y *El lugar del padre*, de Angela Pradelli (2004).

En ellas hablar del padre es hablar de la nación en crisis. El hilo común que encuentra Reati en estas narraciones es la imagen de un padre que, habiendo sido joven y fuerte, se encuentra ahora en un lamentable deterioro que se expresa en la falla de su salud y el desmoronamiento de su autoridad y seguridad. Esa imagen recurrente es una metáfora del deterioro de la nación y de la orfandad en que deja a los argentinos en razón de la violencia del Proceso, primero, y la violencia del neoliberalismo, después. Dice Reati: "Por eso, percibo un eco social en estos relatos sobre el padre después de la dictadura. Un eco que, sugiero a modo de hipótesis, tiene que ver con la muerte de las utopías y de los 'padres de la Patria', con el corte intergeneracional causado por la desaparición de miles de jóvenes en los 70, e incluso con la desaparición de la Argentina familiar en los años de neoliberalismo y achicamiento del Estado benefactor." Todas estas novelas, concluye, son un síntoma "del duelo colectivo que ocasionan estas pérdidas".

En "El norte y el sur de la poesía", Francine Masiello se pregunta si el renovado interés en la Argentina por el "subalterno" es una ocasión para que el intelectual metropolitano produzca nuevos saberes y nuevas políticas (que favorezcan de verdad al subalterno) o si es una mera operación estética egoísta. Para responder a esta pregunta Masiello examina textos de etnógrafos europeos del siglo XIX y de un grupo contemporáneo de poetas y un cineasta (chilenos, estos últimos). El propósito es explorar la relación entre el Norte y el Sur del intelectual cosmopolita con sus otros —en este caso, con los indígenas—

así como su relación con su propio yo. Este examen, a su vez, termina con la sobrecogedora sospecha de Masiello de que este renovado interés por los nuevos pobres, o mejor dicho, por el Sur, es una simple moda actual que aunque responde al aceptable proyecto de rescatar lo popular intenta en realidad convertir lo rescatado en "mercancía que pertenece a la alta cultura".

Le preocupa a Masiello que esta moda de redescubrir literariamente lo babélico (el cruce de lenguas y culturas) en el Sur no sea una política fronteriza que proponga nuevas alianzas y núcleos comunitarios, sino una "estrategia de dejar hablar al subalterno de forma novedosa, propulsando el show de los marginados en el centro de la ciudad grande". A pesar de esta duda, Masiello termina con la esperanza de una alternativa positiva: que en ese nuevo contacto del intelectual metropolitano con los sujetos populares del Sur todos seamos unificados "hablando una lengua que ahora no es nuestra y que tampoco pertenece a nadie". En esa extranjería Masiello espera hallar una "política cultural" nueva en la que "a partir de la otredad de todos, podamos entrar en debate sobre las democracias del porvenir". Como alternativa a la traición al subalterno y a lo local Masiello presenta a varios poetas chilenos contemporáneos: Clemente Riedmann, Juan Pablo Riveros, Elicura Chihuailaf y Cecilia Vicuña, y al cineasta chileno, radicado en París, Raúl Ruiz con "Sitting on Top of a Whale: A Film about Survival" (1982).

Cerramos este volumen con palabra del homenajeado. Andrés Avellaneda presentó una versión de "Discursos críticos y discursos sociales: los estudios literarios latinoamericanistas en el contexto de los Estados Unidos" ante estudiantes y profesores de la University of Florida en octubre de 2006. Lo hizo con un pie en el estribo, a solamente un año de abandonar su asidero institucional en el sistema universitario norteamericano. Aunque no es posible atribuir la mordacidad del examen que hace de la crítica latinoamericanista en este sistema a la proximidad de su jubilación (su trabajo crítico siempre ha sido de una sutil y pertinente ferocidad) es notable la desolada advertencia que les hace a las futuras generaciones de latinoamericanistas sobre las limitaciones a su labor en los espacios institucionales que ofrece este mismo sistema. Al ser la universidad norteamericana, para decirlo en los latos términos de John Beverley, "un aparato para la extracción de información" al servicio del imperialismo norteamericano, o una reproductora del sistema social norteamericano que propicia este imperialismo, como lo reitera Avellaneda, la labor del latinoamericanista en este contexto está diseñada para que reafirme ideológicamente el *establishment* y no para nada que se le oponga.

Las reflexiones sobre la cultura latinoamericana, en este caso la literaria, hechas desde la universidad norteamericana siempre tendrán que luchar contra la tendencia institucional de enmarcarlas dentro de una economía de intercambio estrictamente jerarquizada en la que el centro metropolitano desea y constituye esa marginalidad latinoamericana para su funcionamiento y beneficio. La urgencia y puntualidad de su advertencia se hace evidente con el ejemplo que desarrolla al final de su intervención: la alarmante ambigüedad en la que puede caer, y ha caído, el muy bien intencionado latinoamericanismo norteamericano practicado en las universidades desde sus inicios en el siglo XIX. William Prescott, uno de sus fundadores, ha sido considerado en este país como un admirable y vigente modelo de estudio de las culturas del Tercer Mundo. Prescott, según explica Avellaneda, fue un intelectual que condenó la invasión a México entre 1846 y 1848, no por respeto a la soberanía y a la cultura mexicana autárquica, sino por pleitesía con su noción cristiana de las ofensas al prójimo. Prescott validó la superioridad y la "inevitable" supremacía de las culturas anglosajonas sobre las latinas y propició el saqueo de documentos culturales del México invadido para facilitar el desarrollo de ese mismo latinoamericanismo en su despacho.

En un momento en que la cultura estadounidense está mediatizada por las políticas económicas del neoliberalismo y por los proyectos militares y económicos unilaterales en relación con el Tercer Mundo, el ejemplo de la ambigüedad de William Prescott deja en claro el cuidado que el joven latinoamericanista debe tener al ejercer su propia práctica. Según Avellaneda, los distintos circuitos de teoría literaria y cultural que han tenido expresión en estas universidades desde mediados del siglo XX (estructuralismo, posestructuralismo, deconstrucción, estudios poscoloniales, estudios subalternos, etc.) han alentado una ilusión contestataria. Por eso Avellaneda no solamente concluye que "la teoría latinoamericanista –que se practica en este país–, al igual que la teoría mayor que la engloba en su lugar de enunciación, llega así a convertirse en sustituto del activismo político" sino que también está de acuerdo con Hernán Vidal en que esta crítica "suele apoyarse más en la novedad técnica que en las necesidades sociales latinoamericanas propiamente dichas".

Para Andrés Avellaneda, la práctica literaria y la práctica política han sido, y siguen siendo, áreas inseparables en el estudio de la cultura letrada latinoamericana. A lo largo de su carrera como crítico y docente, tanto en sus textos como en múltiples intervenciones académicas, jamás perdió de vista los conflictos de poder y las condiciones materiales de la región, a la vez que ha sabido manejar los matices que se imponen sutilmente en el análisis literario. Por todo ello, y por tanto más, con este volumen celebramos y agradecemos lo que ya nos ha dado y lo mucho que seguramente aportará en años venideros.*

Saúl Sosnowski

* Mencioné al comienzo el impacto que ha producido en el medio académico, pero sobre todo en su familia y entre sus colegas y amigos de la Universidad de Florida, la inesperada y trágica muerte de Álvaro Félix Bolaños. Anonadada, como todos, por este golpe, Geraldine Nichols generosamente tomó la posta. A la memoria de Félix sumo el merecido agradecimiento a Geraldine.

Sobre la obra crítica de Andrés Avellaneda

José Luis de Diego
Universidad Nacional de La Plata

Uno de los primeros trabajos críticos de Avellaneda fue el que publicó *Hispamérica* en 1973 sobre los cuentos de Daniel Moyano.[1] ¿Sobre qué *fondo* se publicaba aquel artículo? En cuanto a referencias específicas, poca cosa se había escrito sobre Moyano. Si revisamos la completísima bibliografía que incluye la tesis de Virginia Gil Amate (258-92), sólo encontramos, antes del 73, el pionero prólogo a *La lombriz*, de Augusto Roa Bastos, y el estudio de Rogelio Barufaldi, además de episódicas reseñas en los diarios y menciones pasajeras en libros. Pero existía otro *fondo*, de mayor interés. La crítica literaria argentina había encontrado los nombres y los caminos teóricos y metodológicos para una progresiva consolidación. En los sesenta, David Viñas, a partir de cierto uso heterodoxo del marxismo, combinado con una personal y áspera escritura, había publicado un libro destinado a perdurar: *Literatura argentina y realidad política* (1964). Una serie de artículos de diversa procedencia se reúnen en *Ensayos y estudios de literatura argentina* (1970), de Noé Jitrik, en los que se reconocen similares fuentes a las de Viñas, pero en un registro de escritura muy diferente. En 1968, se da a conocer *Literatura y subdesarrollo*, de Adolfo Prieto. En los tres casos, la historia y la política (en la inflexión, entonces vigente, de la teoría de la dependencia) aparecen como *matriz explicativa* de los textos que se analizan, desde una perspectiva que elude los imperativos, a menudo mal atribuidos a Lukács, que una izquierda dogmática había impuesto a la literatura y, por ende, a la crítica.

La obra de Jean Paul Sartre era la *marca* de aquellos años, basta pensar en el artículo de Jitrik "El proceso de nacionalización de la literatura argentina", de 1962, que cita, desde su título mismo, un conocido trabajo de Sartre. Sin embargo, ese proceso de consolidación se completaría con otro, ambiguamente llamado de modernización de la crítica, que provocaría notables cambios de rumbo. En el prólogo al libro ya mencionado, Jitrik se preguntaba: "¿Terminaremos todos los críticos literarios por ser lingüistas? ¿Será la lingüística la disciplina que le marque a la crítica sus límites con dramatismo definitivo, mayor que el que en su momento le crearon la sociología y la psicología?" (9).

En el mismo año, 1970, Nicolás Rosa, un crítico unos diez años menor que los ya nombrados, publica *Crítica y significación*: una nueva generación, familiarizada con los recientes aportes del estructuralismo, la semiótica y el psicoanálisis, irrumpía en la escena y encontraba, en la revista *Los Libros* el lugar de diferenciación respecto de sus antecesores *contornistas*. Por su parte, estos no permanecerán indiferentes a esos nuevos modelos críticos, como puede advertirse en algunos de los ensayos reunidos por Jitrik en *El fuego de la especie*, de 1971 (en especial, el dedicado a *Bestiario*).

Así, el trabajo de Avellaneda del 73 resulta tributario de ese cambio de rumbo: recorta un objeto (los cuatro libros de cuentos que, hasta ese momento, había publicado Moyano) y aplica un método, el que los estructuralistas franceses habían dado a conocer siete años antes, en el número 8 de *Communications*. La ahora clásica distinción entre *historia* y *discurso*, que postuló Tzvetan Todorov en "Las categorías del relato literario", resulta la referencia que guía la labor crítica: "Apoyándome en la distinción de dos aspectos en la obra literaria, *historia* y *discurso*, procederé a la arbitraria exclusión del segundo para centrar el análisis, como punto de partida, en la *lógica de las acciones*" (26. La cursiva en el original). Una lectura de la obra posterior de Avellaneda permite advertir la ausencia de trabajos tan ceñidos a tal o cual modelo teórico o metodológico, de donde este tanteo crítico inicial se nos muestra, hoy, como el primer paso de una escritura, ya rigurosa, pero que con el tiempo irá diversificando sus fuentes, ampliando su objeto y ganando en creatividad.

Llamaremos *mapas* a los trabajos que trazan panoramas sincrónicos del estado de la literatura argentina. Avellaneda ha recurrido, al menos tres veces, según veremos, al trazado de estos *mapas*; probablemente porque creyera que esos bosquejos eran necesarios toda vez que el objeto –la literatura argentina– requería un ordenamiento del que otros críticos no se ocupaban; probablemente porque esos panoramas resultaban, y resultan, un instrumento pedagógico idóneo para un profesor que ya se desempeñaba en una universidad extranjera.

El primero de esos *mapas* se publica en una revista atípica en un año que evoca un doloroso y necesario recuerdo: en 1977 (uno de los años más duros de la represión dictatorial en Argentina), en *Todo es Historia* (una revista que suele incluir sólo lateralmente artículos tan específicos sobre el quehacer literario), aparece "Literatura argentina: diez años en el sube y baja". Los "diez años" recortan el período 1967-1977. El artículo está regido por tres variables: a) La exhaustividad: no se trata de un *mapa* de lo más significativo de la literatura argentina de entonces (lo que el autor considera lo más significativo), sino que procura dar cuenta de un *todo*; prueba de ello es que si Avellaneda mostrará en toda su obra un interés prioritario por la narrativa, aquí agrega apartados sobre el teatro y la poesía; b) La estructura "generacional", que respeta, a grandes rasgos, la que habían trazado, para fines de los sesenta, quienes habían periodizado la colección *Capítulo. Historia de la literatura argentina*: los que venían del "momento posmodernista o vanguardista", los "intermedios", los "nuevos" (habiéndose difundido las categorías de Williams [144 y ss.], hoy diríamos residuales, dominantes y emergentes); c) El proceso inicial de contextualización: en uno de los momentos más novedosos del trabajo, Avellaneda parte de un análisis de las industrias culturales y se refiere a la crisis de la industria editorial sobre todo a partir del Rodrigazo (con las menciones de EUDEBA y el Centro Editor), al impacto de los semanarios en la difusión de ciertos autores ("el escritor argentino deviene personaje 'popular'..."), a los premios literarios, al crecimiento del número de lectores de literatura argentina y a la situación política ("Las condiciones político-sociales, por otra parte, no son las más propicias para el pacífico florecimiento de la actividad literaria..." [106]).

En este sentido, el proceso de contextualización parece contrastar vivamente, para esos diez años, la riqueza y productividad de los sesenta y los *primeros* setenta con la hecatombe económica y política de los últimos dos años, y se adelanta con lucidez a los trabajos de sociología de la cultura que a principios de los ochenta llevarán a cabo, entre otros, Jorge B. Rivera y Ángel Rama. Con relación al panorama de autores y obras, Avellaneda destaca la centralidad de Borges y Cortázar (centralidad que preocupaba a Viñas en 1969 y que reitera Beatriz Sarlo en un conocido artículo del 83) y, entre los "nuevos", a Daniel Moyano y Manuel Puig. Por otra parte, ya se pueden advertir algunas *marcas* de su escritura crítica que resultarán perdurables, como las metáforas topográficas ("mesetas", "cumbres", "curvas" o "picos") en las descripciones de los "campos".

En el artículo que acabamos de comentar, Avellaneda no habla –no *podía hablar*, si quería que su trabajo fuera publicado– de la dictadura; sin embargo, se multiplicaban las alusiones para quien quería o podía leerlas (con referencia a Moyano y a Puig, dice, por ejemplo: "Ambos residen actualmente en Madrid el primero, en Nueva York el segundo.."). Pero en un artículo de 1981, "Exilio y literatura latinoamericana", el tema de la diáspora de escritores, ocasionada por las crueles dictaduras de los setenta, ocupa el lugar central: un "objeto válido en sí mismo". El primer recorte de ese objeto es la literatura "que los escritores exiliados dedican al tema del exilio propiamente dicho,..." (82), y el análisis se centra en los relatos reunidos en *¡Exilio!*, una antología publicada en México en 1977.

En esta lectura, se puede advertir la transición desde las oposiciones binarias típicas de la crítica estructuralista (acá/allá, respecto de un "no-lugar", y ahora/antes, respecto de una dimensión de futuro: "después") hacia la dominante de una matriz histórico política que procura explicar la articulación significativa de las oposiciones. De esta manera, el trabajo se detiene en tópicos recurrentes en la literatura del exilio –en sus variantes "negativa" y "positiva"–, tópicos que serán largamente transitados por la bibliografía sobre el tema. Pero aún más llamativo es el carácter anticipatorio –en el sentido de inaugurar una serie de trabajos y debates posteriores– de la segunda parte, en la que el objeto de análisis se desplaza a declaraciones de escritores exiliados: Mario Benedetti, Julio Cortázar, Ariel Dorfman, entre otros. En ellas se advierten los esfuerzos por transformar la experiencia negativa del exilio (la nostalgia, la pérdida, la parálisis) en una "propuesta de trabajo ideológico, cultural y literario" (88), que pueda pensarse más como una continuidad que como una ruptura.

Avellaneda concluye: "Enfocar diacrónica y sincrónicamente este objeto particular de estudio en el programa total de la literatura latinoamericana contemporánea, y no considerarlo como una mera subespecie de su desarrollo, puede contribuir a evaluar su modo de producción presente y las posibles líneas de su expresión futura" (90). Esta conclusión parece refutar tempranamente al artículo de Luis Gregorich "La literatura dividida", publicado en *Clarín* en enero del mismo año, y que tantas controversias y justificadas reacciones suscitó.

En 1983, la Editorial Sudamericana publica el libro que daría mayor visibilidad a la obra crítica de Avellaneda: *El habla de la ideología. Modos de réplica literaria en la Argentina contemporánea*. Si se mira el índice del libro, todo parece indicar que se trata de cuatro ensayos dedicados a autores argentinos: Borges y Bioy, Cortázar, Martínez Estrada y Anderson Imbert; sin embargo, sería más justo definirlo como un libro sobre el peronismo, sobre un modo de leer la literatura de los autores mencionados como "réplica" de un grupo social durante el primer peronismo. Así, la "ideología" del título no recupera la clásica acepción de la literatura marxista –como *falsa conciencia*, como algo que enmascara u oculta un orden opresivo–, sino que funciona como un sistema de creencias y valores identificables con un grupo o clase social; ese sistema opera como un código de identificación: se escribe un texto –el "habla"– para lectores del mismo grupo, quienes poseen las competencias necesarias para decodificarlo.

El libro procura analizar las "formas sectoriales que tomó la respuesta cultural" (16), "una especie de poética de la respuesta grupal" (39). Esta réplica grupal operó "creando un lenguaje segundo cuya clave semántica residía en su conexión con el discurso cultural de la clase media opositora" (36). De este modo, se enfrenta a la aparente paradoja de la utilización de géneros, como el fantástico y el policial, que no se encontraban en el repertorio habitual a través del cual la literatura se encontraba productivamente con la política. En algunos casos, como el de *Bestiario*, las lecturas políticas ya se habían producido; en otros, como los escritos en colaboración de Borges y Bioy, el libro postula, con radical originalidad, las razones de la inclusión de textos en apariencia asépticos, irónicos y distanciados, en la serie de "respuesta grupal". Así, por ejemplo, el rescate de "La fiesta del monstruo", un relato en el que la adopción del punto de vista del *otro* y el uso de una lengua saturada por el uso de jergas, representan con inusual crudeza la barbarie del régimen.

El libro de Avellaneda se transformó en un clásico de la literatura crítica sobre el primer peronismo, un punto de referencia, una bibliografía de consulta necesaria, pero no sólo porque cubrió un vacío, sino además porque incorporó, en la crítica literaria argentina, dos novedades *fuertes*. Por un lado, una novedosa apuesta metodológica a partir de categorías ("ideología", "lector real", "extratexto", "contrato de lectura") que abren el blindaje que el estructuralismo había operado sobre el objeto de estudio, hacia una mirada más sociológica, más política, que tiende a ver en los textos literarios modos de intervención o réplica, y que esas intervenciones sólo alcanzan su sentido último en el "contrato de lectura". Por otro, la convicción de que la pregnancia entre peronismo y cultura estaba destinada a perdurar: "Diez años después de estas afirmaciones [se refiere a declaraciones de Germán Rozenmacher de 1971] el peronismo sigue siendo un espacio generador de lenguaje en la literatura argentina..." (26). Quienes, aún hoy, consideran que esa pregnancia persiste no pueden sino reconocer en el libro de Avellaneda un gesto crítico fundacional de una serie que se irá completando en un productivo recorrido.[2]

La literatura de Jorge Asís fue, desde el proyecto mismo de su escritura (que se hablara de él, aunque se hablara mal), contenciosa. No obstante, los innumerables debates que suscitó el "caso Asís" no tuvieron como correlato previsible la aparición de estudios críticos que se ocuparan de su obra, como si la controversia sobre el escritor y sus actitudes públicas hubiera desplazado el interés por detenerse en los textos desde una mirada crítica que pudiera o bien soslayar el calor de los debates, o bien incluirlos como objeto de estudio. Junto con un trabajo de Antonio Marimón publicado en *Punto de Vista* un año antes, el artículo de Avellaneda aparecido en *Revista Iberoamericana* en el 83 inició la tarea crítica sobre ese objeto contencioso y, como queda dicho, esa tarea, salvo contadas excepciones, no continuó.

La hipótesis que el artículo sostiene procura refutar la impresión de una primera lectura de *Flores robadas en los jardines de Quilmes*. La novela "sugeriría una reflexión sobre acontecimientos recientes, trasladados a imágenes de deterioro social e individual que traducirían una condena del estado represivo y de la Historia que lo hizo posible"; sin embargo, "Un análisis detenido del texto permite comprobar que su propuesta coincide ideológicamente con el discurso del régimen militar" (983). Una vez más, el objeto se abre a un público lector que había "internalizado" un "sistema autoritario represivo" y que consumió masivamente la novela de Asís. De este modo, el trabajo se propone dilucidar esta aparente paradoja a partir del establecimiento de una serie de oposiciones ("fracaso/éxito", "aquí/allá", "antes/ahora", "lo simple/lo complejo") que ponen de manifiesto una visión maniquea, en que un pasado "simple" y feliz y un presente de "éxito" atenazan a una historia reciente de fracaso, mentira y fabulaciones a través de un vaciamiento de las razones históricas y políticas que hicieron posible la brutal represión durante los primeros años de la dictadura.

La oposición de categorías que cobran significación por contraste parece anudar este artículo con el dedicado a Daniel Moyano, ya comentado; no obstante, aquel análisis inmanente ahora trasciende los límites del texto para ponerlo en relación significativa con el contexto de producción y de circulación: el sentido no *está* en el texto, ni *le es dado* desde afuera (en un proceso de pura determinación), sino que el sentido surge como resultado de una labor crítica cada vez más atenta a la historicidad del objeto.

De 1985 es el segundo de los *mapas*: se trata de la intervención de Avellaneda en un Encuentro en Minneapolis, realizado en la primavera del 84. A diferencia del publicado en el 77, éste reconoce antecedentes cercanos, como los trabajos de Luis Gregorich, de 1981, y de Saúl Sosnowski, de 1983. Seguramente lo más novedoso de este segundo *mapa* radica en el modo en que procura escapar a la clásica antinomia realismo versus vanguardia para explicar la emergencia de una literatura que parece no ajustarse a ninguna de esas herencias. Por un lado, "El grueso de la narrativa escrita entre 1960 y 1980 sigue en líneas más o menos amplias el canon de la ilusión mimética" (581); por otro, "Entre 1960 y mediados de la década siguiente aparecen los primeros desafíos al canon narrativo realista..." (580). Entre uno y otro, entre los "sueños del realismo" ya largamente cuestionados y la "faena antirrealista", se advierte "la necesidad de un discurso *mestizo*, de una práctica textual que exalte la naturaleza híbrida de los materiales ..." (584). Este "nuevo canon" se estrecha con la reinterpretación del legado de Borges y Arlt que había propuesto Ricardo Piglia, pero también con la crítica al dogmatismo de la izquierda y al reduccionismo del populismo cultural que postuló, en el 84, Beatriz Sarlo.

Este doble proceso de revisión alcanza también a la literatura: "La mezcla de entidades discretas como principio de la construcción discursiva se extiende a las prácticas de la escritura y replantea la axiología de su ejercicio en los nuevos narradores" (584); pero esas nuevas prácticas escriturarias requerirán de un lector "actualizado", un lector que acepte ese nuevo contrato de lectura y que el "nuevo canon" deberá terminar de consolidar. Este nuevo *mapa* pone de manifiesto la particular sensibilidad de Avellaneda para percibir, en un recorte sincrónico, no sólo la fuerza de lo emergente, sino también sus posibles limitaciones futuras; y su lucidez en el establecimiento de categorías críticas adecuadas para la comprensión de fenómenos nuevos.

Un año después, en 1986, se publica su segundo libro: *Censura, autoritarismo y cultura: Argentina 1960-1983*, editado en dos tomos en la "Biblioteca Política Argentina" del Centro Editor de América Latina, un excelente trabajo de recopilación documental sobre la acción represiva del Estado contra la cultura en veintitrés años de nuestra historia. Esa amplitud de la mirada comienza por cuestionar la idea de *rara avis*: en efecto, el Proceso no resulta un hecho excepcional en la historia argentina, ya que su acción represiva es la culminación de un *crescendo*: "El período de examen, pues, puede ser delimitado entre 1960 y 1983, con una etapa mayor de formación y acumulación hasta aproximadamente 1974 y otra de culminación y sistematización desde entonces hasta 1983" (14).

Esta idea de continuidad en la acción represiva del Estado se prueba en "prácticas prescriptivas que se van organizando por contaminación y por inclusión" (13); este modo de organización se proyecta hacia el pasado, en numerosos decretos que fundan su legitimidad en medidas análogas tomadas por gobiernos anteriores; y hacia el futuro, en decisiones tomadas pocos días antes de abandonar el gobierno, como modo o bien de facilitar la tarea "sucia" al gobierno que viene, o bien de atenazarlo con una decisión que no le resulta simpática.

Más que ruptura, entonces, continuidad: a juzgar por sus decisiones públicas, la diferencia de la acción represiva de la dictadura del "Proceso" respecto de gobiernos anteriores no es de *naturaleza*, sino de *grado*. Continuidad ideológica y deliberada "descentralización" de la acción represiva: la combinación de ambos rasgos intenta producir el efecto de naturalización ideológica; esto es, no son ideas sino valores de nuestra identidad y, al no venir de nadie, es porque son de todos. Una de las "grandes unidades" –así las llama Avellaneda– que "reúnen y subordinan los significados" del discurso cultural define al sistema de la cultura según tres características: "a) posee una misión noble que no debe ser alterada; b) debe estar siempre subordinado a lo moral; c) puede ser usado indebidamente" (19). De modo que suponer que el discurso de la cultura puede ser usado indebidamente, implica que puede ser "disfrazado" para ponerse al servicio de algo que atenta contra nuestra identidad y nuestras costumbres, de donde deriva un concepto de cultura verdadero –"lo legítimo, nuestro, de adentro"– y uno falso –"lo ilegítimo, ajeno, no-nuestro, de afuera". Si la cultura verdadera debe estar subordinada a lo moral, entonces será necesario recortar progresivamente el alcance de lo no-moral, que abarca los conceptos de sexualidad/familia, religión y seguridad nacional. Pero si existe un sistema cultural propio, que representa nuestros valores identitarios, existe también el riesgo permanente de que sea "infiltrado" por formas de "penetración ideológica". Ante ese riesgo hay que estar alerta porque, según la doctrina militar, "a) es sobre todo la juventud la que está en peligro; b) el arte y la cultura sufren 'de manera notable' la penetración; c) la educación ha sido afectada en todos sus niveles" (23).

Así, Avellaneda cita numerosos documentos que insisten en la "pedagogía de los valores", "educar en lo nuestro", resguardar "el positivo legado de las tradiciones", "erradicar el marxismo" de la educación. La acción disgregadora de afuera trata de "debilitar", "minar" este sistema de valores mediante la difusión del "nihilismo", "el relajamiento de las costumbres, el abandono de la práctica de hábitos morales, la familiarización con el ejercicio de la violencia..." (25); y esta "penetración" puede advertirse en la prensa, en las canciones de protesta, en las historietas, en la literatura infantil, en el cine y el teatro y hasta en el lenguaje mismo.

Es fácil comprender, desde esta perspectiva, por qué los jerarcas de la dictadura convirtieron al mundo de la educación y la cultura en un verdadero *target*, y por qué hacia 1980, cuando admitían que los "objetivos militares" se habían cumplido, seguían insistiendo en que la guerra contra la subversión no había terminado. Tanto la recopilación de valiosos documentos como la profundidad analítica del estudio inicial transformaron al libro en una de las referencias bibliográficas insoslayables toda vez que se investiga la represión contra la cultura durante el período que el libro abarca.[3]

En el mismo año, en 1986, Avellaneda retoma a un autor presente en su libro del 83: Martínez Estrada. Pero si entonces se ocupó del narrador y de sus obras de ficción, publicadas entre el 56 y el 57, ahora, en un trabajo publicado en *Cuadernos Americanos*, el interés crítico se desplaza hacia el período en que el escritor argentino se radica en México y Cuba, entre 1959 y 1962. A partir de la lectura de la voluminosa obra de Martínez Estrada en esos años, en especial de su epistolario, Avellaneda da cuenta de la progresiva metamorfosis ideológica del autor que coincide, a grandes rasgos, con el impacto positivo que la revolución cubana produjo en otros escritores argentinos, como Leopoldo Marechal, José Bianco y Julio Cortázar.

En su obra de entonces, Martínez Estrada "plantea con claridad meridiana su idea madre sobre la doble raíz de los males americanos: la perduración de la herencia colonial y la presencia de un factor exógeno, el imperialismo contemporáneo" (163). Pero esas convicciones duraderas, que enlazan con sus obras anteriores, de algún modo se radicalizan en diferentes vías: la crítica al intelectual burgués –la que agudiza su mirada histórico-política por sobre los imperativos morales–, la crítica al europeísmo cultural de las élites ilustradas –que arraiga en el americanismo en boga de herencia martiana–, y la "convicción revolucionaria", que lo lleva a aceptar la vía violenta como un modo de terminar con injusticias seculares. Esta radicalización produjo un nuevo desencuentro del santafesino con los referentes del campo cultural argentino; no hay que olvidar que por entonces Borges, Mallea, Bioy Casares y Mujica Láinez, entre otros, dan a conocer el "Manifiesto de 1961", en el que reivindican el desembarco de tropas anticastristas en Bahía de Cochinos. Así, el trabajo de Avellaneda se suma a otros (Viñas, Sebreli, Jitrik, Orgambide) en la evaluación del siempre polémico legado del autor de *Radiografía de la pampa*.

A partir de 1990, la obra crítica de Avellaneda se desplaza hacia un objeto hasta entonces no visitado: la crítica literaria, las historias de la literatura, las publicaciones culturales y literarias; aquello que, algo presuntuosamente, suele llamarse metacrítica o, en un sentido más amplio, crítica cultural. En ese año publica un artículo en *Hispamérica*, "Estado actual de los estudios literarios: el caso argentino", en el que analiza las respuestas a la "Encuesta a la crítica literaria", aparecida en 1988, en el número 7 de la revista *Espacios de Crítica y Producción*.

Un año después, consolida y profundiza el diagnóstico sobre "el caso argentino" en "Historia, cultura y literatura en la Argentina de Entreguerras: el estado de la cuestión". El artículo plantea un ordenamiento del *corpus* analizado: a) el trabajo crítico producido en Argentina (Viñas/Montaldo, Sarlo); b) el producido por investigadores extranjeros "que se inserta en zonas claves del efectuado dentro del país" (Francine Masiello, John King, Howard Fraser, Christopher Leland, David W. Foster). Una introducción a la reseña crítica de los libros da cuenta de las mutaciones discursivas y metodológicas de la crítica literaria argentina en el período que va de los sesenta a los setenta:

> ... alcanzó a principios de esa década [los setenta] el estatuto privilegiado de discurso deconstructor de otros discursos. Pero al mismo tiempo quedó tensada entre dos polos opuestos: por un lado, la seducción de un desarrollo teórico cada vez más complejo y especializado; por el otro, el llamado a participar ineludiblemente en lo político-social. (213)

La recuperación de la tradición *contornista* en los ochenta produce una ampliación del objeto, esta vez hacia la historia cultural, a partir de la incorporación de aportes interdisciplinarios que dan lugar a disciplinas novedosas, como la historia de las mentalidades o la historia intelectual. Se exploran, dice Avellaneda, "'zonas de mezcla' donde el objeto de estudio se va recortando paso a paso como un cruce de discursos literarios y no literarios..." (214). Como queda dicho, la reseña crítica de ocho producciones recientes le permite arribar a un par de conclusiones. Por un lado, "la existencia de una integración teórica y metodológica comprobable entre la crítica de la Argentina y buena parte de la realizada fuera de la Argentina" (223). Por otro, una preocupación recurrente en los textos de Avellaneda: "la cuestión del lector real", esto es, el modo en que esa producción pueda encontrarse, dentro y fuera del país, con una audiencia que cierre el circuito de la comunicación y dé sentido a la variada riqueza de estos aportes.

Como se ve –y si bien en este trabajo llamamos *mapas* sólo a los sucesivos ordenamientos del campo literario–, los "estados de la cuestión" que permiten verificar tendencias y advertir sobre posibles desarrollos también alcanzan a las diversas manifestaciones que adoptan los estudios literarios, y caracterizan, de un modo singular, la obra crítica de Avellaneda.

También de 1991 es otro "estado de la cuestión", esta vez sobre los debates en torno a la factibilidad y perspectivas de las historias literarias latinoamericanas: "Marcas ochentistas en la historiografía latinoamericana. Un repaso de la cuestión". El "repaso" alcanza a los principales aportes en el sentido de dotar a la literatura latinoamericana de criterios historiográficos sólidos para su periodización, desde la fundacional obra de Henríquez Ureña hasta los lúcidos cuestionamientos de Ángel Rama y Antonio Cornejo Polar. Por un lado, las consabidas dificultades en la delimitación del objeto, cuyo carácter heterogéneo requiere de la "articulación de diferentes pluralidades" (70); por otro, el clásico problema teórico de las determinaciones y las mediaciones, problema que, por lo general, sólo puede ser resuelto en el estudio de casos. La labor de Rama y de Antonio Cándido ha terminado por cuestionar severamente el sentido unidireccional de las variadas dominaciones ejercidas desde las metrópolis imperiales (tributario de la llamada entonces "teoría de la dependencia") hacia "un nuevo concepto de apropiación cultural", en el que queda reemplazada la noción de "dominación" por la más dinámica de "hegemonía".

Este dinamismo de una historiografía más atenta a las rupturas que a las continuidades termina por disolver los intentos de homogeneización y por consagrar la heterogeneidad como constitutiva de nuestros procesos culturales. A partir de estas coordenadas, Avellaneda pasa revista de las limitaciones de los modos más transitados de periodización (la periodización por siglos, por épocas culturales, según la historia política, por movimientos o corrientes literarias, de acuerdo con el criterio generacional), y postula un modo alternativo a partir de la categoría "sistema de autoridad discursiva", postulada por John Frow: "una periodización que atienda a la irrupción de los acontecimientos artísticos que determinan la ruptura, y que lo haga en conexión con los cambios de posición en el sistema de autoridad discursiva" (73). Una nueva referencia al caso de la "Argentina de posguerra" procura explicitar los alcances de su propuesta.[4]

Hablábamos de un desplazamiento del objeto en los trabajos de Avellaneda hacia la crítica literaria, las historias literarias, y las publicaciones culturales y literarias. Veamos ahora este último caso: nos referiremos a tres artículos sobre revistas culturales publicados en la década del noventa (1990b, 1995b y 1999). El primero de ellos, "*Hispamérica*: sus primeras cincuenta salidas", es un minucioso rastreo de los contenidos de la publicación dirigida por Saúl Sosnowski desde sus propósitos iniciales, explicitados en el número 1, de julio de 1972, hasta su N° 50, de agosto del 88.

A primera vista, se trata de un índice comentado, en el que abunda la precisión cuantitativa, por ejemplo, en el censo de escritores presentes en la revista; sin embargo, las conclusiones a las que cada censo permite arribar, brindan un nítido perfil de la publicación, sus intereses, sus prioridades, en fin, su política editorial. En la segunda parte, cuando el objeto es la crítica publicada en *Hispamérica*, el censo se torna cualitativo: a qué géneros y a qué autores la revista da una espacio preferencial en sus lecturas críticas. Avellaneda delimita las "zonas de preocupación crítica" que se advierten: "a) por la historia de la literatura; b) por la cuestión de los límites de corpus, género y discurso literarios; c) por el debate crítico y teórico" (10). Por último, se refiere a los "métodos y proyecto crítico", y pasa revista al estructuralismo, dominante en los setenta, a la crítica sociológica, al "enfoque ideológico y la pulsión contextualizadora", a las "condiciones económicas de la historia" (con los trabajos fundacionales de Rama y de Cornejo Polar), a los trabajos que "exploran rincones y márgenes del canon". Una vez más, la recurrente preocupación del autor por los modos de circulación de los productos culturales lo lleva a destacar que el perfil de la revista no recorta al eventual público lector a una zona de especialistas, sino que se abre al lector no especializado, hecho poco frecuente en este tipo de publicaciones.

En el comienzo mismo del artículo que acabamos de comentar, Avellaneda sitúa a *Hispamérica* en el contexto de las revistas publicadas en los Estados Unidos que se dedican a los estudios hispánicos y latinoamericanos. Éste, precisamente, será el tema del trabajo que integra la compilación que realizó Sosnowski en 1999 sobre las revistas en América Latina: "Desde las entrañas: revistas de y sobre Latinoamérica en los Estados Unidos". En la reseña de la trayectoria de las publicaciones, ocupan un lugar central la más antigua, *Revista Iberoamericana* (1939), *Hispamérica* (1972), *Revista de crítica literaria latinoamericana* ("fundada en Lima por Antonio Cornejo Polar en 1975 y trasladada por su director a Berkeley en 1994"), *Nuevo texto crítico* ("que fundara Jorge Rufinelli en México en 1975 como *Texto crítico*, para llevarla luego a la Universidad de Stanford en 1988 con su nuevo nombre") y *Dispositio* ("fundada en 1976 por Walter Mignolo en la Universidad de Michigan").

Más allá de esas reseñas, quiero destacar dos aspectos del trabajo. Por un lado, el tramo inicial, en el que puede leerse una *contextualización institucional* del proceso de constitución de estas publicaciones, desde el lugar "subalterno" que ocupan los departamentos de Español en las universidades norteamericanas, y en el marco de la asimilación que la política conservadora produjo del "explosivo" desarrollo de la teoría en las últimas décadas, incorporándolas al curriculum y limando los ribetes más ásperos de sus formulaciones iniciales. Por otro, la brillante lectura crítica de las limitaciones y concesiones de *Dispositio* a partir del diagnóstico referido:

> El rechazo del pensamiento marxista que practican los "estudios culturales" en el campo de los estudios latinoamericanos realizados en los Estados Unidos, por ejemplo, no sólo se relaciona con la creencia en la bancarrota de los grandes modelos teóricos para interpretar el mundo y para producir su cambio, sino que también se conecta con los reacomodamientos ocurridos en la Universidad por efectos de la reacción

conservadora en contra del multiculturalismo y de lo "políticamente correcto". La potencial virulencia que poseían los estudios culturales en el momento de su aparición a mediados de los '80 amortiguada en los '90 por el rechazo teórico del marxismo, que les brinda un pasaporte para institucionalizarse como disciplina al insertarse en el curriculum pedagógico y en el sistema de subsidios a la investigación. (561-62)

De este modo, Avellaneda se suma temprana y lúcidamente a los debates que los latinoamericanistas protagonizarán poco tiempo después y que tendrá un escenario privilegiado en el XXIII Congreso Internacional de la *Latin American Studies Association*, realizado en Washington DC en septiembre de 2001.

Entre el trabajo sobre *Hispamérica*, de 1990, y el que acabamos de comentar, de 1999, Avellaneda publica un tercer artículo (cronológicamente, sería el segundo) que tiene como objeto las revistas culturales y literarias: en 1995, en un libro editado por Roland Spiller, aparece "Estrategias de resistencia cultural: *La Maga. Noticias de cultura*". Encuadra a *La Maga*, aparecida en 1991, en la serie de revistas culturales en formato *tabloid* que reconoce antecedentes en la primera etapa de *Los Libros* (1969-1976), *Diario de Poesía* (1, 1987) y *Babel* (1988-1991). Desde este formato, y desde ciertas prácticas periodísticas vinculadas con la "producción textual masiva", la publicación interpela a un lector "que está ubicado en un espacio donde cunde la frustración político-ideológica [...]; un lector que ha sido silenciado y está dispuesto a resistir" (272).

La necesaria contextualización del momento de aparición de la revista refiere una mutación significativa de la función del intelectual en el proceso que va de los años previos a la dictadura al "escenario *posmoderno*" de los inicios del gobierno de Carlos Menem.[5] En ese contexto, puede advertirse en quienes llevan adelante el proyecto un concepto de cultura "en fuerte oposición a presentar los artefactos y procesos culturales de modo fragmentario, como entidades marcadas por una autonomía de las prácticas" (275). Así, el tema del poder, de los mecanismos de dominación y de las condiciones progresivas de deterioro social y cultural constituyen el núcleo alrededor del cual se articulan sus referencias a las manifestaciones de la cultura. La revista denuncia los modos en que el miedo internalizado en la sociedad y la negación de la memoria hacen persistir perversas formas de dominación heredadas del terror estatal, que ahora asumen las formas del despojo económico y la *farandulización* de la cultura.

En este sentido, el análisis de la publicación resulta un *medio* que le permite a Avellaneda trazar un certero diagnóstico del clima cultural de la Argentina de principios de los noventa. Dicho diagnóstico se completa –y complementa– con el publicado el mismo año, 1995, en *Hispamérica*: "Hablar y callar: construyendo sentido en la democracia". Se trata de un trabajo sobre la alusión, que indaga y ausculta lo que se decía y lo que no se decía –pero podía inferirse– tanto en la discursividad política como en la literaria. En un sentido, el artículo proyecta, ya en años de democracia, la recopilación documental sobre prácticas censorias que Avellaneda había dado a conocer en su libro del 86; si aquel libro se detenía en el significativo año de 1983, este artículo advierte que aquellos fantasmas no se han desterrado de la vida política y cultural. Por ejemplo, en el controvertido tema de las responsabilidades del pasado, el autor observa que durante el alfonsinismo, "El relato oficial, en suma, *decía* sobre la subversión, pero *aludía* sobre la represión; asignaba explícitamente un contenido y entregaba otro distinto por inferencia..." (34-35, énfasis en el original): se gestaba, así, la consabida "teoría de los dos demonios", montada sobre una visión maniquea de larga data en nuestra historia. Pero en otro sentido, en el de la escritura literaria, el ejercicio de la alusión había sido leído como una réplica a la barbarie monolítica del discurso autoritario. No obstante, ya entrados los noventa, la mutación de las funciones del intelectual y la desconfianza en las estrategias de representación heredadas tuvieron como consecuencia en la joven generación de escritores una radical desconfianza acerca de cualquier forma de trascendencia o utilidad en la práctica de su oficio: "El punto extremo de tal fe estética fue reivindicar, con toda lógica, la inutilidad final de la literatura" (36). La hiperliterariedad y la autorreferencialidad parecen ser los resultados de una generación huérfana de proyectos colectivos con los que identificarse y débil ante los condicionamientos crematísticos de un mercado pauperizado.

Esta lectura del campo literario argentino de los noventa se precisa aún más en el tercero de los estudios sincrónicos que hemos llamado *mapas*, el trabajo que Avellaneda publicó en 1997 en el volumen colectivo que compilaron Adriana Bergero y Fernando Reati. Una arriesgada inversión se postula en el comienzo del artículo:

> Para pensar la narrativa argentina en el marco de la dictadura militar terrorista conviene invertir los términos de la relación entre los textos y la historia: no es ésta un relato maestro que provoque la génesis de aquello, sino que, por el contrario, es muy posible que de las textualizaciones que llamamos literatura dependa la comprensión de los hechos que llamamos historia. (141)

Sin embargo, esta sugerencia se cumple sólo parcialmente, ya que, una vez más, es "el relato maestro" el que parece explicar "las textualizaciones". La reseña de los "años de plomo" (crisis editorial y censura, exilios, persecuciones y muertes) brinda el marco a "los debates de la década" del ochenta (el repliegue del campo intelectual, la pérdida de la confianza en la literatura, la crisis de los modos de representación, "la heterogeneidad, el fragmento, la diseminación").

Desde esta caracterización del período, es posible esbozar un nuevo *mapa* a partir de una doble articulación: una, digamos, nacional (cómo volver a construir sentidos frente a la "totalización monológica" del poder y el sentimiento de orfandad de la derrota); otra, global (la asunción, para el campo literario argentino, del repertorio de novedades que imponía el llamado posmodernismo). Así, en una década que se abre con la publicación de dos novelas "emblemáticas" (*Respiración artificial* y *Nadie nada nunca*), algunos textos de entonces procurarán leer "el presente en clave de pasado remoto", retomando el carácter en apariencia paradójico que está en el origen mismo de buena parte de la novela histórica (Andrés Rivera, Eduardo Belgrano Rawson, Tomás Eloy Martínez). Otros, refieren "el presente en clave alusiva": sea a través del ejercicio de la alusión como procedimiento (Ana María Shúa, Juan Martini, Daniel Moyano), sea a través de la representación de un universo violento mediante la reformulación del relato policial (José Pablo Feinmann, Antonio Dal Masetto, Vicente Battista, Jorge Manzur). Un tercer grupo se reúne bajo el título "Mímesis, alegoría, mezclas genéricas", en el que conviven narrativas herederas del "pacto mimético" como las de Jorge Asís u Osvaldo Soriano, con los textos que refieren la experiencia del exilio (Moyano, Marcelo Cohen, Martini, Héctor Tizón, Tununa Mercado).

Por último, el trabajo se detiene *in extenso* en las "escrituras hiperliterarias", que provienen "de una rica tradición nacional que arranca de las propuestas circuladas por

Macedonio Fernández durante la década del veinte y llega a su primer pico notable en el instrumental organizado por Borges a partir de la década del cuarenta" (163): la categoría incluye a buena parte de la narrativa escrita por mujeres (Noemí Ulla, Gloria Pampillo, Liliana Heer, Reina Roffé), al grupo nucleado alrededor de *Babel* (Caparrós, Pauls, Guebel, Chitarroni, Chejfec), a los marcados por la impronta de Puig (Gusmán, Lamborghini, Libertella, Aira) y, frente a la proliferación del *writing on writing*, a la emergencia de los *storytellers* (Juan Forn, Marcelo Figueras). Por supuesto, simplifico en exceso la riqueza analítica del *mapa*; de esa riqueza, rescato, precisamente, la descripción *topológica* del último grupo. Si consideramos las tres primeras caracterizaciones, no difieren demasiado de las trazadas, por ejemplo, por Beatriz Sarlo (1987): en cambio, las referencias a las "escrituras hiperliterarias" resultan un aporte novedoso, exhaustivo y actualizado de las narrativas de la nueva generación de escritores.

Trabajos metacríticos, trabajos sobre revistas, nuevos *mapas*: allí no se agota la obra crítica de Avellaneda; intercalado cronológicamente con aquellos aportes, publicará un artículo que puede considerarse de crítica literaria *strictu sensu*: "Construyendo el monstruo. Modelos y subversiones en dos relatos (feministas) de aprendizaje" (1994-1995). Allí traza una somera genealogía de un género prestigioso: el *Bildungsroman*, desde su origen en Alemania hacia fines del siglo XVIII hasta un recorrido por las principales manifestaciones del género en Argentina. Una escala significativa en ese itinerario es la década del sesenta: "Lo primero que llama la atención cuando se enfoca esos años con la cámara-ojo de la narrativa de aprendizaje, es la cantidad y la diversidad de los textos que se encuadran en el subgénero" (220). Esos textos ponen de manifiesto un "enfrentamiento con lo represivo del sistema, mentado en varios y diversos niveles: lo sexual, la clase, el grupo, el lugar geográfico, el dialecto, el parentesco, la orfandad, la pertenencia, la adscripción" (221). Desde estas coordenadas, el trabajo se detiene en el análisis de dos novelas: *Nada que ver con otra historia* (1972), de Griselda Gambaro, y *Si yo muero primero* (1991), de Susana Silvestre.

Más allá de los asertos notables de esas lecturas, interesan, en especial, dos aspectos: la caracterización –que la bibliografía sobre el tema reconoce como problemática y discutible– de una novela de aprendizaje femenina en contraste con los clásicos masculinos del género; y la dilución progresiva de los imperativos político-ideológicos en lo que va de una a otra novela, de un ejemplar *setentista* a otro de los inicios de la década menemista. El trabajo concluye con una imbricación *genre/gender* que se instalará como lugar común en la bibliografía sobre el tema: "El texto que narra este proceso de aprendizaje es, a su vez, un proceso de deconstrucción del relato de aprendizaje tal como está inscrito en el canon masculino" (228).

A comienzos de la nueva década, Avellaneda se ocupa, en sendos trabajos, de dos figuras centrales del *panteón* literario argentino: Arlt y Bioy Casares. El primero de ellos (2000) fue incluido en la edición de Mario Goloboff de *Los siete locos* y *Los lanzallamas* para la prestigiosa Colección Archivos. La abrumadora bibliografía arltiana de los últimos años amenaza con inhibir cualquier intento de volver a ocuparse de su obra; Avellaneda pareció sentir ese peso y optó, desde el título mismo, por una estrategia notable: caracterizar al lector de Arlt en la década del treinta. Lo que llama "breve repaso de la situación político-económica de la Argentina" no es tan breve: de los avatares del yrigoyenismo y del alvearismo al golpe del treinta y la "década infame", el itinerario se detiene en la irrupción del pensamiento nacionalista y sus variantes, y comenta los autores y los libros que marcaron significativamente el período: Gálvez, Hugo Wast y Lugones, el énfasis revisionista, Mallea y Martínez Estrada, Scalabrini Ortiz, Rodolfo Puiggrós y los socialistas. En esa "zona común de preocupación por lo nacional" nace el "musgo pesimista" de los escritores "de la realidad nacional", el que transita desde libros doctrinarios hasta las manifestaciones del arte popular: el pesimismo que *habla* en las letras de tango. Desde ese cuadro de situación se plantea la lectura de Arlt, *una* lectura de Arlt:

> Esta lectura afirma que la ficción arltiana posee la temperatura de la crisis de 1930: no porque actúe como mero reflejo de los sacudimientos políticos y sociales de la época, sino porque los acompaña desde su propio fuego interior, produciendo sus significados desde una masa de acontecimientos que, a caballo de la crisis mundial de esa década, canceló la mayor parte de los mitos sociales de la clase media argentina. (643)

Pero para esta "lectura" se hace necesario reconstruir el "horizonte" de esa clase media con las herramientas que brindan los estudios sobre los lectores y la recepción estética: "el lector implícito que actualizaba el sentido de esos relatos en el acto de lectura". Esa reconstrucción se trama a partir de dos ejes: los "mitos urbanos" ("la fuga desde la ciudad rumbo al campo limpio y puro; el mito de la destrucción de las urbes por sociedades secretas [...]; o el mito de la búsqueda encarnizada del sentido de la vida y de la felicidad" [644]) y los "repertorios textuales básicos" (la crónica policial, el folletín, el *boedismo*, el grotesco teatral, los grandes discursos ideológicos, los "saberes del pobre"). Y son precisamente esos dos ejes los que regulan una estrategia de representación "desfamiliarizadora" que da cuenta de un objeto nuevo: las clases medias porteñas y su "sentido de inestabilidad y desequilibrio, de asedio marcado por la desocupación, por el paupérrimo ingreso, por las huelgas desesperanzadas y reprimidas" (645). Dicho más claramente, lo novedoso en Arlt es el efecto de desfamiliarización y no tanto su objeto, largamente transitado por el boedismo, y la lectura de Avellaneda procura detenerse en los nexos de sentido entre sus ficciones y el horizonte de expectativa de sus lectores contemporáneos.

Por su parte, el trabajo dedicado a Bioy (2001) integra un libro de homenaje al escritor, editado por Alfonso de Toro y Susana Regazzoni. En una estructura más abierta, más dispersa que la de otros trabajos, se pueden aislar tres partes. En la primera, a manera de introducción, se comentan las reseñas aparecidas en los principales medios de Argentina en ocasión de la muerte de Bioy en marzo de 1999 (en especial, la firmada por Camilo J. Cela [¿pero escrita por Abel Posse?] en *La Nación*, y la de Alan Pauls, en *Radar/Página 12*). En la segunda, se retoman las hipótesis del libro del 83 para caracterizar la narrativa en colaboración de Borges/Bioy y se evalúa la persistencia o no de esas prácticas escriturarias en la narrativa actual; en esa evaluación, se advierte el desplazamiento operado en los escritores del sesenta, que rechazan el canon constituido, por su "rancio sentido ideológico", y aun en los narradores posteriores, que admiten como referencia la impronta de la figura de Manuel Puig:

> Se entenderá entonces por qué razones ni Borges ni Bioy pudieron ser referentes enteramente válidos para esos jóvenes escritores que habían entrado a la adolescencia durante la fugaz primavera izquierdista de Cámpora (1973); a la juventud durante el

Proceso (1976-83); y al campo literario durante la segunda mitad de los ochenta, cuando la ficción argentina ya estaba imantada por el legado de Puig. (276)

En la tercera parte, Avellaneda se detiene en "la tradición inventada que respiraba" en los textos de Borges y Bioy, en especial, en la tradición de representación de las clases bajas. Si es cierto, como pretende Bioy, que "en lo bajo se conserva el carácter de las cosas", nada parece haber quedado en pie, ya que lo que Avellaneda denomina "el paradigma de pérdida y caída" también alcanza a las virtudes de los "criollos" ("El laconismo; el estoicismo y la resignación ante el destino..."), al menos desde la mirada admirativa del aristócrata ilustrado que había consagrado Güiraldes en el 26. Esta mirada *reactiva* sobre el presente resulta otra de las causas que pretenden justificar la indiferencia de la joven generación y la sentencia final del autor: "Es muy posible que la literatura de Bioy haya perdido su posibilidad de progenie..." (281).

Un año después, en 2002, se publica uno de los trabajos más difundidos de Avellaneda en el libro que editó Marysa Navarro sobre la figura de Eva Perón; este libro se integra a otras producciones críticas que tienen por objeto analizar la proliferación de representaciones literarias en las que se ficcionaliza el personaje histórico. Mediante una paráfrasis de la conocida sentencia de John W. Cooke (el peronismo como "el hecho maldito de la política argentina"), Avellaneda se pregunta: "¿Fue el peronismo un hecho maldito también para la literatura argentina?" (101). Para responderla, postula tres etapas en las relaciones entre política y literatura en Argentina: la década del treinta, el peronismo y los sesenta; y para referirlas, se parte de un axioma de base: "...en materia de literatura y política interesa más la discursividad (ficcional) de lo político, que la presencia referencial o temática de lo político" (103).

La reseña de las tres etapas recupera en parte hipótesis sostenidas en trabajos anteriores: los treinta y Arlt (ver 2000), el peronismo y Borges/Bioy (ver 1983), los sesenta; y la lectura de esta "endohistoria" permite concluir: "...la literatura sobre Eva coincidirá casi enteramente con el tercer momento de estrategias retóricas y significaciones ideológicas aquí resumidas" (112). Existió, en primer lugar, una Evita "oral", no representada en escritura, mientras que Perón era denostado en la narrativa de prestigiosos escritores. Existió, también, una Evita "mítica" ("una Eva-que-es-macho, y además estéril"). Pero para la Evita literaria hay que esperar la tercera etapa en un proceso en paralelo a la revaloración del peronismo que se postuló desde la nueva izquierda: la letra escrita antiperonista se ocupó de Perón; la letra escrita de los sesenta (y de las décadas siguientes) produjo el "retorno" de Eva. Ese "retorno" adoptó dos variantes: o bien la representación de una Eva como "cadáver" (desde Viñas y Walsh a Szichman, Tomás E. Martínez y Fresán), o bien la representación de Eva como "cuerpo vivo" (desde el trabajo "fundacional" de Puig a Martini, Saccomano, Figueras, Ottino y, en especial, las transgresoras versiones de Copi y Perlongher).

En suma, uno de los trabajos más originales de Avellaneda, ya que, más que describir un *estado*, produce un *corpus*, y ese recorte le permite formular las novedosas hipótesis reseñadas. Buena parte de estas hipótesis se reiteran en el artículo que publica en *Revista Iberoamericana* en 2003, pero, como suele ocurrir en su obra crítica, desde un diagnóstico conocido o ya formulado con anterioridad se produce una amplificación. Si lo dicho sobre la figura de Eva ya había sido dicho en su trabajo de 2002, ahora se transforma en lo *dado*, a partir de donde se postula la expansión del objeto. Por ejemplo, en su lúcida afirmación sobre la crítica:

> Si desde la década previa la ficción se había escrito incorporando el registro de la crítica (como en el epítome *Respiración artificial*), la crítica de los noventa se escribe desde la ficción, mezclando sus registros como Josefina Ludmer en su "relatos" de *El cuerpo del delito*, Beatriz Sarlo en sus "historias de vida" de *La máquina cultural*, o el Borges que propone leer la crítica como un texto de ficción en *El idioma de los argentinos...* (128);

o en la incorporación de nuevos textos en el corpus (*La pesquisa*, de Saer, y novelas de Martín Kohan, Federico Jeanmaire y Martín Caparrós).

Por último, haremos referencia a un artículo sobre "estudios literarios e hispanismo", escrito hacia 2004 pero aún en curso de publicación, que formará parte de un segundo libro-homenaje a Ana María Barrenechea.[6] El trabajo se inscribe en los debates sobre los llamados "estudios culturales latinoamericanos" producidos desde las universidades de Estados Unidos y los producidos en América Latina; retoma, en parte, lo sostenido en su artículo de 1999. Entre unos y otros, afirma, existen diferentes marcos de legitimación: si en las academias de Estados Unidos los "estudios culturales" tuvieron un sentido transgresor y subversivo al incorporar como objeto de estudio "los particularismos étnicos, subculturales o de género"; en el contexto latinoamericano, ese desplazamiento fue leído como un peligroso abandono de las categorías que las ideologías igualitaristas habían consolidado treinta años antes. La reseña crítica de dos trabajos (de Frank Graziano y de Idelber Avelar) le permite al autor desnudar las falacias teóricas y metodológicas sobre las que se fundamentan cierto tipo de estudios derivados de una lectura sesgada que, desde Estados Unidos, se realizó de los posestructuralistas franceses, lecturas "donde es relativamente fácil ver los saltos al vacío efectuados por la interpretación y percibir cómo los 'hechos' (...) son desplazados por el artificio teórico...".

De un modo análogo, Avellaneda cuestiona –y podríamos agregar que corrige su visión del 97– la aplicación acrítica del término posmodernismo para caracterizar tendencias discursivas y literarias en los países periféricos, en particular en Argentina: "Una cosa es el registro estilístico posmoderno (...), y muy otra el significado que tales marcas formales poseen en el interior de las circunstancias y condiciones específicas que las originan y explican de modo diferente". Si las operaciones escriturarias del primer Borges pueden ser pensadas en el marco de las vanguardias históricas *modernas*, su *modernidad* no alcanza para explicarlas. Del mismo modo, si la irrupción del proyecto literario de Manuel Puig incluye técnicas y procedimientos escriturarios propios del llamado posmodernismo, ese repertorio se muestra limitado para explicar las características *diferenciales* de ese proyecto: "Las narrativas 'posmodernas' argentinas, entonces, sólo son 'planetariamente posmodernas' si se las somete a un lavado de signos en el posmotráfico."

En suma, ¿es posible, luego de este extenso repaso por la obra crítica de Avellaneda, intentar una síntesis más o menos abarcadora del todo? En primer lugar, quizás lo más sencillo sea hablar del objeto: la literatura argentina del siglo XX o, más precisamente, la narrativa argentina del siglo XX; su fidelidad a ese objeto al que vuelve una y otra vez sólo admite algunos pocos desvíos: hacia la lírica y el teatro, hacia las prácticas críticas, hacia los estudios literarios en Estados Unidos. En segundo lugar, su obra crítica, leída en conjunto, revela una *estructura de fuga*: escribe el artículo A; luego el B, que tiene como estado de la cuestión lo postulado en A; luego el C, que tiene como fundamento lo sostenido en B, y así sucesivamente, como si avanzara cuidadosamente volviendo sobre sus propios pasos; en cada nuevo trabajo, algo se reitera y algo se expande.

En tercer lugar, en su prosa crítica *todo se entiende*; su claridad expositiva, la racionalidad con la que construye el proceso de argumentación suele contrastar con la oscura jerga de muchos de sus colegas. Además, es evidente que Avellaneda *pretende* que todo se entienda, de ahí su insistencia en los *mapas*, en los estados de la cuestión, en los exhaustivos esfuerzos de contextualización.

En cuarto lugar, Avellaneda produjo casi toda su obra crítica desde la Universidad de Florida, y no parece un dato menor que ese particular *locus* de enunciación *no se note*. En un par de trabajos (1990a y 1991) clasifica una serie de aportes críticos según su lugar de enunciación: argentinos radicados en Argentina; argentinos radicados en Estados Unidos; extranjeros que se ocupan, en tanto objeto de estudio, de Argentina. Si en otros estudiosos ese lugar aparece como una marca distintiva, la obra de Avellaneda es uno de los pocos casos en que la fusión con lo producido en el país no parece tener fisuras, como si hubiera estado desde siempre más atento a la lógica de funcionamiento del campo literario y cultural argentino que a las modas críticas consolidadas en el país del norte.

En quinto lugar, y en relación con lo que venimos diciendo, Avellaneda parece manifestar una profunda desconfianza contra algunas de esas modas críticas, en particular —como se lee en 1999 y 2004— contra los llamados "estudios culturales" en una de sus derivaciones, la tributaria del posestructuralismo francés. La deconstrucción de los discursos identificados con la modernidad y, consecuentemente, el furibundo cuestionamiento de las instituciones de la modernidad, adoptados acríticamente por parte del latinoamericanismo norteamericano, lo ponen en guardia. Nada más contrastante, podríamos decir, que la celebración de las diferencias, fundadas en un vago concepto de multiculturalismo —con la multiplicación de flujos, derivas, indecibilidades y rizomas—, respecto de los obsesivos *mapas* que el crítico postula, construidos sobre la base de rigurosas genealogías y plenamente consciente de la historicidad de los fenómenos que describe, historicidad que incluye, siempre, no sólo las condiciones de producción de los textos, sino también de su circulación: el "contrato de lectura". No hay, en Avellaneda, *marcos teóricos* prestigiosos, no hay citas de autoridad que lo eximan de su esfuerzo argumentativo.

Ahora bien, si reunimos por un momento las cinco características que hemos apuntado en esta síntesis en una nueva síntesis, derivamos casi naturalmente en un *valor* que poco parece tener que ver con la crítica literaria y cultural: la *humildad*. Un crítico ampliamente reconocido, profusamente citado, con una labor sostenida en el tiempo, y que carece de cualquier forma de pedantería intelectual, que reniega de las jergas artificiosas, que no se escuda en un lugar de enunciación supuestamente privilegiado, que nunca ostenta lo que sabe. Creo que esos gestos —esa *ética de las formas*— son los que fundan la ejemplaridad de su práctica crítica e intelectual.

NOTAS

[1] Toda vez que se refieran libros o artículos de Avellaneda, el año remite a la Bibliografía que se encuentra al final del presente trabajo. En cada caso, se cita entre paréntesis el número de página/s.

² En Avellaneda, 1984, puede leerse una derivación, corregida, de la sección del capítulo II dedicada a Borges y Bioy.
³ En otros trabajos Avellaneda reproduce o amplía los argumentos sostenidos en el libro. Véase al respecto, en la Bibliografía: 1985b, 1986a (incluye entrevistas a los escritores Ernesto Schóo, Luis Gregorich y Héctor Lastra) y 1989.
⁴ "Nueva referencia" porque sus argumentos reiteran, a grandes rasgos, los sostenidos en 1977, 1985a y 1990a.
⁵ Afirma el autor: "El intelectual argentino empieza a ser desplazado por la figura del 'especialista de lo mínimo', del tecnócrata cuya atención a lo microscópico lo hace indiferente a lo global" (274).
⁶ Andrés Avellaneda me ha hecho llegar una copia del trabajo; por esta razón, porque el trabajo está aún inédito, en las citas correspondientes no se menciona número de página.

BIBLIOGRAFÍA CITADA DE ANDRÉS AVELLANEDA

"Encuentro, pérdida, búsqueda, en los cuentos de Daniel Moyano". *Hispamérica* 3 (1973): 25-38.
"Literatura argentina, diez años en el sube y baja". *Todo es Historia* 120 (1977): 105-20.
"Exilio y literatura latinoamericana". *Punto de Contacto* 3-4 (1981): 81-92.
El habla de la ideología. Modos de réplica literaria en la Argentina contemporánea. Buenos Aires: Sudamericana, 1983.
"'Best-seller' y código represivo en la narrativa argentina del ochenta: el caso Asís". *Revista Iberoamericana* XLIX/125 (1983): 983-96.
"Borges-Bioy: modelo para descifrar". *Homenaje a Ana María Barrenechea.* Lía Schwartz Lerner e Isaías Lerner, eds. Madrid: Castalia, 1984. 357-63.
"Realismo, antirrealismo, territorios canónicos. Argentina literaria después de los militares". *Fascismo y experiencia literaria: reflexiones para una recanonización.* Hernán Vidal, ed. Minneapolis: Institute for the Sudy of Ideologies and Literature, 1985. 578-88.
"El discurso de censura cultural en la Argentina, 1960-1983. Notas para su análisis". *Les Ameriques et l'Europe.* Claire Pallier, ed. Toulouse: Travaux de l'Université de Toulouse-le-Mirail, 1985. 185-207.
"La ética de la entrepierna: control censorio y cultura en la Argentina". *Hispamérica* 43 (1986): 28-32.
Censura, autoritarismo y cultura: Argentina 1960-1983/1 y 2. Buenos Aires: Centro Editor de América Latina, Biblioteca Política Argentina, 1986, números 156 y 158.
"Martínez Estrada, revolucionario". *Cuadernos Americanos* 1 (1986): 159-69.
"Argentina militar: los discursos del silencio". *Literatura argentina hoy. De la dictadura a la democracia.* Karl Kohut y Andrea Pagni, eds. Frankfurt am Main: Vervuert Verlag, 1989. 13-30.
"Estado actual de los estudios literarios: el caso argentino". *Hispamérica* 56/57 (1990): 11-19.
"*Hispamérica*: sus primeras cincuenta salidas". *Revista Interamericana de Bibliografía* 1 (1990): 3-17.
"Historia, cultura y literatura en la Argentina de Entreguerras: el estado actual de la cuestión". *Latin American Research Review* 2 (1991): 211-24.
"Marcas ochentistas en la historiografía latinoamericana. Un repaso de la cuestión". *Revista de crítica literaria latinoamericana* 33 (1991): 69-77.

"Construyendo el monstruo. Modelos y subversiones en dos relatos (feministas) de aprendizaje". *Inti. Revista de crítica literaria latinoamericana* 40-41 (1994-95): 219-231.

"Hablar y callar. Construyendo sentido en la democracia". *Hispamérica* 72 (1995): 27-38.

"Estrategias de resistencia cultural: *La Maga. Noticias de cultura*". *Culturas del Río de la Plata (1973-1995). Transgresión e intercambio.* Roland Spiller, ed. Frankfurt am Main: Vervuert Verlag, 1995. 269-85.

"Lecturas de la historia y lecturas de la literatura en la narrativa argentina de la década del ochenta". *Memoria colectiva y políticas de olvido. Argentina y Uruguay, 1970-1990.* Adriana Bergero y Fernando Reati, comps. Rosario: Beatriz Viterbo, 1997. 141-84.

"Desde las entrañas: revistas de y sobre Latinoamérica en los Estados Unidos". *La cultura en un siglo: América Latina en sus revistas.* Saúl Sosnowski, ed. Buenos Aires: Alianza, 1999. 549-66.

"Clase media y lectura: la construcción de los sentidos". *Roberto Arlt. Los siete locos. Los lanzallamas.* Mario Goloboff, ed. Paris: Association Archives de la Littérature Latino-Americaine, des Caraibes et Africaine du XX siècle. Colección Archivos 44, 2000. 633-656.

"Bioy mirando al sudeste". *Homenaje a Adolfo Bioy Casares. Una retrospectiva de su obra. Literatura Ensayo Filosofía Teoría de la Cultura Crítica Literaria.* Alfonso de Toro y Susanna Regazzoni, eds. Frankfurt am Main/Madrid: Vervuert/Iberoamericana. Serie Teoría y crítica de la cultura y la literatura, 2001. 269-84.

"Evita: cuerpo y cadáver de la literatura". *Evita. Mitos y representaciones.* Marysa Navarro, ed. Buenos Aires/México: FCE, 2002. 101-41.

"Recordando con ira: estrategias ideológicas y ficcionales argentinas a fin de siglo". *Revista Iberoamericana* LXIX/202 (2003): 119-35.

"Política de la investigación, investigación de la política: estudios literarios e hispanismo a principios del nuevo siglo". *Homenaje a Ana María Barrenechea.* Norberto Bein, Guiomar Ciapuscio, Noé Jitrik, Jorge Panesi, eds. Buenos Aires: Editorial Universitaria de Buenos Aires (en curso de publicación), 2004.

BIBLIOGRAFÍA GENERAL

Gil Amate, Virginia. *Daniel Moyano: la búsqueda de una explicación.* Oviedo: Departamento de Filología Española, 1993.

Gregorich, Luis. "Dos décadas de narrativa argentina" y "Postscriptum de diciembre de 1980". *Tierra de nadie. Notas sobre literatura y política argentinas.* Buenos Aires: Mariano Moreno, 1981. 83-112.

Jitrik, Noé. *Ensayos y estudios de literatura argentina.* Buenos Aires: Galerna, 1970.

_____ *El fuego de la especie. Ensayos sobre seis escritores argentinos.* Buenos Aires: Siglo XXI, 1971.

Marimón, Antonio. "Un best-seller argentino: las mil caras de un pícaro". *Punto de Vista* 14 (1982): 24-7.

Prieto, Adolfo. *Literatura y subdesarrollo.* Rosario: Biblioteca Popular Constancio C. Vigil, 1968.

Rosa, Nicolás. *Crítica y significación.* Buenos Aires: Galerna, 1970.

Sarlo, Beatriz. "Literatura y política". *Punto de Vista* 19 (1983): 8-11.
_____ "La izquierda ante la cultura: del dogmatismo al populismo". *Punto de Vista* 20 (1984): 22-5.
_____ "Política, ideología y figuración literaria". *Ficción y política. La narrativa argentina durante el Proceso militar.* Buenos Aires: Alianza estudio, 1987. 30-59.
Sosnowski, Saúl. "La dispersión de las palabras: novelas y novelistas argentinos en la década del setenta". *Revista Iberoamericana* XLIX/125 (1983): 955-64.
Viñas, David. *Literatura argentina y realidad política.* Buenos Aires: Jorge Álvarez, 1964.
_____ "Después de Cortazar: historia y privatización". *Cuadernos Hispanoamericanos* 234 (1969): 734-39.
Williams, Raymond. *Marxismo y literatura.* Barcelona: Península, 1980.

Violencia en el deshielo: imaginarios latinoamericanos posnacionales después de la Guerra Fría

MABEL MORAÑA
Washington University-St. Louis

> And out in the Wild West,
> —you have seen this movie before—
> Four lone cowboys and their skinny ponies ride the range
> And suddenly up over the ridge
> A thousand Indians rise up around the edge of the plateau
> Like they came out of nowhere
> And there are only 4 cowboys
> But the cowboys look at the Indians and they say:
> "Lets go get 'em."   Laurie Anderson

Al iniciar su libro *Mémoire du Mal, Tentation du Bien. Enquête sur le Siécle* (2000) Tzvetan Todorov pasa revista a las atrocidades que marcaron la historia del siglo XX: Primera Guerra Mundial: 8 millones de muertos en los frentes, más de 10 millones en la población civil, seis millones de inválidos. Genocidio de armenios a manos de los turcos. Tremendos saldos de muertos a consecuencia de las guerras civiles en la Rusia soviética. Segunda Guerra: 35 millones de muertos en Europa (por lo menos 25 en la Unión Soviética), exterminio masivo de judíos, bombardeos múltiples a poblaciones civiles en Alemania y Japón, sin olvidar el costo social de la liberación de las colonias en distintos períodos y espacios culturales. Todorov comienza su libro con una propuesta preliminar: si el siglo XVIII fue el *Siglo de las Luces*, el XX debería quizá ser conocido como el *Siglo de las Tinieblas*, un siglo donde la historia es indisociable del totalitarismo y la violencia, en sus diversas formas y contextos.

Latinoamérica siempre ha sido menos efectiva en la tarea de contar a sus muertos. Hasta el día de hoy, no hay métodos consagrados que permitan estimar con cierta exactitud el saldo del colonialismo (incluyendo la muerte por colonización de territorios, superexplotación, condiciones de vida sub-humanas, esclavitud) o el balance dejado por las intervenciones estadounidenses durante los siglos XIX y XX, ni hay números que registren las bajas producidas por los enfrentamientos de pandillas urbanas, las movilizaciones obrero-estudiantiles, la violencia policial, el narcotráfico, la violencia doméstica, las dictaduras o los levantamientos indígenas, ni hay cifras que acumulen el costo social —como suele decirse— de las batallas de la independencia, de la resistencia antiimperialista, antitotalitaria, las bajas guerrilleras, los que cayeron en la tortura, los que sucumbieron a la miseria escuchando las promesas de orden y progreso, y hoy agonizan en los escenarios del neoliberalismo. No hay cifras que den cuenta de quienes han sido y siguen siendo víctimas de la violencia en Guatemala, Nicaragua, El Salvador, Chile, Argentina, Uruguay, Brasil, Perú, Bolivia, Colombia, Venezuela.

Las reflexiones de hoy se enfocan en lo que podríamos llamar el microsistema de América Latina, particularmente en algunas de las dinámicas que en el contexto de la globalidad y el neoliberalismo acompañan la entrada del continente al nuevo siglo. Deseo aquí sugerir solamente algunas bases para el análisis del significado que asume la relación entre *nación, violencia y subjetividad* en América Latina a partir del fin de la Guerra Fría.

A modo de introducción, habría que señalar que es imposible realizar una crítica histórico-político-filosófica de la violencia en América sin una crítica de las *modernidades* que desde el período colonial se impusieron a través de una práctica sistemática y articulada de violencia económica, social, cultural, epistémica, sobre las sociedades americanas. Desde la "violencia del alfabeto" que arrasó con los espacios simbólicos de las sociedades prehispánicas, la occidentalización de América y la formación de la nación-estado nacen marcados por liderazgos e intereses de clase que apelan sistemáticamente a la violencia con el apoyo de discursos legitimadores de muy distinto orden que coinciden en la idea de que el progreso y la civilidad dependen de la reducción de todo rasgo, práctica o proyecto que no coincida con los intereses de los sectores dominantes. Así, desde los orígenes de la vida republicana, la práctica democrática y liberal implantada en América Latina propone sofísticamente la coincidencia absoluta entre Estado y sociedad, marginando e invisibilizando a grandes sectores que no se integran productivamente a la estructuración nacional. Con estos precedentes puede afirmarse entonces que la historia de América Latina es la historia de las múltiples e intrincadas prácticas y narrativas de la violencia que atraviesan sus distintos períodos y se entronizan en todos los niveles de la vida política y social de la nación moderna. Sin embargo, lo que hoy nos ocupa es el fenómeno de incremento de diversas formas de violencia ciudadana a nivel continental, y las transformaciones que los modelos de ejercicio y conceptualización de la violencia han sufrido en las últimas décadas.

Así, aunque la historia de la violencia puede rastrearse a lo largo de la historia latinoamericana desde el descubrimiento, deseo referirme aquí específicamente a la indudable relación que existe entre las transformaciones que se registran desde el fin de la Guerra Fría en los países periféricos de América Latina a nivel económico, político y cultural, y el incremento de la violencia en distintos niveles.

En lo económico, la imposición de políticas neoliberales ha logrado acorralar, en las últimas décadas, a las economías nacionales incrementando las áreas de marginación, de desempleo y subempleo. A los procesos de transnacionalización acelerada y masiva del gran capital e influencia creciente de las empresas transnacionales en la definición de políticas económicas y culturales, se suma la cancelación de canales institucionales para la presentación de demandas populares, eliminación de espacios de debate político, reafirmación de focos hegemónicos a nivel internacional, etc. El Estado benefactor, interventor, paternalista, ha ido cediendo lugar a una entidad desdibujada que hipoteca el bienestar de la mayoría a las necesidades de protección y de reproducción del gran capital.

Correlativamente, estos cambios propulsaron una redefinición de la idea de democracia, que se ajusta hoy en día a un modelo mucho más restrictivo y excluyente que el que sirviera para describir a los regímenes modernos: democracia = oligarquía +

populismo. Según estudiosos del período (Greg Grandin, por ejemplo), esta redefinición se ha realizado a partir de estrategias tales como la ruptura de alianzas existentes entre elites reformistas y clases populares, el quiebre de movimientos alternativos que quedaron reducidos a estrategias acotadas de resistencia circunstancial, y la destrucción de formas de liderazgo social y político en distintos niveles. Se transforma así radicalmente la relación entre sujeto y sociedad, entre política, ética y subjetividad, reemplazando los objetivos sociales por un individualismo consumista a veces aderezado de remozadas religiosidades tradicionales o de propuestas *new age*, que prometiendo consuelo y trascendencia ante las traiciones de la modernidad, brindan una alternativa de socialización que permite eludir los desencantos y desafíos de la historia presente.

El vaciamiento político del Estado, el debilitamiento de las políticas partidistas, y la disminución de alternativas ideológicas que permitan pensar lo social desde un afuera – aunque sea utópico– del neoliberalismo, ha incrementado el sentimiento de desprotección ciudadana. Esto se suma al desvanecimiento del Estado benefactor, interventor, paternalista, que rigiera con variantes hasta la primera mitad del siglo XX. Los imaginarios urbanos están atravesados por sentimientos de desamparo económico, agotamiento político e inestabilidad social. La "ciudadanía del miedo" de que hablara Susana Rotker, se corresponde con las evaluaciones que realizan politólogos y analistas sociales en las últimas décadas. Si, según la conocida frase de Raymond Aron, "con la Guerra Fría la guerra se hizo improbable y la paz imposible" (cit. por Keane 110), el fin de ese período ha producido *un desbalance en el equilibrio internacional del terror*. Hoy en día, "la paz se ha convertido en una guerra latente" (Keane 132): hay un notorio aumento de tipos diversos de batallas internas a nivel nacional, conflictos grupales armados más o menos restringidos a ámbitos locales o transnacionalizados, movilizaciones indígenas, desestabilizaciones radicales y violentas del llamado orden democrático por sectores populares muchas veces desorganizados pero disidentes de los partidos en el poder, aumento del delito común con estrategias innovadoras tales como asaltos colectivos, secuestros, etc., movilizaciones de grupos armados que actúan en un plano subnacional (pandillas) o supranacional (narcotráfico), etc. Aun en sociedades que presentan índices de seguridad ciudadana mucho más altos que los que se registran en Colombia, Venezuela o México, el sentimiento colectivo se mantiene aferrado al miedo cotidiano, a la idea de que en cualquier momento, como señala Enzensberger, "un vagón de cualquier metro urbano puede convertirse en una Bosnia en pequeño Bosnia" (cit. por Keane, 113). Aunque en algunos casos las estadísticas de crimen urbano no justifican el sentimiento de inseguridad de la ciudadanía, como ha apuntado Beatriz Sarlo, "con el imaginario no se discute"(206).

Ya nadie cree que la violencia de Estado ejercida a nivel nacional o internacional sea un momento imprescindible en el logro de la paz universal. Como ha indicado Bolívar Echeverría, lo que llamamos paz es apenas un provisional "cese del fuego". Estos fenómenos que quiebran la utopía de unificación, centralismo y control estatal de la nación moderna requieren nuevas nominaciones: los críticos sociales hablan de "conflictos de baja intensidad" (Martin Van Creveld), "guerra civil molecular" (Enzensberger) o "guerras inciviles" (John Keane) que desgarran la trama de *lo social* indicando "el retorno de lo reprimido": lo marginado, sometido, o invisibilizado por la modernidad, que vuelve por sus fueros.

La violencia que se registra en América Latina en las últimas décadas ha sido interpretada como una serie de respuestas o reacciones inorgánicas, aunque no por ello menos elocuentes, a los efectos de la *globalización*. En algunos casos, la violencia obviamente precede a este período y sus raíces deben ser estudiadas en relación con las políticas modernizadoras, con la aplicación de determinados modelos de nación y de estado, y –a partir, todavía, de perspectivas dependentistas– con la vinculación de los capitalismos periféricos a los grandes sistemas internacionales y a sus agresivas políticas de expansión económica. En otros casos, las formas más actuales, en muchos casos inéditas, de violencia, aparecen como respuestas que surgen y se incrementan ante la imposibilidad de organizar agendas locales, nacionales o regionales que puedan contrarrestar el efecto arrasador de las políticas neoliberales.

Bolívar Echeverría ha estudiado las relaciones entre las manifestaciones de "violencia salvaje" y la disolución de la identificación entre estado y sociedad. Las percepciones que acompañan a los procesos de globalización parecen asumir que al haberse ampliado la superficie social que el estado debe cubrir, se ha incrementado la incapacidad institucional para absorber las contradicciones y demandas sociales dando así lugar a "una posible reactualización catastrófica de la violencia ancestral no superada" (*Valor de uso* 97). Ante el descaecimiento de la utopía de la paz perpetua y las crisis políticas que acompañan el fin de la modernidad, lo único que pervive como propuesta de articulación ciudadana es la creencia en el mercado como el espacio por excelencia de confluencia, participación y libre intercambio de bienes materiales y simbólicos, es decir la concepción de la posibilidad de realización de todos los valores sociales, individuales y colectivos, en el mundo de la mercancía.

Libros como *Consumidores y ciudadanos* de Néstor García Canclini exploran la vigencia de esa propuesta en épocas actuales. Pero desde posiciones más críticas que descriptivas, quizá es hora de comenzar a entender el mercado ya no como una instancia de socialización participativa, sino como una arena de lucha entre ofertas que entran a la competencia marcadas por las improntas de la desigualdad productiva, el monopolio de las transnacionales, la explotación masiva y la subalternización de vastísimos sectores sociales que sólo alcanzan una integración deficitaria en la cultura política de nuestro tiempo. Si la modernidad creó, a través del mito de la productividad, el modelo utópico de una sociedad insaciable, atravesada por el deseo inacabado, el escenario posmoderno de la globalidad incrementa al infinito esa voracidad y las frustraciones que su insatisfacción produce, en una dinámica de producción constante y artificial de la escasez (el consumidor ideal es aquel que no puede tener satisfacción, que vive en un estado de carencia permanente).

Hoy queda claro que el monopolio estatal de la violencia tendría como cometido fundamental el proteger el mercado de enemigos tanto a nivel nacional como internacional (Ver Echeverría, *Valor de uso*). Pero en tiempos posmodernos ese monopolio se encuentra amenazado por las formas salvajes en que se expresa la frustración de los consumidores/ciudadanos, los sectores relegados de las dinámicas integradoras de la legalidad productivista y los que eligen formas anómalas de inserción en el mundo de la oferta y la demanda. No sería excesivo decir, desde esta perspectiva, que al *lenguaje supranacional del capital* nuestra época responde de manera casi instintiva, dispersa, y aparentemente inorgánica, con *el lenguaje supranacional de la violencia*. En otras palabras: la lengua universal del capital tiene también sus dialectos particulares.

Muchos han caracterizado algunas modalidades de violencia posmoderna como una forma de regresión tribal arcaizante. Robert Kaplan habla de la aparición del *segundo hombre primitivo* que pasaría a formar una *sociedad de guerreros* que combina de manera inquietante la falta de recursos con una extensión planetaria sin precedentes, que articula clandestinidad con espectáculo, marginación y protagonismo. Sin embargo, la caracterización de *primitivismo* debería revisarse. En civilizaciones "primitivas" (premodernas) algunos investigadores han visto en el carácter bélico un recurso colectivo para mantener la autonomía y para defender a la comunidad de "la aparición de instituciones estatales de carácter opresor" o sea de la posible institución de un Estado centralizado con monopolio de la violencia "legítima", recurso que podría, en cualquier momento, volverse contra los miembros mismos de la comunidad a la que ese Estado debería defender (Keane 115). Pero al mismo tiempo, en muchas culturas, el ejercicio de la violencia se daba a sí mismo mecanismos internos de control. En muchos casos, el jefe que decretaba el movimiento bélico no se limitaba a declarar la guerra ni se mantenía en la retaguardia sino que por su mismo liderazgo debía ser el primero en salir al campo de batalla (y casi seguramente, por tanto, el primero en morir). La gloria consistía justamente en el heroísmo de la muerte por la fe en una causa colectiva que legitimaría la apelación a la violencia que involucraba a toda la comunidad. Muerto el líder, ya no existía la posibilidad de que éste pudiera usufructuar de la violencia políticamente, como una forma de popularidad que serviría, por ejemplo, para una reelección presidencial.

Sin embargo, en América Latina, muchos de los que podríamos llamar "rasgos de estilo" de la violencia tienen una indudable cualidad arcaizante. Dentro de lo que Jean Franco llamara "el costumbrismo de la globalización" aparecen prácticas culturales y textos apocalípticos con estas características, que reflejan el horror de la clase media ante la explosión de su mundo, versiones presentistas que eligen ignorar toda genealogía, toda relación con el pasado colectivo, toda posible proyección de futuro, como si la historia se agotara en la peripecia de la supervivencia individual, el consumo, la transitoriedad y el espectáculo de una rebelión desarticulada y explosiva, casi hollywoodense, contra el *status quo*. En plena posmodernidad muchas narrativas articuladas al eje de la violencia representan conflictos y personajes que evocan modelos de conducta y discursividades que parecerían anacrónicas en los tiempos que corren. El *sicariato*, por ejemplo, articula la práctica mercenaria con las matrices de la religiosidad tradicional. El estudio de la llamada *sicaresca* aproxima la novela de sicarios (*La virgen de los sicarios*, *Rosario Tijeras*, etc.) a los modelos de la *picaresca*, por las similitudes en torno al protagonismo del joven marginado que intenta medrar en una sociedad estratificada que lo relega y a la que le es imposible integrarse productivamente (ver Von der Walde). Incluso los narco-corridos remiten a modelos discursivos de épocas anteriores, en un lenguaje popular, paralelo a la retórica política dominante, que reinventa la oralidad, como documentando la cancelación de las formas "modernas" e institucionalizadas de comunicación y socialización.

La violencia articula así, en los sentidos antes aludidos, elementos residuales de la modernidad, dejando al descubierto los puntos ciegos de la política burguesa y liberal. Refiriéndose a las primeras etapas de formación del Estado, Eric Hobsbawm hablaba del bandidismo como de "insurrecciones inorgánicas" que a través de prácticas espontáneas y discontinuas marcaban de manera beligerante los afueras de la emergente institucionalidad burguesa. Hoy en día, la *sociedad incivil* obliga nuevamente, en el contexto de la crisis epistémica de nuestra época, a revisar los conceptos de gobernabilidad, socialización, y civilidad; obliga a repensar los límites de la tolerabilidad social, los extremos reales y simbólicos del liberalismo y el valor ético de sociedades despolitizadas que no conciben su existencia fuera del fetichismo del capital. A través de estrategias radicales, arcaicas o inéditas, la violencia pone en un primer plano de la escena social justamente a los desplazados, subalternizados y "desechables", es decir a los núcleos irreductibles nunca completamente articulados a la economía cultural de la modernidad que ponen en práctica formas anómalas de agencia individual o colectiva.

Desde una *productividad negativa* (¿o negatividad productiva?) la violencia enfrenta a la sociedad con sus fantasmas, con lo indecible y lo irrepresentable, inaugura "territorios existenciales" (Guattari), formas alienadas y residuales de subjetividad, sustentadas en formas perversas y cerradas de solidaridad grupal. Se apoya en la producción de lenguajes opacos que descreen de la transparencia comunicativa y de la socialización fuera del núcleo de solidaridad grupal y que desconfían de la democracia deliberativa, del consenso, y de la pedagogía nacionalista. La violencia relativiza así lo global frente a lo contingente, lo colectivo frente a lo individual, lo local frente a lo transnacional, y viceversa.

La violencia social en sus múltiples manifestaciones existe así como un mecanismo trans-sectorial, infra o trans-nacional, trans-subjetivo, y también trans-histórico, que opera a partir de una vinculación cruzada de intereses, tiempos, agendas, y recursos, redefiniendo éticas y estéticas que atraviesan lo social integrando de una manera inédita clases, sexos y razas, creando nuevos universos de referencia simbólica y procesos intensos de resignificación cultural y política. Si la noción liberal de multiculturalismo criticada por Bhabha propone reducir los *antagonismos* y las desigualdades sociales a mera *diferencia* (ver Bhabha, "Introduction"), la violencia recupera la idea de que la sociedad está atravesada por intereses y modelos identitarios ya no sólo diversos sino esencialmente conflictivos y antagónicos, irreconciliables dentro de las condiciones impuestas por las forma ineficaces, perversas y excluyentes de control estatal. Así, sin glorificar sus métodos, ni estetizar sus prácticas, ni reducir sus consecuencias, debe reconocerse que en su funcionamiento siempre excedido e irracionalista, la violencia implementa formas extremas de socialización intergrupal, funciona dentro de lógicas que el *status quo* no puede absorber, ni resolver, ni comprender. Redefine las ideas de lealtad grupal, de éxito, poder y valor personal, creando una adecuación *otra* entre medios y fines. No intenta superar ni reemplazar con algo mejor los mitos de la modernidad, sino que los expone y los extrema, como en un simulacro monstruoso, en el que mundos paralelos reproducen perversamente, en la clave de un desesperado y desesperanzado individualismo, los ideales *civiles* de las burguesías nacionales: el ideal de la conquista de mercados (narcotráfico), la sustentación de identidades territorializadas (pandillas), el poder de detentar la violencia para la consecución de fines autolegitimados. Redefinen el concepto de *elite* y liderazgo, la relación entre discurso y cuerpo individual o colectivo, llamando la atención sobre los biopoderes que atraviesan lo social e impactan a distintos niveles el constructo ideológico de la *ciudadanía*. Como síntoma y también como causa del deterioro de la sociedad, la violencia hace resurgir el trauma del origen (el del colonialismo, la dependencia, la exclusión, la modernización para pocos).

Sin minimizar de ninguna manera las consecuencias perversas y a menudo catastróficas de la violencia, no puede negarse que en su despliegue de acciones, escenarios y signos la violencia es, esencialmente, una *performance* que por medio de prácticas extremas opera a través de la creación de un *desorden simbólico*. A través de su puesta en escena, de sus extremadas modalidades de dramatización y su frecuentemente obsceno exhibicionismo, la violencia abre un espacio teórico que reconstruye –o destruye– los mitos de orden y progreso, dejando en evidencia la incapacidad del estado para atender demandas, canalizar expectativas y corregir desbordes. Su praxis desbordada y sensacionalista obliga a revisar desde otras perspectivas lo que Josefina Ludmer llamara la "frontera móvil del delito": los criterios y procesos de legalización y criminalización de prácticas sociales protagonizadas por sujetos considerados un excedente del sistema.

Es obvio que ningún estudio sobre violencia puede prescindir de los deslindes y entrecruzamientos entre *violencia estructural* (económica, política), *violencia emancipatoria* (como en los movimientos de liberación: Lenin decía que no se puede hacer una tortilla sin romper los huevos), o *violencia dialéctica* (que se registra en movimientos de carácter político-emancipatorio tanto como en las experiencias del erotismo, el misticismo, etc.[Echeverría]), *violencia epistémica*, o *violencia "salvaje"* (no institucionalizada), etc. Es obvio también que en contraste con las consideraciones biologistas, filosóficas, políticas, etc. de corte universalista que trabajan la teoría de la violencia como pulsión o estrategia transhistórica, transcultural, la evaluación crítica de la violencia requeriría más bien constantes contextualizaciones que dejen al descubierto su carácter primordialmente contingente, particularizado; contextualizaciones que implican una toma de posición *política* frente a las realidades analizadas. Finalmente, es también evidente que *no* en todos los casos la violencia es "partera de la historia". Pero también es obvio que en tanto práctica social, la violencia popular que se da al margen o en respuesta a la violencia estructural o institucionalizada, no puede ser simplemente descartada o repudiada desde las posiciones salvaguardadas del orden burgués. En tanto práctica social, toda violencia es un lenguaje cifrado, opaco, que llama la atención sobre sí mismo, que debe ser entendido y decodificado, una lengua a través de la cual se expresan sectores desarticulados de la estructuración social y del *status quo*. Sectores que responden a la pregunta sobre si puede hablar el subalterno aún con la réplica arcaizante de Calibán: *sólo puedo balbucear y maldecir en la lengua del amo*.

BIBLIOGRAFÍA

Bhabha, Homi. *The Location of Culture*. Nueva York : Routledge, 1994.
Echeverría, Bolívar. *Ilusiones de la modernidad*. México: UNAM/El equilibrista, 1995.
_____ *Valor de uso y utopía*. México: Siglo XXI Eds., 1998.
Enzensberger, Hans Magnus. *Civil War*. Londres: Granta Books/Penguin Books, 1994.
Franco, Jean. *The Decline and Fall of the Lettered City. Latin America in the Cold War*. Cambridge: Harvard UP, 2002.
Franco, Jorge. *Rosario Tijeras*. Buenos Aires: Planeta, 1999.
García Canclini, Néstor. *Consumidores y ciudadanos. Conflictos multiculturales de la globalización*. México: Grijalbo, 1995.
Grandin, Greg. *The Last Colonial Massacre: Latin America in the Cold War*. Chicago: U of Chicago P, 2004.
Guattari, Félix. *Caósmosis*. Buenos Aires: Ed. Manantial, 1996.
Hobsbawm, Eric. *Bandits*. Nueva York: Delacorte Press, 1969.

Kaplan, Robert. *Warrior Politics: Why Leadership Demands a Pagan Ethos.* Nueva York: Random House, 2002.

Keane, John. *Reflexiones sobre la violencia.* Madrid: Alianza Ed., 1996.

Ludmer, Josefina. *El cuerpo del delito.* Buenos Aires: Perfil, 1999.

Rotker, Susana. *Ciudadanías del miedo.* Caracas: Nueva Sociedad, 2000.

Sarlo, Beatriz. "Violencia en las ciudades. Una reflexión sobre el caso argentino". Mabel Moraña ed. *Espacio urbano, comunicación y violencia en América Latina.* Pittsburgh: Instituto Internacional de Literatura Iberoamericana, 2002. 205-14.

Todorov, Tzvetan. *Mémoire du Mal, Tentation du Bien. Enquête sur le Siècle.* París: Editions Robert Laffont, 2000.

Vallejo, Fernando. *La virgen de los sicarios.* Bogotá: Alfaguara, 1998.

Van Creveld, Martin. *The Transformations of War.* Nueva York: Free Press, 1991.

Von der Walde, Edna. "La novela de sicarios y la violencia en Colombia". *Iberoamericana* 3 (2001): 27-40.

Ulrich Schmidel y la continuada composición de sus memorias de la conquista del Río de la Plata

ALVARO FÉLIX BOLAÑOS
University of Florida

DATOS BIOGRÁFICOS

Ulrich Schmidel (¿1510-1581?), también conocido como Utz y Ulrico, recibe atención aquí por ser el autor de uno de los más vívidos y bien divulgados testimonios sobre la conquista del Río de la Plata. Los datos biográficos de él disponibles —no siempre confiables— indican que nació en Straubingen, Alemania, hijo de un burgomaestre acomodado (Wolfang Schmidel, muerto en 1511) y que se dirigió de Amberes a Cádiz cuando oyó hablar de los preparativos de la expedición española de Pedro de Mendoza a las Indias. Se alistó en la expedición como arcabucero y colaboró por mucho tiempo en la conquista del Río de la Plata bajo las órdenes, además de Mendoza, de Juan de Ayolas, de Alvar Núñez Cabeza de Vaca y de Domingo Martínez de Irala. Después de veinte años de tribulaciones con las diferentes dificultades de la colonización, y de aprovechamiento de los frutos del saqueo a las comunidades indígenas, Schmidel recibió una carta de su hermano, en 1552, que lo nombraba heredero de su fortuna. Regresó de Asunción del Paraguay, primero a Sevilla (vía Brasil), cargado de su botín humano (varias decenas de esclavos con cuya venta pagaba los gastos), y después a su tierra natal (vía Amberes). Ambos tramos de su derrotero estuvieron plagados de dificultades (acoso de "antropófagos" en las selvas del Brasil y tempestades en el Atlántico), según cuenta de manera detallada en su testimonio. Una vez instalado en la tranquilidad de su pueblo y de su herencia, vierte en forma de libro de memorias algunos hechos que había presenciado en su mayoría y cuya naturaleza política y militar entendió muy bien. El texto resultante (escrito en una mezcla de alto alemán y de jerga alemana, española e indígena americana) es hoy ampliamente considerado como una de las pocas relaciones históricas —si no la única— de los primeros veinte años de la conquista española del territorio correspondiente a la Argentina, el Uruguay y el Paraguay, entre 1536 y 1554.

El siguiente examen de la obra de Schmidel intentará colocarla en tres contextos: primero, el de las tensas transacciones de poder político entre los conquistadores del Río de la Plata en los años que presenció Schmidel; a continuación, el de la compleja producción textual en las Indias (unida a esas tensiones) con que poco se la ha asociado; y por último, el de la opinión que comparten hoy muchos comentaristas al considerarla como una obra *sui generis*.[1] Aspiro con esta estrategia a relativizar algunas nociones de la exclusividad tanto del texto como del autor, las cuales no han permitido, a mi modo de ver, apreciar la naturaleza dialógica y conflictiva de un texto compuesto en una terrible situación de ocupación del territorio americano y de control colonial de sus habitantes nativos; tampoco han permitido vislumbrar el amplio contexto formado por muchos otros documentos conmensurables que no han tenido la divulgación que sí tuvo la obra de este bávaro conquistador convertido en escritor.

ALEMANES EN LA CONQUISTA Y LA EMPRESA DE MENDOZA

Los alemanes participaron en la conquista de América en números más altos de los que se tiende a pensar. Mucho antes que a Schmidel se le ocurriera venir a América, varios conquistadores alemanes, como Ambrosio Alfinger, Jorge de Spira, Felipe Hutten, y Nicolás de Federmann, ya estaban realizando, en la gobernación de Venezuela (asignada por Carlos V a la compañía comercial de los Wesler desde 1528),[2] expediciones al "Mar del Sur" en busca de El Dorado. Además de estos, Schmidel mismo escribe que "yo y otros alto-alemanes y neerlandeses, hasta ochenta hombres, bien pertrechados con nuestras armas de fuego y otras armas más, hemos navegado en el barco del susodicho Sebastián Neithart y de Jacobo Wesler [también alemanes] hacia el Río de la Plata" (32). Carlos V, por su parte, en carta del 19 de julio de 1534, le recomienda a Pedro de Mendoza que favorezca a uno de sus deudos alemanes, Francisco de Doubrin, que formaba parte de la expedición al Río de la Plata.[3]

Schmidel tampoco fue el único alemán que escribió un libro sobre su experiencia en América para el público alemán en el siglo XVI. Nicolás de Federmann escribió en Alemania sus memorias de la conquista de Venezuela de 1532-33 (*Indianische Historia*), editadas en Hagenaw en 1557.[4] En ese mismo año Hans Staden, quien había sido cautivo de los indios Tupinamba del Brasil (los mismos "antropófagos" que según Schmidel lo acosaron en su viaje de regreso) publica también en Alemania las memorias sobre su cautiverio y una descripción de la región y de los indígenas que conoció (*Warhaftige Historia und Beschreibung einer Landschaft*...).[5] La publicación de estos dos libros, tres años después del regreso de Schmidel a su patria, ha debido ser un gran incentivo para él de poner por escrito sus historias de las Indias que, a la sazón, ha debido estarles contando hasta la saciedad a sus compatriotas.

Varios años antes, el 21 de mayo de 1534 en Toledo, España, Pedro de Mendoza se había comprometido ante Carlos V —según reza el texto de la correspondiente capitulación— a "conquistar y poblar las tierras y provincias que hay en el Río de Solís que llaman de la Plata donde estuvo Sebastián Caboto y por allí calar y pasar la tierra hasta llegar a la Mar del Sur".[6] La expedición subsiguiente, que tiene como resultado la primera fundación de Buenos Aires en, 1536 y después la fundación del fuerte de Asunción del Paraguay en 1537, se inscribía en una carrera conquistadora entre España y Portugal por llegar a una tierra rica y fabulosa localizada al noroeste de la boca del río Paraná de acuerdo con informes obtenidos de los indígenas por exploradores anteriores. Luis Ramírez explica, en una carta relatoria del 10 de julio de 1528 sobre la previa expedición de Sebastián Caboto, que los indios querendís les dieron "muy buena relación de la tierra y del rey blanco" y luego los indios chandris que "confinan con los que habitan en la sierra, estos traen mucho metal de oro y plata en muchas planchas e orejeras y en hachas con que cortan la montaña para sembrar" (98).[7] La esperanza de obtener algún remanente de la inmensa riqueza ya conquistada por Pizarro y Almagro en el Perú (al cual correspondía esa región geográficamente mal entendida todavía y asociada al "Mar del Sur") y de mantener a Portugal lejos del área, alentó a la Corona y a Mendoza a emprender la conquista y población de "doscientas leguas de luengo de costa de gobernación que comience desde donde se acaba la gobernación que tenemos encomendada al mariscal don Diego de Almagro hacia el estrecho de Magallanes", según la misma capitulación (Doc. # 25, pág. 41).

La expedición de Mendoza se apartó de la estrategia tradicional y generalmente exitosa de exploración y conquista realizada en el Caribe y en "Tierra Firme" después de establecida la primera colonia en la Isla Española. Tal estrategia consistía en la gradual expansión de una región ya conquistada y estable hacia otra aledaña y medianamente explorada, con capital y provisiones locales y con autorización del gobernador más próximo. Ése fue el caso de la conquista de Puerto Rico después de la conquista de la Isla Española, de México después de Cuba, de Perú después de Panamá, de Chile después del Perú, etc. En cambio, la expedición de Mendoza, como proyecto diseñado y lanzado directamente desde España, lejos de su centro de control gubernamental y de las vías de aprovisionamiento, hace parte de un grupo de empresas medianamente exitosas o fracasadas a regiones lejanas y exentas de poblaciones indígenas ricas en oro y plata como las de Pánfilo de Narváez (1528) y Hernando de Soto (1539-1542), ambas desde Cuba al sur este norteamericano; la de Gonzalo Pizarro a la región amazónica desde Quito (1541-1542); y la de Francisco Vázquez de Coronado al sur oeste norteamericano desde México (1540-1542).[8]

Las ingentes tribulaciones de los conquistadores que escribieron sobre este primer intento de conquista del Río de la Plata divulgaron una injusta imagen negativa de la región que todavía tiene ecos en nuestra época. Para el clérigo Luis de Miranda la tierra es "cruel": "Trabajos, hambres y afanes / nunca nos faltó en la tierra / y así nos hizo la guerra/ la cruel" (37);[9] es "Tierra enferma" (312) para Juan de Bernalte Cabeza de Vaca, en carta a su hermano Hernán Ruiz, del 13 de enero de 1540 (Doc. 222, vol. 2, págs. 311-13); es "Tierra que del sol no es alumbrada" para Gerónimo Ochoa de Eizaguirre, en carta al Consejo de Indias de marzo de 1545 (Doc. # 237, pág. 454); el mismo Schmidel no sólo describe al puerto de Buenos Aires como un lugar en el que "la gente no tenía qué comer y se moría de hambre y padecía gran escasez" (40) sino que además insiste hasta la saciedad en minimizar los recursos de la tierra que les proveían los indígenas, como cuando dice, con un descarado ademán de comensal exigente: "... los susodichos querendís nos han traído diariamente durante catorce días su escasez de pescado y carne" (38); y Ruy Díaz de Guzmán, hijo mestizo de estos primeros conquistadores, años después y con mirada reflexiva, le da el mote de "tierra miserable y pobre" (20). La tierra era, en realidad, pobre de oro y plata, pero rica en mortales rencillas entre conquistadores y, sobre todo, rica en recursos naturales que debían ser cuidadosamente cultivados o recogidos. Pero el feroz parasitismo de los recién llegados, imbuidos en expediciones de saqueo de la riqueza indígena, no permitió en los primeros años de la conquista tal constructiva y sedentaria actividad.[10]

La expedición, sin embargo, tuvo como resultado no solamente la fundación de Buenos Aires y Asunción, sino el establecimiento tardío pero definitivo de la expansión castellana en toda la región indicada en la capitulación entre Carlos V y Pedro de Mendoza. Desde el punto de vista de la política internacional de la Corona de Castilla la expedición al Río de la Plata fue un éxito a pesar de haber sido desastrosa para Mendoza y frustránea para la mayoría de los primeros conquistadores que la realizaron.

Los principales sucesos de esta expedición que comienzan con su salida de Cádiz en 1535, que siguen con el establecimiento de la primera Buenos Aires (1536), del fuerte de Asunción del Paraguay en 1537, la llegada del gobernador Alvar Núñez Cabeza de Vaca en 1542, la rebelión contra él en 1545, y que terminan con el establecimiento de contactos de la expedición de Irala con el Perú (1547-49), corresponden al espacio de vida de los conquistadores originales que la conformaron (individuos como Pedro de Mendoza, Juan de Ayolas, Domingo Martínez de Irala, Cabeza de Vaca, Hernando Ribera, Luis de Miranda, Ulrich Schmidel, etc.).

Estos sucesos, correspondientes también a los temas principales de la obra de Schmidel, fueron objeto de una masiva, muy variada y hasta obsesiva atención textual de muchos de sus protagonistas y observadores hasta crear un abrumador conjunto de cartas, poemas, relaciones, autos, probanzas, memoriales, requerimientos, pleitos, homenajes, protestaciones, etc. que registraron cada suceso, importante o no, de la expedición y la conquista.[11] Tal obsesiva y nutrida producción textual sobre cada paso del proceso de conquista era normal en todo el esfuerzo de expansión imperial español en América. Estimulaban esta producción las explicitas instrucciones de las autoridades españolas a diversos integrantes de las expediciones de informarles, por escrito y en detalle por medio de la escritura de "relaciones", sobre los progresos de esa expansión.

A pesar de esta plétora documental (en su mayoría inédita o publicada en transcripciones de difícil lectura) tendemos hoy a asociar estos primigenios sucesos rioplatenses con un reducido número de textos. En primer lugar, se asocian con los dos únicos publicados en Europa en el siglo XVI, *Comentarios* (1555) de Pedro Hernández – sobre las vicisitudes de Alvar Núñez Cabeza de Vaca–, y *Derrotero y viaje a España y las Indias* (1567) de Ulrich Schmidel;[12] y, en segundo lugar, con otros que lenta y gradualmente han ganado nuestra atención en el siglo XX, tales como el *romance elegíaco* de Luis de Miranda y Villafaña (compuesto entre 1541 y 1545), la carta de Isabel de Guevara (escrita en 1556), el poema épico *La Argentina* (1602) de Martín del Barco Centenera y *La argentina manuscrita* (1835) de Ruy Díaz de Guzmán, escrita hacia 1612. Estos seis textos (unos de intención procesal, otros literaria) son simplemente la punta del témpano de aquella acuciosa y diligente actividad de escritura (o mejor "escrituraria", dado su frecuente carácter público y legal) referente a la conquista del Río de la Plata producida tanto en América y la Península Ibérica como en los barcos en tránsito de la una a la otra y cuya naturaleza conviene tener en cuenta para la mejor comprensión de la obra que nos ocupa, el *Derrotero* de Schmidel.[13]

SCHMIDEL Y LA CRÍTICA

Las muy variadas opiniones emitidas sobre la obra de Schmidel han tendido (independientemente de su propósito encomiástico o crítico) a considerarla como una producción única y prístina, es decir, se la ha visto como una entre las muy escasas escritas por los protagonistas de los hechos, y como narración y descripción de gran inmediatez a los hechos y cosas en cuestión. Correlativamente con estas apreciaciones se ha tendido a ver en Schmidel a un mílite extraordinario por su capacidad para escribir de memoria y sin los beneficios de las notas o los archivos, años después y en tierra lejana, los hechos relatados en tan amplia y detallada historia. Se le ha visto también como a un ingenuo aventurero que poco se percata de la gravedad de los hechos que narra y cuya ignorancia de los contextos políticos y legales que presencia le permiten entregar una perspectiva imparcial sobre la conquista de la región.

La obra de este ordinario conquistador bávaro, que ofrece una curiosa combinación de vanagloria, espontaneidad y fidelidad con los eventos narrados, y que divulgó en Alemania detalles del terrible y descarnado primer esfuerzo de control español sobre la región del Río de la Plata, no es un texto único ni extraordinario ni está escrito en el vacío de un precario esfuerzo de rememoración tardía. Además de la continuidad del proceso de producción que el *Derrotero* tuvo, como veremos, es muy probable que Schmidel haya tomado notas de los acontecimientos.[14] El *Derrotero* es una obra entre muchas sobre un tema común, hace parte de un mismo proceso de composición de textos orales y/o escritos y de la dramatización ritual de esos textos ante un auditorio y unos interlocutores nativos y europeos en suelo americano. Su escritura formal y definitiva se hizo en una lengua foránea (el alemán) en tierra lejana (tal vez en Ragensberg, Alemania), y después de un gran lapso (más o menos diez años después de su regreso a su tierra). La experiencia americana de Schmidel, según se nota en su libro, revela a un muy perspicaz e instruido conquistador, quien tenía muy buen conocimiento de las reglas legales del juego, y a un muy atento observador del carácter de los hombres, las mujeres y la naturaleza del Río de la Plata en el siglo XVI.

Excesos de entusiasmo con el trabajo de Schmidel, basados precisamente en el supuesto carácter prístino de su mirada, y en la unicidad de su texto, han llevado a comentaristas como Jacques Mahieu a ver en Schmidel al "único cronista de la primera fundación de Buenos Aires" (5)[15] y a Eduardo Pinasco como al primero de ella (38). Para Caillet-Bois, Schmidel no sólo es el único cronista de la expedición de Mendoza sino de todo "lo ocurrido en los inmediatos veinte años, durante los cuales vivió en esas regiones" (20); también han llevado a Klaus Wagner a considerar el texto como "la primera y única relación de un testigo presencial, y por tanto subjetiva, de los acontecimientos referidos"(14).[16] Correlativamente Ricardo Rojas encuentra en Schmidel al "más precoz" de los historiadores de esa fundación (116) en cuya escritura se descubre "su ingenuidad y su propósito de ser sincero" (120); y David W. Foster cree que la caracterización que Schmidel hace de la cultura indígena es "almost without exception" y "by any contemporary standard, neutral" (75).[17]

En una perspectiva mucho más útil y que merece especial atención, tenemos el caso de Cristina Iglesia, quien ha hecho una reciente reevaluación de conjunto de la escritura colonial del Río de la Plata. Ella encuentra en el texto de Schmidel "una falta absoluta de juicios de valor sobre la conquista y sus hombres" (22), aunque no porque le atribuya al soldado escritor la "ingenuidad" que ve Rojas, o la "neutralidad" que ve Foster, sino por considerarlo como un individuo convencido de la permisibilidad, la legalidad y hasta la moralidad de su crueldad con las comunidades indígenas: "No hay nada que ocultar" –aclara Iglesia–, "ni las agudas disensiones en el interior del grupo conquistador (…) ni la desigualdad forzosa del intercambio [con el indio] (…) ni la brutalidad del despojo" (22-23). Aunque la libertad con que habla Schmidel de las rencillas entre los españoles y el abuso descarado contra los indígenas no es privativo de este autor alemán (de eso hablaron casi todos los cronistas españoles en el siglo XVI, desde Colón, Cortés, las Casas, Fernández de Oviedo hasta Irala, Cabeza de Vaca y Hernando Ribera, entre muchos), el comentario de Iglesia sobre Schmidel plantea algo importante: la identidad entre la brutal impavidez del autor (o relator) Schmidel y la expectativa complaciente del lector (o escucha): "Lo impasible de su tono se relaciona con la posible conciencia de sus lectores". Pero como veremos más adelante, los llamados "lectores" corresponden en el siglo XVI a un auditorio variado y cambiante.

Es necesario, antes de proseguir, dar cuenta de las opiniones de los autores mencionados antes que Iglesia. El *Derrotero*, creo al contrario de esos críticos, no es producto de una suerte de venerable acto de contemplación en el que la objetividad cultural y política descuella unida a la apacible mirada de un individuo ajeno a las vicisitudes y manipulaciones del violento avance de la colonización española, esta vez, en el Río de la Plata. El texto es, por el contrario, una muy bien pensada y calculada composición de las memorias de un veterano de la conquista —probablemente muy solicitadas por su ávido auditorio alemán— en el que Schmidel hizo buen uso de su amplio conocimiento de la técnica y la lógica de la autoridad legal española expresada tanto en textos como en ceremonias públicas, al igual que de su conocimiento directo de cartas, relaciones, probanzas, requerimientos y otros documentos legales de escritura y exhibición ritual cotidiana durante los complejos y frecuentes actos de conquista.

De otra parte, Schmidel tuvo la gran ventaja de gozar de una mayor libertad en la composición de su relato y de sus descripciones en comparación, por ejemplo, con sus compañeros españoles que escribían relaciones similares a *Derrotero* en respuesta a peticiones precisas de información de parte de las autoridades españolas, o con la aspiración de lograr prebendas de magnates encumbrados en la jerarquía imperial. El interés de la Corona y de estos magnates en el éxito de una conquista entendida como la expansión del poder político y económico de España y de la influencia del evangelio y de la civilización europea, determinaban rígidamente y de antemano lo que se debía decir, omitir, o adecuar en el texto. El trabajo de Schmidel goza de todos los recursos discursivos y temáticos disponibles a los cronistas españoles pero, a la vez, y a diferencia de sus colegas, está exento de aquellas rígidas directrices para su composición.

El *Derrotero* y sus auditorios

Schmidel, al igual que sus compañeros españoles, escribe muy determinado por lo que su auditorio quiere escuchar, pero ese auditorio que exige el relato (con una importante excepción, como veremos) no corresponde a los oficiales en España que buscan la ratificación textual de un proyecto imperial, sino a compatriotas alemanes en Alemania, muy alejados de tal preocupación. Quienes principalmente escuchan su relato son, más precisamente, sus compañeros de rango, de clase social, de intereses cotidianos; no son entidades superiores a él ni autoridades civiles o militares supervisoras que le piden cuentas de los resultados de su empresa en las Indias.

La mayor libertad de escritura resultante le permite a Schmidel componer un texto dedicado principalmente a satisfacer la curiosidad informal, causar admiración, escándalo, hilaridad, y retar la credibilidad de quienes escuchan y/o leen su relato. Con una actitud arrogante, que divulga su propia conciencia del carácter exclusivo e irresistible del contenido de una historia que ninguno de los que lo leen o lo escuchan le puede contradecir o corregir, Schmidel dice con frecuencia, dirigiéndose a su auditorio, "que no es de escribir más acerca de esta cosa en esta vez. Quien quiere verlo, que marche hacia dentro, quien no quiere creerlo" (108). Deja en claro así que si lo contado le satisface a su auditorio, está bien, pero que si no..., pues también. Su relato –a ratos sensacionalista– está impregnado de la soberbia del veterano relator de la conquista que sabe que el referente de que da cuenta le pertenece absolutamente en razón de la lejanía de los lugares referidos, de la extinción de muchos de los sujetos mencionados y de la gran dificultad de la verificación de parte de otros textos o relatores.

Cristina Iglesia dice de la obra de Schmidel que ésta comunica "estupor pero también desparpajo" y que ha sido escrita "para provocar el asombro del lector frente a lo que el narrador tuvo el privilegio de conocer antes que él" ("Conquista y mito blanco" 21-22). Es precisamente esta suerte de desenvoltura procaz para hablar de las cosas más brutales, atroces, novedosas y asombrosas, con una actitud entre displicente y vanagloriosa, la que muestra en la escritura de Schmidel la humildad del estímulo para relatar.[18] La narración del *Derrotero* no encuentra su poder centralizador, por ejemplo, en las expectativas informativas de la Corona de Castilla o del gobernador de Indias, o del inversionista ansioso por recibir detalles del éxito de su aporte a la expedición, sino en la prosaica curiosidad de sus amigos y familiares, en la avidez de novelería, en el hambre por el exotismo y por el tema licencioso de sus camaradas.

Las memorias del veterano de la conquista escritas para un auditorio criollo o europeo eran muy comunes en el período colonial. Walter Mignolo ha identificado una modalidad discursiva distinta a la oficial: la "del soldado que, en el siglo XVI, escribe sus experiencias, relata, hace relación de hechos que le parecen dignos de memoria, pero sabiendo, al mismo tiempo, que su *acto* no se inscribe en ningún molde institucional, sino que es producto de las circunstancias" ("Cartas, crónicas..." 101).[19] Pero el *acto* de relatar que ejecuta Schmidel en su *Derrotero* deja entrever la dinámica de sus relatos orales originales, en los que existe un auditorio vivo y presente en el momento de emisión del discurso. Al igual que los centenares de textos (que Schmidel escuchó) leídos ceremonialmente y en voz alta en las plazas de los puertos de Buenos Aires y Asunción, en medio de las selvas y a orillas de los ríos en el Río de la Plata (para legitimar transacciones de poder político y militar, o simplemente para informar al grupo de conquistadores de las vicisitudes de la conquista), su propio relato de los hechos una vez que pisa el continente europeo, corresponde a un *acto* tan histriónico como escriturario. En él su voz y sus gesticulaciones les dan vida a sucesos y personajes pasados y ausentes, y la reacción del auditorio es crucial para el continuado proceso de composición de su *Derrotero*.

El proceso de composición del libro de Schmidel es similar al del relato del náufrago Alonso Ramírez en la Nueva España, en 1690, del que existen varias composiciones orales (hechas por exigencia de variados auditorios que quieren o necesitan saber su historia) anteriores a la versión que se considera definitiva, que es la transcripción y revisión de Carlos de Sigüenza y Góngora. Schmidel deja notar en su *Derrotero* que hubo previas y variadas versiones orales de su historia antes de la definitiva y escrita que llega hasta nosotros.[20] "[Irala] me ha dado permiso" –dice Schmidel– "y también una carta para la Cesárea Majestad sobre lo que había ocurrido en el país y cómo iban las cosas en el Río de la Plata, la cual carta para su Cesárea Majestad yo le he entregado a sus consejeros en Sevilla, *que yo entonces a mis señores he dado relación y buen informe de la tierra*" (129 énfasis mío). Este primer *acto* de narración de los hechos de la conquista del Río de Plata, hasta donde el texto deja entrever (pudo haber habido otros actos de narración en el trayecto de su largo viaje), tiene su existencia, curiosamente, no en la circunstancia relajada de la perentoria curiosidad de sus compañeros en su casa o en una taberna bávara, sino en la expectativa rigurosa del Consejo de Indias en Sevilla o, al menos –el texto no es claro en relación con quiénes son "mis señores"– de los oficiales de la compañía Wesler. Sea ante quien haya sido, este previo *acto* relatorio de los hechos del Río de la Plata en Sevilla tuvo lugar ante altos oficiales y en muy solemnes circunstancias.[21]

Este primer esfuerzo de composición de su relato ha debido darle a Schmidel pautas generales para la organización de los eventos, así como la calidad y cantidad de los detalles de sus descripciones, todo lo cual pudo bien después adecuar, una y varias veces, a las exigencias de los sucesivos auditorios que siempre debió encontrar. Al fin y al cabo Schmidel en su tierra natal fue una persona célebre con una historia extraordinaria que muchos estaban dispuestos a escuchar. Y esos oídos, y hasta esos rostros, cuyas reacciones Schmidel debió seguir con atención durante su acto de relación, están siempre presentes en su discurso en sus dispositivos reafirmadores del contacto con el auditorio y del efecto certero de su estrategia de narración. Hablando, por ejemplo, de las ventajas de la hamaca, dice Schmidel: "... pues *vosotros debéis saber y pensar entre vosotros mismos* lo que en un viaje tan largo y mala vida llevada, uno debe experimentar en cuanto a comer y beber y al descansadero, pues uno debe llevar consigo su cama" (134 énfasis mío).

Schmidel insiste en nombrar a esos hombres y esas mujeres que le escuchan con aquel "vosotros" reconfortante en una dramatización gesticular que los invita a intentar ponerse en su lugar para entender la situación, el objeto y la sensación pertinente a lo descrito y narrado. Schmidel habla sobre lo que vivió y quiere que, por medio de su relato, sus escuchas participen de esa vivencia extraordinaria. Tal ceremonial relación de sucesos fue también un acto repetido varias veces, seguramente ante distintos grupos, según deja notar en su displicente autocensura al hablar, por ejemplo, de las indias guaraníes: "yo no quiero mayormente contar de estas cosas *en esta vez*" (84). Tal vez en "otra vez", ante otro tipo de auditorio, querrá contar Schmidel los detalles de la desnudez, la sensualidad y la sexualidad de las mujeres indígenas de que prefirió no hablar en esta ocasión. Aunque iniciado dentro de los rígidos contornos de una relación oficial ante el Consejo de Indias o los oficiales de la casa Wesler en Sevilla, el relato de Schmidel se libera pronto de ellos una vez que sale del área de control de la Corona de Castilla o de la Compañía Wesler y alcanza su tierra natal. Sin embargo, las pautas de su organización general adquiridas en la experiencia escrituraria en el Río de la Plata y en esa ocasión en Sevilla seguirán vigentes y al servicio ahora de la curiosidad menos constringente de sus amigos.

Edmundo Wernicke, en un intento por explicar las dificultades de la traducción del texto, nos habla de "la sencillez de dicción a la par de la escasez de léxico" de Schmidel señalando así su precaria condición de "soldado, metido a escritor" o de "improvisado escritor" (145).[22] Ya Ricardo Rojas hablaba de la supuesta "ingenuidad" y "sinceridad" de este conquistador-relator en el registro de sus memorias, y palmaria es la opinión de William Foster de Schmidel como una suerte de despistado cuando se refiere al "programa imperial español que se desarrollaba, con el que Schmidel no se compromete y del que al parecer no se enteraba" (75).[23] En estas opiniones domina la ilusión de que la falta de formación intelectual y la presencia de un espíritu simple y sincero son condiciones edénicas que aseguran la confiabilidad referencial del testimonio en cuestión.

En otras palabras, y según la opinión de muchos comentaristas del siglo XX, la producción de textos más cercanos a la "verdad" está, no en las manos sofisticadas del intelectual educado en los centros cortesanos de la Europa del siglo XVI, sino en la experiencia directa de los eventos relatados de América y en la ruda pluma de individuos de acción cercanos al analfabetismo. Dada la extraordinaria mezcla de los hechos de Indias, la urgencia de la información sobre ellos y la ausencia de intelectuales en las expediciones, estos papeles se superponen en la escritura de la historia de la conquista. La autoridad que rezumaba de la relación de hechos extraordinarios e importantísimos y sobre los que frecuentemente había una versión exclusiva llevó tanto a los escritores de relaciones como a los comentaristas de ayer y hoy a dotar los textos de los conquistadores de gran confiabilidad. Cuasianalfabetismo y empirismo en la escritura llegan a ser así equivalentes de "la verdad".[24]

La unión de una experiencia extraordinaria en tierras lejanas (para ser contada ante un público europeo o criollo) con la ausencia de una educación renacentista que ofrezca los medios intelectuales adecuados para que el relator la entregue a ese auditorio, llegó a ser una condición muy común en el período de conquista y colonización de América ante la abrumadora presencia de muchos veteranos locuaces y urgidos de expresarse por razones oficiales y/o personales. Es el caso de la mayoría de los conquistadores, con la excepción notoria de individuos que contaban con alguna educación formal como Hernán Cortés, Alonso de Ercilla, Juan de Castellanos, etc. Los extraordinarios sucesos de la conquista de América en el siglo XVI fueron realizados por muy ordinarias personas, muchas de las cuales hablaron con profusión sobre los hechos; pero en la mayoría de los casos —y paradójicamente— eran estas personas las menos capacitadas para contarlos ante el auditorio que los exigía.[25] Un buen ejemplo de esa incapacidad la ilustra el mismo Wernicke al caracterizar la redacción de Schmidel como "ardua lucha empeñada por el soldado, metido a escritor, en búsqueda de la oración cabal para expresar su pensamiento" (145).

Incapaces o no, sin embargo, los conquistadores estaban obligados a informar sobre los hechos que protagonizaron u observaron y ante esa obligación no había excusa posible. Como bien lo expresa Mignolo, "sería totalmente contradictorio que el autor de una relación, a quien se le obliga a hacerla porque es la persona que por su experiencia puede informar lo que se le pide, diga que no está en condiciones de hacerla" ("El metatexto..." 382). En tal contexto cotidiano y a pesar de su escasa educación formal, Schmidel se sabía capacitado para dar su propia relación de los hechos ante el Consejo de Indias o los Wesler en Sevilla, o ante sus amigos en Alemania.

Pero si bien la escasa formación intelectual de hombres como Schmidel era la regla entre los miles de relatores que existieron en el siglo XVI, eso no supone una total oposición entre el mundo de las letras y el mundo de la historia en las abundantes y precarias relaciones compuestas en o sobre las Indias. Opiniones como la de Rojas, Wernicke, y aun la de Foster ("He was not a professional man of letters" [73]) sobre la condición casi analfabeta de Schmidel tienden a divorciar el mundo de la acción y el de las letras en las Indias de una manera que facilita la errónea noción de que los conquistadores del común —como Schmidel— ignoraban las complejidades del manejo del poder político durante la conquista. En otras palabras, esta separación drástica entre áreas de actividad irreconciliables es falsa, y el problema con ella es que tiende a ignorar el gran contacto que los conquistadores ordinarios tenían con la escritura, la ley, los rituales tanto de legitimación y dominio de los indígenas como de apoderamiento general de los españoles, los cuales era consuetudinarios y estaban impregnados de información legal, histórica, y hasta humanista.[26]

Profusión de escritura, legalidad y ceremonias

Ilustraré en lo sucesivo este contacto del conquistador con la cultura alfabética del poder examinando algunos casos representativos (entre los muchos existentes) de la febril actividad de escritura y de ceremonias legales en el Río de la Plata. Comenzaré con la sucesión de poder entre Pedro de Mendoza, Juan de Ayolas y Domingo Martínez de Irala en la cual se produjeron, y se *actuaron*, numerosos requerimientos, autos, y provisiones.[27] El legalismo de los españoles era conspicuo, detallado, solemne y hostil en el manejo del poder político y el avance de la conquista, y de su realización cotidiana conquistadores como Schmidel fueron siempre testigos. Los diversos documentos que ese legalismo producía, muchos de ellos leídos ritualmente en voz alta en las plazas, han debido darle a Schmidel una estructura, un estilo y un sistema de documentación a la hora de componer sus relaciones.

Uno de estos documentos es la "instrucción" en que Ayolas le indica a Irala cómo lidiar con los indios (estipulando con minucioso detalle una estrategia deliberada de abuso) durante su ausencia para explorar la tierra.[28] Esta instrucción está seguida de un nombramiento que hace Ayolas de Irala como su lugarteniente a cargo de los barcos y la gente que deja para su cuidado ("lo que vos Domingo de Irala que quedáis por capitán de los bergantines y gente que en ellos queda" [276]). Una vez desaparece Ayolas y su hueste (muertos por los indígenas) se da un largo proceso de verificación de la validez de este nombramiento ante los conquistadores que quedaron. El veedor de la Corte, Alonso de Cabrera, ceremonialmente llama a todos los oficiales de Asunción (docenas de ellos) y les pregunta a uno por uno y ante escribano si reconocen la firma de Ayolas en la provisión pertinente, y les pide que atestigüen sobre la validez del reclamo de poder de Irala. Después de este detenido examen, Cabrera concluye que lo que reclama Irala es legítimo y entonces lo ratifica como Gobernador del Río de la Plata: "... e el dicho señor capitán Alonso de Cabrera habiendo leído el dicho auto en señal de obediencia se quitó la gorra e dijo que él y la gente que consigo traía estaban prestos y aparejados de hacer e cumplir lo que el dicho señor capitán Domingo de Irala le fuere mandado como lugar-teniente de gobernador firmólo de su nombre *Alonso Cabrera*" (283).

Consecuentemente Irala hace otro "requerimiento" en las mismas condiciones ceremoniales y les pide a todos los oficiales y conquistadores que estén y lleguen al Río de la Plata que acaten su nueva autoridad.[29] Explícitamente Irala habla de una "... instrucción que así está en mi poder la cual por mí el escribano, juntamente con este requerimiento, fue mostrado y notificado a los dichos señores capitanes que estaban presentes, e así mismo la provisión de su Majestad,[30] la cual dicha instrucción firmada del dicho señor Gobernador siendo leída por el dicho señor capitán Francisco Ruíz Galán en manera que el señor capitán Salazar la oyó tomándole cada uno dellos en sus manos la besó e puso sobre su cabeza..." (283).

La rigurosidad en la composición, ratificación ante escribanos y testigos, y la publicación de estos actos legislativos demuestran no solamente el total acato –al menos ceremonial– de las leyes de España, sino también la gran legitimidad de que gozaba quien fuera reconocido como jefe en esas circunstancias entre los que estaban en la misma jurisdicción. El acto de producción y representación de estos documentos requería igualmente una adecuada publicación en el pueblo de la noticia del nuevo traspaso de poder: "[Irala] dijo que para que a todos conste y sea notorio y no pretendan ignorancia, que mandaba, y mandó, que se publique en la plaza pública de este puerto la provisión de su Majestad y los poderes del Señor Juan de Ayolas ..." (285). Además de esta publicación de las provisiones en la plaza hay, como se vio, una lectura pública de ellas.

El texto respectivo, por su parte, se esfuerza en describir la secuencia de la producción de muchos otros textos y su activación mediante su lectura pública y solemne. Es un caso concreto de la dramática exhibición de la conjunción texto, autoridad, y poder que debió contribuir mucho a la educación e información de los conquistadores-espectadores, especialmente porque en esos repetidos procesos se revelaban detalles de los progresos de las expediciones lo cual, a su vez, incrementaba la familiarización de los conquistadores con los temas de la conquista. Sorprende menos, entonces, que Schmidel recuerde tantos detalles muchos años después.

Según ilustra el escribano Diego de Olaverrieta, el alto nivel de ritualización de este complejo proceso de producción escrituraria y legitimación política, con todo su obsesivo leguleyismo y el tedioso registro de minucias, tenía como objetivo central la persuasión de los conquistadores presentes, entre ellos, el mismo Schmidel, y tal intento de persuasión tuvo que ser ampliamente instructivo en la escritura de los hechos de la conquista: "... para que por ellas [cartas y provisiones] vea toda la dicha gente que presente está en cómo le han obedecido los dichos capitanes como a lugarteniente de gobernador en esta dicha provincia por el dicho señor Juan de Ayolas, por virtud de la dicha provisión e poder e autos que de suso están, lo cual todo mandó publicar por que viniese a noticia de todos..." (Doc. # 216, vol. 2, 286).

La solemnizada producción y dramatización de documentos de pretensión fidedigna no tenía lugar solamente en las plazas y los fuertes en que residía y deambulaba Schmidel, sino también en el campo durante las expediciones. Después de la desaparición de Juan de Ayolas y de la llegada del gobernador legítimo Alvar Núñez Cabeza de Vaca, Schmidel participa en una entrada –entre muchas– comandada por Irala hacia el norte de Asunción para buscar comida e información sobre salida a la tierra de las planchas de oro y plata. Tal información debía extraerse, como siempre era el caso, de los indígenas en sesiones de interrogación bastante formalizadas y en contextos legales. Una vez obtenida ésta, la información haría parte de la relación que el capitán debía darle al Gobernador una vez regresara al fuerte. Un documento en particular da un ejemplo claro de esta ritualizada sesión de preguntas y respuestas –seguramente en condiciones de coerción para los indígenas interrogados–,[31] con la ayuda de intérpretes, antes testigos, escribano público, que tenía el formato de declaración forense y sumario legal.[32]

La sesión de interrogación buscaba la siguiente información: ¿qué naciones de indios hay río arriba? [el río Paraná]; ¿tienen oro y/o plata?; si lo tienen, ¿de dónde lo consiguen? Irala nunca pregunta por minas, sino por posibilidades de trueque; ¿hay salidas por agua desde el río hacia el oeste o el este?; ¿hay comida en la región?; ¿ha habido otros cristianos?;

¿han conseguido oro estos cristianos y dónde?: "preguntado si sabe o ha oído decir qué generación tiene el dicho metal, dijo que no sabe más de que [algunas] generaciones [...] tienen algunas planchas y que estas generaciones están de la banda del río de la otra parte..." (315). El cuestionario busca hasta información personal sobre el indio interrogado: "preguntado cómo se llama y de que generación es, dijo que él era cario y que se llama Magoari; preguntado que cuánto tiempo ha que está con estos guaxarapos dijo que ha mucho tiempo..." (314).

La larga y enfadosa sesión, propia también de la interrogación de inteligencia militar, termina con la siguiente dada de fe: "Y yo, Diego de Olaverrieta, escribano de su Majestad, que en todo lo que dicho es presente fui, en uno con el dicho señor capitán Domingo de Irala e de Antonio Correa e Pedro de Brasil, por cuya interpretación escribí todo lo suso dicho según que ante mí pasó e de pedimiento del dicho capitán Domingo de Irala, di ésta e por ende hice aquí este signo en testimonio de verdad" (320). Schmidel estuvo presente en esta sesión de interrogación y, por consiguiente, estuvo expuesto al orden y estructura del cuestionario, al contenido del testimonio y al formato de la relación resultante.[33] Es este otro caso ritualizado del cumplimiento de la orden (que dio Cabeza de Vaca) de búsqueda de información, que propicia la toma por escrito del testimonio de los indígenas y el cual, a su vez, se convertirá en material textual para la escritura final de la relación que Irala tiene que entregar a su regreso. Se trata de una producción y escritura constante de documentos legales en el proceso de conquista, de una dinámica dialógica que incrementa el número de los textos casi al infinito y siempre en su contexto legal.

EL CONQUISTADOR DE INGENUIDAD AUSENTE

En el propio texto de Schmidel hay muchos vestigios del conocimiento que él tenía sobre estos procesos de producción de documentos relatorios y legales. Hablando de la partida a España y muerte de Pedro de Mendoza, dice: "Todo lo que él dispuso en su lecho de muerte y en su testamento, todo eso se ha hecho" (46), aludiendo a su (directo o indirecto) conocimiento del contenido de ese testamento y, lo que es más diciente, al seguimiento que él mismo ha hecho del cumplimiento de sus parágrafos. Otro caso se presenta cuando llega Alonso Cabrera al Río de la Plata y acuerda con Ayolas, Irala y otros oficiales, hacer una expedición tierra adentro: "Después de todo esto el capitán general Juan de Ayolas celebró un consejo con Alonso Cabrera y Domingo de Irala y con otros capitanes; ellos quisieron navegar por el río Paraná arriba con cuatrocientos hombres y ocho bergantines y buscar un río que se llama Paraguay" (47). Por los ejemplos expuestos antes sabemos que Cabrera, Ayolas e Irala recurrían en estos casos de decisiones estratégicas a la solemnización y registro por escrito de estos actos de legitimación. En este caso, Schmidel demuestra conocer lo deliberado en el consejo pertinente.[34]

La frecuente exposición de Schmidel a estos documentos y rituales está unida a su conocimiento de las leyes españolas que regían el contacto entre los españoles entre sí y los españoles con los indios durante la conquista. Cuando narra la petición de "perdón" de los vencidos indígenas agaces después de una batalla, Schmidel declara: "Así nuestro capitán [Ayolas] tuvo que recibirlos en concordia, pues así había mandado y dispuesto la Cesárea Majestad que toda vez que se presentara cualquier principal de los indios y pidiere perdón hasta por tercera vez, débese concedérselo y guardárselo. Pero si sucediere que por tercera vez él violara la paz con los cristianos, entonces debe quedar por toda su vida como *esclavo* o *cautivo* o prisionero" (59).

La educación de Schmidel en el contenido y la ejecución de las leyes de Indias en el proceso de conquista estaba acompañada también de su experiencia directa con el acto de "toma de relación" durante las entradas en el territorio nativo. En la expedición hacia el Perú y al llegar al pueblo de los Gourconos: "... nuestro capitán tomó relación de los susodichos Guorconos y tomó también los indios que nos debían mostrar y enseñar el camino hasta los Layonos..." (113). Igual cuando llegan al pueblo de los Carconos:"... también nos dieron dos indios que nos debían enseñar el camino; también tomamos relación de la tierra..." (113). Cada "toma de relación" es un elaborado y ceremonial acto de entrevista como los ya mencionados en los que se producen textos relatorios que, a su vez, serán utilizados por oficiales varios para escribir otra relaciones para autoridades en otras partes (Asunción, España, etc.). No hay razones para pensar que Schmidel no haya participado del proceso de producción de estas relaciones sea como interrogador, como testigo, como escritor de notas, o como simple observador atento.

Schmidel era también un conquistador consciente de las constantes manipulaciones políticas implícitas en estos repetidos actos escriturarios y de legitimación de poderes, y llegó incluso a manifestar palmarias opiniones políticas que revelan su reflexión sobre la naturaleza legal y ética de la empresa europea de colonización en las Indias. La ocasión que mejor revela esta cualidad de Schmidel la ofrece su narración de la presencia de la banda de conquistadores rioplatenses en el Perú (exactamente, en lo que hoy es región boliviana) y la sensible situación político-militar que esta presencia despertó en el gobernador de esta provincia a la sazón, Pedro de la Gasca. La explosiva situación de la presencia de este maduro y veterano grupo de conquistadores ávidos de oro en la tierra ansiada que abundaba en él –aunque en manos ya de los conquistadores del Perú– había sido prefigurada por Pedro de Mendoza y el Consejo de Indias desde 1534, es decir, desde antes de que llegara la expedición al Río de Plata.[35] Y el desenlace de tal conflicto, tan deplorable para Schmidel por lo que supuso la traición del capitán a su hueste, había también sido vergonzantemente anunciado por el propio Mendoza en el ocaso de su suerte y de su vida.[36]

¿Cómo supo Schmidel los detalles de los tratos entre Irala y de la Gasca? No nos lo dice, pero es probable que lo supo más tarde, tal vez después de haber regresado a Asunción, hablando con sus compañeros. Una fuente ha podido ser la comitiva que envió Irala a la capital del Perú para entrevistarse con de la Gasca: "En esto nuestro capitán mandó cuatro compañeros al Perú, al gobernador. De sus nombres un capitán se llamó Nuflo de Chaves, el otro Oñate, el tercero Miguel de Rutia, el cuarto Aguayo de Córdoba. Cuando los cuatro compañeros llegaron al Perú, estuvieron en viaje un mes y medio..." (123). Schmidel los llama "compañeros", es decir, los considera individuos cercanos en rango. Y son ellos mismos los que probablemente compartieron con él toda esta información sobre la traición de Irala a sus hombres. Una razón para pensar que fueron estos "compañeros" los que revelaron los tejemanejes de Irala con de la Gasca es la minucia de información sobre su viaje que le transmitieron. Si estaban dispuestos a contar detalles del viaje bien han podido contar sus detalles políticos. "Después que los sobredichos compañeros llegaron en el Perú a la primera ciudad Potosí, se quedaron los dos compañeros Miguel de Rutia y Aguayo, que se habían enfermado y los otros dos

Nuflo de Chaves y Oñate, se sentaron en la posta y fueron hacia Lima..." (123). Más adelante, agrega Schmidel: "...cuando llegaron allí, recibiólos muy bien el gobernador y tomó relación de los dos compañeros sobre la tierra y otras cosas más que habían sucedido en el Río de la Plata" (123). El contenido de esta relación a de la Gasca era, por supuesto, bien conocido por Schmidel por su participación en los sucesos relatados en ella.

Finalmente, y para terminar de erradicar la noción de un Schmidel ingenuo, él mismo sugiere en su texto que su conocimiento de las vicisitudes políticas venía también de su conocimiento de alguna correspondencia entre sus autoridades (recuérdese además que dejó en claro que conocía el tema de la carta que Irala envió con él al Consejo de Indias, véase *Derrotero*, 129). Irala le ordena, según Schmidel, a un tal Bernabé que intercepte el correo del gobernador del Perú: "[Irala] desconfió que vendría otro capitán desde el Perú que gobernaría su gente como tal cosa suya estuvo ordenada. Nuestro capitán desconfió que ello sucedería, por esto él, nuestro capitán, envió al Bernabé a la ruta y le mandó que si era cosa que hubiere carta, que la tomara sobre sí y la llevara consigo a los Carios, como esto ha sucedido" (124). En otras palabras, Irala reacciona interceptando la carta que contiene la orden de de la Gasca de quitarle los soldados, los mismos que quieren llegar al Perú por ser tierra rica y ansiada. Irala, por su parte, con el doble pretexto de que había una provisión de de la Gasca para salir del Perú y de que se acababan los bastimentos, saca a su gente del Perú antes de que se la quite el gobernador. Sobre esto dice Schmidel aludiendo al contenido de esa carta: "... pero si hubiéramos sabido que habíamos estado proveídos y provistos de un gobernador, no hubiéramos partido de ahí y nosotros bien hubiéramos hallado alimento y remedios, pero es pura picardía en este mundo" (124).

Lo que de la Gasca está tratando de hacer aquí es comprarse a los líderes y mensajeros de la expedición de Irala para lograr su principal objetivo político: desmantelar o sacar de la tierra al ejército de Irala en una volátil coyuntura política inmediatamente después de aplastar la rebelión de Gonzalo Pizarro.[37] Según se deja ver en el relato de Schmidel, de la Gasca intenta desactivar la peligrosidad de la situación de una doble manera: sobornando a Irala y sonsacando a los soldados mismos para otras tareas en el Perú. En cualquier caso, de la Gasca secretamente enfrenta a los soldados contra su líder y al líder contra sus soldados.[38] Tal ignominiosa manipulación, a espaldas de los conquistadores rasos como él, no pasó inadvertida para Schmidel. "Así hizo el gobernador [de la Gasca] un convenio con nuestro capitán y le hizo un buen regalo, que nuestro capitán quedó bien contento y salvó su vida; pero nosotros no sabíamos nada de semejante proceder; si por acaso lo hubiéremos sabido, le hubiéramos atado las cuatro patas a nuestro capitán y lo hubiéramos llevado al Perú; pero los grandes señores son malos y bellacos; donde pueden despojar a los pobres peones de lo suyo, lo hacen" (123).

Como he tratado de mostrar hasta aquí, la composición de la estructura del relato de Schmidel —cuya versión final y por escrito entrega a la imprenta en alto alemán en 1567— fue un proceso que comenzó en el mismo Río de la Plata en torno a su contacto con la continuada composición de sucesivas relaciones a medida que se desenvolvían los hechos de la conquista. Tal proceso de composición, casi siempre en condiciones de gran solemnidad legal, inicia una nueva etapa discursiva una vez que Schmidel se ve emplazado por las autoridades en Sevilla para que dé su propia relación de los hechos del Río de la Plata; y culmina con las repetidas versiones que les entregó a sus compatriotas, una vez que está de regreso en Alemania, en una circunstancia privada y social que muy bien resume Rómulo Carbia: "Se redujo a narrar sus propias andanzas, sin otro objeto que el de satisfacer un legítimo deseo de perpetuación del recuerdo de ellas, y, quizás también, el de saciar la apetencia que por esa clase de relato se manifestaba por entonces, en todos los países de cultura occidental" (4-5). De tal apetencia no hay duda a juzgar por la publicación por esa época de los antes mencionados trabajos de Federmann y Staden.

Esta continuada y compleja composición del relato no da lugar, a mi modo de ver, para percibir en el texto que leemos hoy un carácter prístino en la mirada de Schmidel. Al hablar de la operación de escritura del texto, Cristina Iglesia caracteriza con gran acierto esta escritura como una "que va fundando modos de nombrar todo lo que se mira por primera vez" ("El botín del cronista" 46). La naturaleza de lo fundado y lo mirado por primera vez amerita una aclaración dada la muy popularizada noción entre los demás críticos de que el texto de Schmidel es único, o de que su escritura supone una gran inmediatez al tiempo de los hechos narrados. La idea de que el *Derrotero* testifica sobre una primera mirada de descubrimiento es relativa no solamente porque lo que Schmidel había "mirado" había sido también "mirado" (antes o simultáneamente) por otros conquistadores, sino también porque eso mismo que se había "mirado" estaba siendo o había sido ya narrado muchas veces por otras relaciones, cartas, requerimientos, textos de los que, además, Schmidel tuvo buen conocimiento. Lo que percibimos en esa escritura es una operación de recreación textual, entre muchas, de una amplia vivencia y experiencia de escritura de muchas y variadas miradas entre 1536 y 1554.

El *Derrotero* no tiene el privilegio de la primera mirada de, por ejemplo, el *Diario* de Colón, o de la carta de Pero Vaz de Caminha, en donde el lapso entre el acto de escritura y los hechos registrados es mínimo y los textos resultantes no presentan evidencia de haber sido corregidos por el autor. Schmidel narra eventos que no son inmediatos a su escritura final en Alemania y en su escritura recurre a un presupuesto ficcional: la reconstrucción de la sensación de inmediatez entre el evento observado y el acto de escritura. Es una estrategia narrativa ante un auditorio variado y vivo a quien se quiere impresionar dándole esa sensación de inmersión en los hechos narrados: "... como aquí en esta tierra se acostumbra que los alféreces" –les dice a sus escuchas al describir los trofeos humanos de guerra de los indígenas– "u otros hombres de guerras que tienen un pendón lo colocan en la iglesia. Así guardan los indios esa piel para un recuerdo" (98).

La escritura del *Derrotero* en Alemania corresponde a un paso, aunque crucial, pero un paso solamente, de los muchos del proceso de composición del relato-testimonio de un soldado locuaz y memorioso. En ese largo proceso de enlace detallado y riguroso de eventos ampliamente interpretados entre sus compañeros de depredación de las tierras de los indígenas, Schmidel participó de manera activa de la ejecución de complejos y repetidos rituales europeos de dominación y consolidación de poder colonial que casi siempre redundaban en la producción de relaciones sobre la conquista.

El dominio colonial sobre el Nuevo Mundo –según ha precisado Patricia Seed– se inició a través de prácticas ampliamente ceremoniales. Aunque la fuerza militar aseguró efectivamente el poder de los europeos de los siglos XVI y XVII, estos también creyeron –continúa Seed– en su *derecho* a dominar. Y se crearon esos derechos para sí mismos por medio de la exposición simbólica de palabras y gestos significativos, unas veces antes, otras después o simultáneamente con la conquista militar (2). En la ejecución de estos rituales de dominación, según he intentado demostrar, se generan los temas y la estructura de un relato que verá, como pocos, la luz de la imprenta, muchos años después, en tierra lejana y en lengua extraña: el *Derrotero* del bávaro Schmidel.

NOTAS

[1] Desde temprano Rómulo Carbia había ya alertado sobre las exageradas valoraciones que esta obra había recibido: "... no pasa de una autobiografía o libro de memorias, en que el autor narra los sucesos que le afectaron personalmente o se ocupa de aquellos otros, de su tiempo, que sirvieron de marco a su actuación" (4).

[2] Sobre los alemanes en Venezuela véase Aznar y Friede.

[3] Véase en *Documentos histórico...* el documento # 43, vol. 2, pág. 60. Subsiguientes citaciones de estos documentos indicarán solamente el número de página y de volumen.

[4] Existe traducción al español de Nélida Orfila. Ver bibliografía.

[5] Existe traducción al español.

[6] Véase doc. No. 25, vol. 2, titulado "Capitulación concedida a don Pedro de Mendoza para conquistar y poblar las provincias del Río de la Plata" (41-44). He modernizado en algunos casos la ortografía y resuelto las abreviaturas de la transcripción disponible.

[7] Véase Documento # 16, vol. 2, págs. 91-106. Otras expediciones como las de Juan Díaz de Solís y Martín Alfonso de Souza habían traído la misma clase información.

[8] Sobre estas pautas de la conquista española véase Lockhart y Schwartz 85.

[9] Caillet-Bois, quien no tiene ilusiones sobre la calidad de este poema de Miranda, dice que sus versos son "toscos y prosaicos" (17) y aclara que "No es romance sino coplas de versos octasílabos con la siguiente estructura: abbc/cdde/...; el verso final de la estrofa es quebrado, es decir, hexasílabo o pentasílabo" (17 nota 8). Véase reproducción y análisis de *romance elegíaco* en Lopreto.

[10] Esfuerzos de algunos por cultivar la tierra en el fuerte de Buenos Aires no contaron con la colaboración de la mayoría de los hambrientos conquistadores, según la relación de Pedro Hernández de 1545: "el capitán que don Pedro dejó fortaleció su real e con buena diligencia hizo iglesia e sembró mucho maíz, e porque la gente era poca mandó a estos que quedaron por tenientes de oficiales le ayudasen a los trabajos, los cuales se excusaron diciendo que eran oficiales de Vuestra Majestad e ansí se estuvieron en sus casas sin cuidado de lo que se debía hacer" (Doc. # 231, vol. 2, pág. 393).

[11] Una muestra de esta profusión de noticias sobre la conquista del Río de la Plata la ofrecen los cinco volúmenes de transcripciones publicados por la "Comisión oficial del IV centenario de la primera Fundación de Buenos Aires", véase *Documentos histórico...* en bibliografía. Existen otros importantes documentales editados por Paul Groussac, Roberto Levillier y José Toribia Medina (véase Carbia 5).

[12] Título según la traducción de Edmundo Wernike publicada por Espasa-Calpe en 1944. Todas las referencias al texto de Schmidel corresponden a esta edición a no ser que se indique lo contrario. Para una edición en alemán con base en la edición de Nurenberg de 1599, véase la bibliografía.

[13] Algunas formidables relaciones o cartas relatorias, entre muchas, conmensurables con la obra de Schmidel y que no tuvieron la divulgación de *Derrotero* son: la carta a Carlos V de Domingo de Irala de 1 de marzo de 1545 (Doc. # 234, vol. 2, págs. 415-418); la carta del clérigo Francisco González Paniagua que además de dar relación de los sucesos generales ilustra vívidamente el caos por las rencillas entre conquistadores en Asunción (Doc. 236, vol. 2, págs. 424-429); la breve y curiosa relación de Hernando Ribera de marzo 3 de 1545, sobre la búsqueda de las Amazonas en que participó también Schmidel (colocada como apéndice en *Comentarios* sobre Alvar Núñez Cabeza de Vaca de Pedro Hernández, pp. 227-233, en la edición de Espasa Calpe), al igual que su carta al Emperador sobre su experiencia en la expedición de Caboto y luego en

las de Mendoza, Ayolas y Cabeza de Vaca (Doc. # 232, vol. 2, págs. 409-414); y finalmente, la amplia e interesante "Relación escrita por el escribano Pedro Hernández sobre lo ocurrido en el Río de la Plata, desde el arribo de la expedición de don Pedro de Mendoza" (Doc. 231, vo. 2, págs. 392-409).

[14] Dice Carbia al respecto: "Wernicke ha puntualizado, a mi juicio con éxito, que Schmidel, al redactar su libro, utilizó apuntamientos y que estos los fue realizando a medida que se consumaban los sucesos de su aventura indiana" (4 nota 1). Tal suposición es factible dados los nimios detalles que Schmidel puede dar sobre las expediciones: "[Juan Romero] debía mirar por los barcos y guardarlos y les dio bastimentos por un año para que todos los días se diere a cada hombre de guerra ocho medias onzas de pan o harina; si alguno quería más que se lo buscara" (44); o sobre el cálculo de las distancias que recorre: "...desde nuestra ciudad Nuestra Señora de Asunción hay por tierra hasta esta pago Macasís trescientas setenta y dos leguas de camino según la altura" (121). Estos datos, revelan, además, a un Schmidel conocedor de las técnicas de la toma de la latitud y la longitud del globo terrestre y conocedor también de la geografía de la región.

[15] Véase de Mahieu su introducción en Pistilli.

[16] Véase el prólogo de Wagner a la edición de la obra de Schmidel de Alianza Editorial (9-22).

[17] El profesor norteamericano, sin embargo, va más lejos que los críticos mencionados y proclama al *Derrotero* como "ejemplo de un sostenido acto de contemplación y remembranza que no estuvo al servicio ideológico del Otro como Enemigo Diabólico" (76). La traducción española es mía ["one example of a sustained act of contemplation and recollection that was not in the ideological service of the Other as Diabolical Enemy"].

[18] Ejemplos de esta desenvoltura son la insensibilidad ante la crueldad: "Así tomamos los Payaguás y los condenamos y se les ató a ambos contra un árbol y se hizo una gran fogata desde lejos. Así se quemaron con el tiempo" (65); la vanagloria libidinosa (al hablar de su contacto sexual con mujeres indígenas): "Ellas duermen entre estas mantas cuando hace frío o se sientan en ellas *para lo que quieran usarlas*. También estas mujeres son muy lindas y grandes amantes y afectuosas y muy ardientes de cuerpo, *según mi parecer*" (énfasis mío 86); la naturalización de la violencia del saqueo: "Hicimos estallar nuestros arcabuces y matamos a cuantos encontramos y cautivamos también a muchísimos de los Surucusis hasta dos mil entre hombres, mujeres, muchachos y niñas y quemamos su localidad y tomamos todo lo que tenían, como podéis pensar entre vosotros mismos *como debe ocurrir en semejante fiesta patronal*" (93). La traducción de Wagner expresa lo subrayado así: "*como suele suceder en estos casos*" (74).

[19] Carbia había hecho antes una división similar entre lo que él llama el "género memorialístico", como el de Schmidel, y las obras "justificativas de conducta" (las relaciones oficiales). En el primero, según Carbia, "los sucesos se nos ofrecen como para aceptar la realidad sin violencia" y donde el narrador "aún ufanándose, dice las cosas con mayor espontaneidad", mientras que en las segundas "todo se concita para que nos prevengamos contra la intencionada adulteración de lo acaecido" con "los rebuscamientos, los entretelones y las podas aviesas que dan singular fisonomía a las *justificaciones*, las cuales son, en todos los casos, alegatos de corte curialesco, donde campea, siempre, la habilidad del rábula" (2). La división de Carbia, sin embargo, no contempla en el caso de Schmidel las íntimas conexiones entre la escritura de la relación oficial y sus memorias, como intento demostrar aquí.

[20] Sobre la composición oral continuada de la relación de Alonso Ramírez antes de la escritura del texto por Sigüenza y Góngora, véase Bolaños.

[21] La Casa Wesler o el Consejo de Indias debieron aparecer como autoridades conmensurables para un Schmidel relator actuando como una especie de embajador de Irala. Debido a sus deudas con banqueros italianos y alemanes, Carlos V abrió las puertas del comercio en América para todos los súbditos de la Casa de Austria en 1526. Los Weslers de Augsburg se beneficiaron mucho de esto. Tenían factorías en Santo Domingo, minas de plata en la Nueva España y, después de 1528 gobernaron y explotaron a Venezuela. Los Wesler participaron también en la

financiación de los viajes de García de Loaisa y de Sebastian Cabot a las Molucas así como en la misma expedición de Pedro de Mendoza al Río de la Plata (véase Haring 296). La autoridad de los Wesler ha tenido que ser para Schmidel casi igual a la del rey de España.

[22] Véase "Otras palabras del traductor" en la edición de Espasa-Calpe (145-146).

[23] En el original: "the evolving Spanish imperial program, to which Schmidel not only has no commitment but of which he seems to be essentially ignorant".

[24] Esta separación alude al conflicto –según explica J.A. Maravall– entre el papel social del expedicionario en las Indias, y el papel textual del historiador que coloca a ambos individuos en cuestión en distintas clases sociales y les atribuye distintos privilegios (355-390).

[25] Según Lockhart la mayoría de los conquistadores eran artesanos como herreros, sastres, comerciantes, religiosos, pregoneros, marineros, miembros de la baja nobleza gente del campo y las ciudades y de todas las regiones de España, por lo general sin ningún entrenamiento formal, ni siquiera el militar (80). Los militares profesionales, al igual que los intelectuales, eran la excepción. Además de los religiosos, los hombres que tenían alguna formación alfabética eran los escribanos.

[26] Algunos comentaristas han visto en Schmidel rasgos de una educación humanista. Mondschein cree encontrar ecos en Schmidel de la obra de un autor muy leído en la Edad Media como Terencio: "Es de suponer que él haya recibido una educación prolija y asistido a un colegio latino" (xx). Mahieu, por su parte, cree encontrar en él "un perfecto dominio del latín, al utilizar para referirse a las amazonas, un vocablo poco común en este idioma (Amazon, is) y declinarlo correctamente según la preposición alemana que lo precedía: *zu den Amazonibus*" (5).

[27] Me refiero al grupo de documentos No. 216, vol. 2 [Testimonio de las actuaciones seguidas, en el puerto de Nuestra Señora de la Asunción para averiguar a quién correspondía la tenencia de gobernador y capitán general de la provincia del Río de la Plata. Se incluye el poder otorgado por Juan de Ayolas, designando por su lugarteniente a Domingo de Irala, secretario del gobernador don Pedro de Mendoza; instrucción que le extendió; requerimientos hechos por Domingo Martínez de Irala para que obedezcan y cumplan sus mandamientos como teniente de gobernador; obedecimiento que se le prestó; y entrega que hizo el capitán Juan de Salazar de espinosa al teniente de gobernador Martínez de Irala de la casa fuerte del puerto de Nuestra Señora de la Asunción]. Todos estos documentos fueron compuestos y actuados entre el 20 de junio y el 26 de julio de 1539. Véase *Documentos inéditos...* 273-288.

[28] Dice Ayolas, por ejemplo: "procurar siempre con los indios que siembren mandando que vos hagan algunas rozas para que cuando volviere hallemos maíz de manera que no tengamos necesidad de ir a buscar más indios para tomar bastimento, tratándolos siempre muy bien procurando siempre su amistad, recatandoos siempre dellos aunque no se lo deis a entender" (276).

[29] El "requerimiento" es más conocido como un ritual político y militar diseñado especialmente para la conquista de las Indias y que debía representarse ante los pueblos indígenas antes de que los ejércitos españoles los atacaran. Suponía la lectura de un texto amenazante, en castellano, en el que se les exigía a los indígenas subyugación inmediata a peticiones políticas y dogmas católicos so pena de drástico castigo. Debía también representarse ante testigos legales y un escribano público que registraría todo por escrito. Pedrarias Dávila lo representó por primera vez en la costa caribeña de Sudamérica en 1514, según Oviedo, quien da una versión del texto. Véase *Historia* (3: 327-28). El "requerimiento" que hace aquí Irala es un ritual de naturaleza distinta que, aunque tiene el carácter hostil del anterior, está hecho entre españoles para cimentar transacciones de poder político entre ellos. Para un examen reciente de la naturaleza y significado de este complejo ritual y documento en relación con los indígenas véase el capítulo 3 de Seed.

[30] Irala alude a una cédula de 1537 de Carlos V enviada al Río de la Plata en la que se estimulaba a los conquistadores de allí a que, en caso necesario, eligieran gobernador por votación mientras llegaban instrucciones de España. Véase el texto de la cédula en Tiscornia.

[31] Schmidel ilustra el uso de la tortura en otra sesión de interrogación: "... y trajeron a nuestro capitán [Irala] unos payaguás que ellos [los Carios] habían cautivado. Cuando nuestro capitán averiguó a los Payaguás si ellos habían hecho tal matanza de Juan de Ayolas (...) pero se les dio tal tormento que los Payaguás debieron confesar..." (65).

[32] Me refiero al documento N. 223 [Declaraciones hechas por diversos indígenas que fueron interrogados por el capitán Domingo Martínez de Irala, en circunstancias que navegaban por el río Paraguay, al mando de una pequeña flotilla, haciendo descubrimientos por orden del gobernador del Río de la Plata y Mar del Sur, Alvar Núñez Cabeza de Vaca] 18 de diciembre de 1542, 25 de enero de 1543 (314-320).

[33] "... envió él [Cabeza de Vaca] por lo primero tres barcos-bergantines con ciento quince hombres para que navegaran lo más lejos que pudieran y buscaran indios que tuvieren mandioca y trigo turco (...) y vinieron a una nación que se llama Surucusis (...)" (75). "Cuando tal mandado de nuestro capitán general se hubo cumplido, entonces navegamos río abajo y vinimos a la ciudad Nuestra Señora de Asunción y dimos nuestra relación de la tierra" (Schmidel 76).

[34] En otros casos Schmidel explícitamente dice que participaba de alguna de esas discusiones: "Entonces celebramos consejo sobre lo que debíamos hacer, si debíamos navegar por el río abajo o permanecer ahí; convinimos entre nosotros y consideramos bien hecho que todos juntos navegáramos río abajo, como lo hemos hecho" (70). Schmidel se presenta a sí mismo como partícipe activo de estos procesos.

[35] En carta del Consejo de Indias del 19 de julio de 1535 se le recomienda a Pedro de Mendoza "que se tuviese en la cuenta y medida de las doscientas e setenta leguas que están dadas en gobernación al adelantado don Francisco Pizarro e mandamos a los dichos mariscales Don Diego de Almagro y don Pedro de Mendoza que hecha la dicha declaración cada uno dellos guarde los términos de su gobernación y en sólo ellos usen sus oficios de gobernación..." (Documento No. 119, pág. 115).

[36] En el documento No. 203 [Instrucción que el adelantado don Pedro de Mendoza dejó a nombre de Juan de Ayolas, cuando se embarcó con destino a España], de 21 de abril de 1537, dice Mendoza patéticamente: "–Y si Diego de Almagro quisiere daros por que le renuncia la gobernación que ahí tengo de su costa y de las islas ciento y cincuenta mil ducados como dio a Pedro de Alvarado por que se volviese a su tierra y aunque no sean sino cien mil, hazedlo sino vierdes que hay otra cosa que sea más en mi provecho, no dejándome morir de hambre, y si lo fizierdes por esta firmada de mi nombre prometo de lo cumplir todo lo que vos hiciéredes y pasar por ello y procurar quel Rey lo pase (...) (191).

[37] Schmidel también conoce los detalles políticos de esta rebelión y tiene opiniones controversiales sobre ella: "... por causa de que González Pizarro no quiso estar sometido ni obediente y se había rebelado con la tierra contra su Cesárea Majestad. También muchas veces uno hace más de lo que le ha mandado su Superioridad, para que él quede señoreando; tal cosa sucede todos los días en este mundo" (122).

[38] La edición de Alianza editorial, ofrece la siguiente nota aclaratoria (#24) en este mismo pasaje: "En este lugar, el relato de Schmidel se vuelve oscuro y confuso. Por una parte no menciona la negativa de Pedro de la Gasca de nombrar gobernador a Irala. Por otra, disimula las desavenencias que surgieron entre éste y el 'común', por las que tuvo que renunciar al mando, siendo sustituido por Gonzalo de Mendoza. Irala vuelve al mando en vista de la rebelión de Diego de Abreu que Schmidel refiere más adelante" (116-117).

Bibliografía

Aznar, Luis. "Los alemanes en las Indias Occidentales". Estudio preliminar a *Viaje a las Indias del mar océano* de Nicolás de Federmann. Buenos Aires: Editorial Nova, 1945. 7-25.

Bolaños, Álvaro Félix. "Sobre 'Relaciones' e identidades en crisis: el 'otro' lado del excautivo Alonso Ramírez". *Revista de Crítica Literaria Latinoamericana* 21/42 (1995): 131-60.

Caillet-Bois, Julio. "La literatura colonial". *Historia de la literatura argentina*. Tomo I. Buenos Aires: Ediciones Peuser, 1958.

Carbia, Rómulo. *Historia crítica de la historiografía argentina (desde sus orígenes en el siglo XVI)*. Buenos Aires: Imprenta y Casa Editora ("Coni"), 1940.

Documentos histórico y geográficos relativos a la conquista y colonización rioplatense (Expedición de don Pedro de Mendoza: establecimiento y despoblación de Buenos Aires 1530-1572). Comisión oficial del IV centenario de la primera fundación de Buenos Aires 1536-1936. Tomo 2. Buenos Aires: Talleres S.A. Casa Jacobo Peuser, Ltda, 1941.

Federmann, Nicolás. *Viaje a las Indias del Mar Océano*. Nélida Orfila, trad. Buenos Aires: Editorial Nova, 1945.

Fernández de Oviedo, Gonzalo. *Historia general y natural de las Indias*. 5 vols. Madrid: Atlas, 1959.

Foster, David William. "Ulrico Schmidel: *Relatos de la conquista del Río de la Plata y Paraguay 1534-1554*". *Chasqui. Revista de literatura latinoamericana* 20/2 (1991): 73-77.

Friede, Juan. *Los Wesler en la conquista de Venezuela*. Edición conmemorativa del IV centenario de la muerte de Bartolomé Wesler, jefe de la Compañía alemana de Ausburgo. Caracas, Madrid: Ediciones Edime, 1961.

Guzmán, Ruy Díaz de. *La Argentina*. Buenos Aires-México: Espasa Calpe, S.A., 1945.

Haring, C.H. *The Spanish Empire in America*. Gloucester, Mass.: Peter Smith, 1973.

Iglesia, Cristina. "Conquista y mito blanco". *Cautivas y misioneros. Mitos blancos de la conquista*. Cristina Iglesia y Julio Schvartzman, eds. Buenos Aires: Catálogos Editora, 1987. 11-88.

_____ "El botín del cronista. Cuerpo de mujeres en las crónicas de conquista del Río de la Plata". *Mora. Revista del área interdisciplinaria de estudios de la mujer* 1 (1995): 46-53.

Lockhart, James y Stuart B. Schwartz. *Early Latin America. A History of Colonial Spanish America and Brazil*. Cambridge: Cambridge UP, 1983.

Lopreto, Gladys. "... *que vivo en esta conquista*". *Textos del Río de la Plata, siglo XVI*. La Plata: Editorial de la Universidad Nacional de La Plata, 1996.

Maravall, J.A. *Estudios de historia del pensamiento español*. Madrid: Cultura Hispánica, 1975.

Mignolo, Walter. "Cartas, crónicas y relaciones del descubrimiento y la conquista". *Historia de la literatura hispanoamericana. Época colonial*. Madrid: Ediciones Cátedra, S.A., 1982. 57-102.

_____ "El metatexto historiográfico y la historiografía indiana". *Modern Language Notes* 96/2 (1981): 358-402.

Mondschein, Johannes E. "Schmidel y su relato de viaje". *Crónica del viaje a las regiones del Plata y Paraguay y Brasil de Ulrico Schmidel*. Comisión oficial del IV centenario de la primera fundación de Buenos Aires 1536-1936. Buenos Aires: Talleres Peuser S.A., 1948. xvii-lx.

Núñez Cabeza de Vaca, Alvar. *Naufragios y comentarios* [1942]. Madrid: Espasa-Calpe, 1985.

Pinasco, Eduardo. *Hombres de la historia del puerto de Buenos Aires en el período colonial.* Buenos Aires: Talleres Gráficos de la DIAB, 1972.

Pistilli, Vicente. *La cronología de Ulrich Schmidel.* Asunción: Instituto Paraguayo de Ciencia del Hombre, 1980.

Rojas, Ricardo. *Historia de la literatura argentina. Ensayo filosófico sobre la evolución de la cultura en el Plata. Los coloniales.* Segunda parte. Tomo 1. Buenos Aires: Editorial Losada, S.A., 1948.

Schmidel, Ulrich. *Abenteuer in Sudamerika 1534 bis 1554; nach den Handschriften bearbeitet von Curt Cramer.* Leipzig, F.A. Brockhaus, 1922.

_____ *Derrotero y viaje a España y las Indias* [1944]. Edmundo Wernicke, trad. Buenos Aires-México: Espasa Calpe, S.A., 1980.

_____ *Relatos de la conquista del Río de la Plata y Paraguay, 1534-1554 de Ulrico Schmidel.* Prólogo y traducción de Klaus Wagner. Madrid: Alianza Editorial, 1986.

Seed, Patricia. *Ceremonies of Possession in Europe's Conquest of the New World, 1492-1640.* Cambridge: Cambridge UP, 1995.

Staden, Hans. *Vera historia y descripción de un país de las salvages desnudas feroces gentes devoradoras de hombres situado en el nuevo mundo América.* Buenos Aires: "Coni", 1944.

Tiscornia, Ruth. *Schmidel y la Real Cédula de 1537.* Buenos Aires: Talleres Gráficos "Versailles", 1968.

Wagner, Klaus. "Ulrico Schmidel y sus historias verdaderas". *Relatos de la conquista del Río de la Plata y Paraguay, 1534-1554 de Ulrico Schmidel.* Madrid: Alianza Editorial, 1986. 9-22.

Wernicke, Edmundo. "A guisa de una rehabilitación del conquistador-escritor Ulrico o Utz Schmidel". *Derrotero y viaje a España y las Indias* [1944]. Buenos Aires-México: Espasa Calpe, S.A., 1980. 23-29.

Los problemas de traducir un clásico vernacular: el caso de *Martín Fierro*[1]

Daniel Balderston
University of Iowa

En el primer capítulo de *La ciudad ausente*, de Ricardo Piglia –traducida para Duke University Press por Sergio Waisman en 2000 como *The Absent City*– hay una maravillosa escena de traducción. El frecuente *alter ego* de Piglia, Emilio Renzi, habla de sus días como estudiante en La Plata, cuando fue contratado por el Congreso por la Libertad de la Cultura para enseñar español a refugiados checos, croatas y polacos que habían huido del comunismo. Entonces cuenta la historia del que, según afirma, era el más patético de todos sus estudiantes: Lazlo Malamüd. Malamüd había sido un famoso crítico y profesor de literatura en Budapest, el mejor estudioso centro-europeo de los trabajos de José Hernández y autor en 1949 de la galardonada traducción del poema narrativo de Hernández: *El gaucho Martín Fierro*. Al huir de Hungría en 1956, después de la invasión rusa, termina en Argentina, el país originario de la obra literaria que tanto le había fascinado.[2]

Aunque Malamüd escribía bien en español, no podía hablarlo, y su vocabulario básico era el del poema de Hernández, que se sabía de memoria. Para obtener un puesto en la Universidad de La Plata necesitaba poder leer su conferencia en español y acudió a Renzi para que le diera lecciones tres veces a la semana. Renzi dice: "Hablaba conmigo en un idioma imaginario, lleno de erres guturales y de interjecciones gauchescas" (16). Frustrado por su falta de fluidez, Malamüd le dice a Renzi: "No trabajar entonces muerto de esta pena estraordinaria" (17). Waisman traduce el anterior pasaje como: "I no worrk then die of this estrra-orrdinary suffer-ing" (19).

Otro día Renzi se encuentra con Malamüd, quien abatido ha decidido desistir del imposible proyecto de dar una conferencia en español: "–No más–dijo. Una vida desgraciada. Yo no merece tanta humillación. Viene primero el juror después la melancolía. Vierten lágrimas los ojos, pero su pena no alivia" (17). Aquí Waisman tiene una tarea imposible. Traduce: "'No more, no,' he said. 'An infamy my life. I don't deserrve all this a-humiliation. First I becoming angr-ry then the melancholy. Eyes sprring tearrs that don't alleviate their suffer-ring" (19). Presenta, pues, a Malamüd hablando agramaticalmente y con un acento extranjero pero no puede dar la menor idea del hilarante humor que hay en el pasaje de Piglia.

Otro ejemplo, de la traducción que hace Patricia Owen Steiner del trabajo de Josefina Ludmer, *El género gauchesco*, publicado por Duke University Press en 2002. La traductora usa una traducción de 1974 de *Martín Fierro* cuando, como en el pasaje que sigue, necesita citar del poema (cuya versión original en español no se reproduce):

The challenge is always a position of the body of the voice in a determined space, and it gives meaning to the words it hurls forth. In this challenge and in the meaning of "courageous" a kind of economy and a social and religious system may also be read:

> I'm a bull in my corral
> and a bigger one in someone else's
> I always thought I was pretty good,
> and if others want to try me
> let 'em come out and sing
> and we'll see who's second best.
>
> I don't step to one side
> even if they come slashin' at my throat;
> I'm soft with the soft
> and tough with the tough,
> and in a tight spot no one
> ever seen me flinch. (Ll. 61-72)

Like that of Hidalgo, *La ida*'s demilitarized challenge draws support from the animal world, but here the animals are not the frogs and toads of fables. The use of courage as a weapon against rivals is also a weapon against animals. It manifests the schema of a fight between male rivals (bulls). That is, this is also a sexual rivalry in a specific space and specific type of property (the roundup) and with an economy of cutting the animals' throats. (130-31)

    Mi propósito al citar tan extensamente es demostrar la extraña desproporción entre la prosa académica de Ludmer y el texto poético que se ha trasvestido en la traducción. Al menos Malamüd sabía el valor del texto que parloteaba; los lectores de la traducción del libro de Ludmer pueden muy bien sentir que no entienden por qué se armaría tanto alboroto por una poesía de tan dudoso valor. Es decir, las decisiones de no incluir el original en español (que tiene un poder del cual la traducción ni siquiera puede dar una idea) y de usar esta traducción en particular (de la versión de 1974 realizada por Carrino, Alonso y Mangouni) dan como resultado un texto que se puede llamar grotesco en el mismo sentido en que los famosos retratos de Archimboldo, de hombres compuestos de vegetales, son grotescos: ni siquiera manzanas y naranjas, esta cita es lechuga y colinabo.
    El desafío que enfrentan Steiner y Waisman en estos dos casos es la particular dificultad de aludir en un texto en inglés a un poema que el público argentino conoce íntimamente, por ser un poema nacional canonizado durante la celebración del centenario de la independencia argentina (1910-1916) y confirmado por un siglo de memorización en la escuela, recitado, adaptaciones y amplios estudios. El poema, aunque aludido brevemente en *Gravity's Rainbow*, de Thomas Pynchon, y por Borges en varios ensayos traducidos, no tiene semejante carácter canónico para el lector de Estados Unidos (excepto, por supuesto, para quienes trabajan en los departamentos de español). Y luego está el problema de cómo ha sido traducido, tema al que me refiero en lo que resta de este trabajo.
    El poema de Hernández fue publicado en dos partes, *El gaucho Martín Fierro* en 1872 y *La vuelta de Martín Fierro* en 1879. Inicialmente se trataba de un poema contra la presidencia de Domingo Faustino Sarmiento; usaba la forma gauchesca, imitación del

habla de los gauchos en las pampas (aunque desde comienzos del siglo XIX la poesía gauchesca había sido producida por poetas urbanos, según afirma Borges). Acogido por un amplio público, el poema de 1872 fue seguido por el de 1879 en que el mensaje político se aligeró; en los años que separan las dos partes del poema, Sarmiento ya había terminado su presidencia, una guerra civil se había resuelto en un nuevo sistema federal y Hernández era senador en el congreso de la provincia de Buenos Aires, conocido por todos como el "Senador Martín Fierro".

Martín Fierro fue proclamado poema nacional por Ricardo Rojas y Leopoldo Lugones en famosos textos nacionalistas de la década de 1910 y desde entonces fragmentos suyos han sido aprendidos de memoria por generaciones de niños en sus escuelas; además ha sido llevado al cine en varias ocasiones y se le ha imitado en *El payador perseguido*, famosa grabación del músico argentino Atahualpa Yupanqui. El poema de Hernández comienza así:

> Aquí me pongo a cantar
> al compás de la vigüela,
> que el hombre que lo desvela
> una pena estrordinaria,
> como la ave solitaria
> con el cantar se consuela. (*Archivos* 99)

Hernández usa el octosílabo, la medida más común en la lírica popular hispánica, pero inventa una inusual forma estrófica: ABBCCD, seguida por EFFGGF, presentando así grupos de dos estrofas con dos versos sin rima, el último verso de la estrofa impar y el primer verso de la estrofa par. Más adelante usa una variedad de formas poéticas, notablemente el cuarteto rimado, pero la forma estrófica mencionada es la predominante. No sorprende, pues, que el traductor de la primera versión inglesa escogiera como modelo poético un poema que era igualmente familiar para el público angloparlante; fue una decisión desastrosa. Walter Owen explica en la introducción a su traducción de 1932 que surgió de la iniciativa de promocionar la amistad argentino-inglesa patrocinada por E. Millington Drake, el agregado cultural en Buenos Aires, Philip Guedalla, director del Instituto Ibero-Americano de Gran Bretaña (mencionado por Borges en 1936 en "El acercamiento a Almotásim"), y Lady Keeble, O. B. E., así como por el Ateneo de Buenos Aires y el Club Universitario de Buenos Aires. Esta iniciativa produjo una visita a Buenos Aires en 1931 por parte de estudiantes de pregrado de las universidades de Oxford y Cambridge, y la concesión de la flamante beca Príncipe de Gales para llevar estudiantes argentinos a Oxford. A pesar del marco aristocrático de este intercambio cultural, Owen buscó su inspiración no en la poesía inglesa sino en poemas de la frontera nor-occidental de Canadá. Así inicia su traducción:

> I sit me here to sing my song
> To the beat of my old guitar;
> For the man whose life is a bitter cup,
> With a song may yet his heart lift up,
> As the lonely bird on the leafless tree,
> That sings 'neath the gloaming star. (1)

Estos versos hacen eco a lo que entonces era un famoso poema (que aún se recita alrededor del fogón y se cita en cientos o miles de sitios de internet): "The Cremation of Sam McGee", escrito por Robert W. Service en 1907. Service (1874-1958) comienza de esta manera su poema más famoso:

> There are strange things done in the midnight sun
> By the men who moil for gold;
> The Arctic trails have their secret tales
> That would make your blood run cold;
> The Northern Lights have seen queer sights,
> But the queerest they ever did see
> Was that night on the marge of Lake Lebarge
> I cremated Sam McGee.[3]

Es imposible no oír a Service resonando en la traducción de Owen de la primera estrofa, o en la famosa estrofa del segundo canto:

> Yo he conocido esta tierra
> en que el paisano vivía
> y su ranchito tenía
> y sus hijos y mujer ...
> Era una delicia el ver
> cómo pasaba sus días. (105)

Que Owen traduce así:

> There was a time when I knew this land
> As the gaucho's own domain;
> With children and wife, he had joy in life,
> And law was kept by the ready knife
> Far better than now; alas, no more
> That time shall come again. (6)

No hace falta decir que "ready knife" es un ejemplo de remiendo poético para la forma vérsica escogida. Owen explica en su introducción: "The exigencies of the verse-form have made it necessary occasionally to insert a phrase, or to modify slightly a passage here and there. But I have kept the padding innocuous, and I do not think I can be charged with having modified to distortion" (xxxiii-xxxiv).

Curiosamente, esta estrofa nos recuerda de nuevo a Service, que cuenta en su segunda estrofa la triste historia de su héroe:

> Now Sam McGee was from Tennessee,
> Where the cotton blooms and blows.
> Why he left his home in the South to roam
> 'Round the Pole, God only knows.
> He was always cold, but the land of gold
> Seemed to hold him like a spell;
> Though he'd often say in his homely way
> That he'd "sooner live in hell."

¿Y quién, si no Service, pudo haber sido el modelo de Owen para tesoros como éste del tercer canto?

> If the Indian gets you with the lance,
> You can lay long odds you squawk;
> And even a prick will make you sick,
> There's nothing known will heal it quick.
> We could face them as well as the pigeon can,
> The swoop of the sparrow-hawk. (26)

Nótese que a pesar de que Service escribe en estrofas de ocho líneas y Owen de seis (siguiendo a Hernández), éste mantiene el patrón rítmico de Service de cuatro acentos en los versos impares y tres en los pares con marcada aliteración ("lay long odds," "swoop of the sparrow-hawk") y rima interna ("And even a prick will make you sick").

En 1948 el Hispanic Institute de Nueva York publicó una traducción en prosa, sobria y académica, realizada por Henry Alfred Holmes, con introducción, extensas notas e ilustraciones de detalles de la vida del gaucho tales como ropa, lazos, boleadoras y potros. Holmes había publicado un trabajo académico en la misma editorial quince años antes, *Martín Fierro: An Epic of the Argentine*, y su traducción en prosa muestra su dominio de los detalles de la época. Aunque carece de la energía de la versión de Owen, quizás habría sido una elección más prudente para acompañar la traducción del libro de Ludmer. Tiene un tono modesto que recuerda al original: "Here commences my song, to the strains of the guitar; for to the man who is a prey to grief that hardly may be borne, relief comes in song, even as the lonely bird sings and finds consolation"(3). Y así se traduce el famoso "Yo he conocido esta tierra": "I knew this country when the gaucho *lived* in it, and had his home, and his wife, and his children. It was a delight to see how he spent his days!" (6).

Además de los potros, aperos y lazos de las ilustraciones, la traducción de Holmes tiene algo del ambiente de los espectáculos del oeste salvaje: "Go to the frontier if you want to see woe, and tears, and blood!" (15). Horace Greeley no podría haberlo dicho mejor. Holmes escribe en su introducción: "Thirty-two years of devoted and delightful study now culminate in this translation" (ix). Esta versión en inglés es la única de las cuatro existentes que capta algo del sabor del original y por ello merece ser mejor conocida y ser citada en traducciones de trabajos como el de Ludmer.

Las dos traducciones restantes son tan ridículas como la de Owen pero en otra forma. Una es revisión de la otra, aunque cuesta imaginar quién decidió publicar la versión revisada (precisamente la que se cita en la traducción del libro de Ludmer). En 1967 C. E. Ward publicó en SUNY Press una edición bilingüe del poema "annotated and revised by Frank G. Carrino and Alberto J. Carlos". En 1974 Frank G. Carrino, Alberto J. Carlos y Norman Mangouni publicaron "a new English translation" del poema en la misma editorial, y otra edición que incluía la reproducción facsimilar de la primera edición del original de Hernández. Comparemos un par de estrofas del primer canto:

> Here I come to sing
> to the beat of my guitar:
> because a man who is kept from sleep

> by an uncommon sorrow
> comforts himself with singing
> like a solitary bird. (Ward 3)
>
> Here's I'll sit and sing
> to the beat of my guitar,
> 'cause a man who's kept awake
> by a heavy sorrow,
> like a lonely bird
> consoles himself with song. (Carrino *et al* 11)

O la tercera estrofa del mismo canto:

> Come, saints with your miracles,
> come all of you to my aid,
> because my tongue is twisting up
> and my sight growing dim—
> I beg my God to help me
> in such a difficult time. (Ward 3)
>
> Come you miraculous saints,
> come all of you and help me,
> 'cause my tongue is gettin' thick
> and my sight is gettin' blurry;
> I beg my God to help me
> in such a time of trial (Carrino *et al* 11)

Si Owen encontró inspiración en Service, Carrino, Alonso y Mangouni parecen seguir el ejemplo del famoso explorador del salvaje oeste Huckleberry Finn, aunque su uso de los apóstrofos ('cause, gettin') delatan una ansiedad por los desvíos de la norma ortográfica de la que no padecía Huck Finn, ese admirable estudioso de la estilística.

La traducción de Ward, ilustrada por el gran artista argentino Antonio Berni, es una edición bilingüe *en face*; el inglés empleado es más bien plano y estándar. En una nota preliminar, "Criteria followed in preparing the English version," el traductor explica:

> The difficulties of translating *Martín Fierro* are probably obvious. It is written in a language born of unique geographical and historical circumstances, and consequently no dialect of another language could be entirely appropriate. Even if there were a comparable physical background, the cultural, religious, and other differences would alter the type of images used.
> The aim of this English version has been, in order of preference: a) to follow the Spanish text as closely as feasible, especially in the imagery; b) to make it possible for the English version to be read easily, in current English; c) to keep a rhythm which would give an idea of the shape and movement of the phrasing of the Spanish version (ix).

Ward cumple su promesa de facilitar la lectura y ofrece notas adecuadas que explican al lector no argentino muchas de las expresiones más oscuras. De las cuatro versiones publicadas ésta es quizás la menos ambiciosa como poema (aún menos que la versión en prosa realizada por Holmes), pero es relativamente confiable. Al mismo tiempo, carece de las cualidades de la versión de Owen, de 1932, que permiten imaginarlo como poema oral (digno de ser declamado en una pulpería pampeana o en torno a un fogón, forma en que sabemos que el poema de Hernández era leído en la década de 1870).

En la reciente edición crítica del poema de Hernández publicada por Archivos, un magnífico trabajo académico, una nota acerca de la reseña hecha por Raúl Castagnino a la traducción de Ward y publicada en *La Prensa* en 1968, dice: "El profesor nos informa que se está preparando una segunda edición, con modificaciones en la traducción y otros cambios a la estructura del material como consecuencia de colaboraciones y críticas recibidas" (1224). Esta edición revisada fue publicada por SUNY, siete años después de la publicación de la traducción de Ward, por parte de dos de sus colaboradores, Frank G. Carrino y Alberto J. Carlos (la ya mencionada traducción con aire dialectal de Huckleberry Finn); ésta es una de las más extrañas aberraciones en la historia de la traducción. Si Ward recomendaba atinadamente que no se tratara de encontrar equivalentes lingüísticos al lenguaje de Hernández, Carrino y sus colaboradores no tienen tales reparos. Carrino escribe en su introducción: "The aim of this English version has been to achieve a line-by-line rendition faithful to the original in substance and tone, but without attempting to recreate Hernández's meter or rhyme. The translators present it here as a catalyst for enjoyment, provocation, and insight" (8). Si bien producen placer, ciertamente no es el buscado, ya que una versión cómica de *Martín Fierro* en dialecto *cowboy* es una solución poco convincente a la larga (por lo menos hasta que un gran *cowboy poet* emprenda su propia versión).

Uno de los momentos más famosos del poema de Hernández es aquel en que el gaucho insulta a una mujer negra, lo que lleva a Fierro a ser retado por el compañero de la mujer, quien se convertirá en el primer hombre que Fierro asesine. Fierro dice:

> Al ver llegar la morena
> Que no hacía caso de naides,
> Le dije con la mamúa:
> —"Va ... ca ... yendo gente al baile."
>
> La negra entendió la cosa
> Y no tardó en contestarme
> Mirándome como a perro:
> —"Más vaca será su madre". (153)

El insulto se basa, desde luego, en la implícita comparación que hace Fierro entre la mujer y la vaca ("vaca yendo al baile") al detenerse deliberadamente mientras dice: "Va cayendo gente al baile"; de igual forma, la imagen animal es importante en la réplica de la mujer, diciendo primero "mirándome como a perro" y luego insultando a la madre de Fierro por ser más una vaca de lo que ella podría ser jamás. Este es un momento revelador al comparar las traducciones. En 1932 Owen escribe:

> When the negress got off, I sidled up,
> And looked at her most polite,
> As she went past I said to her:
> It's a little bit ... chilly to-night.'

> She took me up, and to choose her words
> She didn't stop to bother;
> For like a flash she answered me:
> 'The bigger bitch your mother!' (51)

Esto debió ser bastante fuerte en 1932. El insulto inicial ("Va...ca...yendo") no se comunica muy claramente en "a little bit ... chilly," pero es glosado exitosamente en el último verso de la siguiente estrofa.

En 1948 la versión en prosa de Holmes dice:

> When I saw that black wench walking in there without paying attention to anybody, I hiccoughed, "Loo-*cow* she goes to the dance, with all the real ladies!"
> She knew what I meant, and shot back, looking me up and down as if I were a cur, "Your mother must be a bigger cow!" (33)

Esta solución es bastante torpe, al igual que la versión de Ward en 1967:

> When I saw the colored girl coming
> with her nose in the air,
> I said to her tipsily,
> "Just look who's *moo*...ving in!"
>
> The negress understood what I'd meant
> and she answered back in no time—
> looking at me as if I were a dog—
> "And your mother was a bigger *cow*." (87)

Ward explica en una nota a las primeras dos estrofas: "The gauchos delighted in combining innocent words to produce insults". Su propio intento, sin embargo, falla por la asimetría entre "moo...ving" y "cow". Carrino y compañía traducen:

> As she came in I saw
> she wasn't lookin' at nobody,
> so being drunk I said,
> "*Cow*...ming to the dance?"
>
> She got the point
> and answered me right back,
> lookin' me over like I was a dog:
> "A bigger cow is your mother." (50)

A pesar de que "cow...ming" es una buena traducción de "va...ca...yendo" el resto es tan lamentable ("she wasn't lookin' at nobody") que es un esfuerzo desperdiciado. Si tuviera que escoger entre las cuatro versiones creo que escogería la traducción de Owen, que deja de lado el motivo de la vaca (reemplazándolo por "bitch") pero que al menos hace que suene posible en inglés. Si bien Ward tiene razón al afirmar que el traductor tiene aquí una tarea imposible, también es cierto que ambos idiomas son ricos en insultos animales. "Bitch" es un insulto más efectivo en inglés que las variantes de

Ward y Carrino, "moo" y "cow", porque "bitch" tiene la ventaja de ser un insulto común y corriente para dirigir a las mujeres. Estos versos muestran otro elemento de dificultad enfrentado por el traductor: se trata del grado brutal de sexismo y racismo con que Fierro replica a la mujer negra. "Va...ca...yendo gente al baile" es un ejemplo digno del elevado arte del insulto verbal analizado por Borges en su famoso ensayo de 1932 "Arte de injuriar".

Para terminar, es justo revelar que algunos años atrás se me pidió un ejemplo de traducción del *Martín Fierro* para la serie Library of Latin America de la Oxford University Press. Pasé dos meses experimentando con la traducción del primer canto. Afortunadamente el comité de la serie decidió por fin no encargar la traducción a nadie; de otra forma estoy seguro que la tarea me habría ocupado años enteros, o quizás décadas. ¿Cómo lograr una traducción que sea poesía (y no de la barata) y que capte el tono vernáculo del original sin caer en los tópicos del salvaje oeste o del Klondike?

Pocos retos son iguales a los presentados por *El gaucho Martín Fierro*. El lenguaje de este poema es fácilmente reconocible en español, tanto por las desviaciones de la norma escrita que presentaba, como por los propósitos políticos de Hernández al crear una versión literaria del habla popular. Quizás sea imposible captar la naturaleza altamente elaborada del lenguaje de sus personajes, culminación de una tradición literaria elaborada a lo largo de medio siglo, desde la época de la independencia. O quizás sólo sea posible hacerlo en términos de un área cultural adyacente, como en la traducción del poema al discurso gauchesco de la zona fronteriza del sur de Brasil. La tentación de convertir el poema en un espectáculo del salvaje oeste —como ocurre en la traducción de Carrino— es fuerte pero no irresistible. Dejando de lado los ridículos errores de traducción de la versión de Owen, su idea —de producir un poema que se prestara a la memorización y que funcionara con registros de la poesía oral inglesa— estaba bien encaminada. No obstante las marcadas semejanzas entre la cultura del siglo XIX en el oeste norteamericano y en la pampa argentina, *Martín Fierro* presenta enormes dificultades para el futuro traductor al inglés.

Traducido del inglés por Carlos Mario Mejía

NOTAS

[1] Agradezco a Laszlo Scholz y José Quiroga por invitarme a compartir este trabajo con estudiantes y colegas en las universidades de Oberlin y Emory respectivamente. Esta versión está amistosamente dedicada a Andrés Avellaneda.
[2] De hecho hubo al menos dos traducciones húngaras del poema; Laszlo Scholz compartió información conmigo acerca de la historia de las dos ediciones. Ver también la edición de Archivos (París, ALLCA, 2001) realizada por Élida Lois y Ángel Núñez, 1222.
[3] La poesía de Service está disponible en internet, así como en libro impreso. Cito aquí del sitio de Poesía vaquera que aparece en la bibiografía.

Bibliografía

Hernández, José. *Martín Fierro*. Elida Lois y Angel Núñez, comp. Madrid: ALLCA, 2001.

⸺ *Martín Fierro; the Argentine Gaucho Epic.* Trad., intro. y notas de Henry Holmes. Nueva York: Hispanic Institute in the United States, 1948.

⸺ *The Gaucho Martín Fierro*. Walter Owen, trad. Oxford: Basil Blackwell, 1935.

⸺ *Martín Fierro*. Trad. C. E. Ward, revisada por Frank G. Carrino y Alberto J. Carlos. Albany: SUNY Press, 1967.

⸺ *Martín Fierro*. Frank G. Carrino, Alberto J. Carlos y Norman Mangouni, trad. Albany: SUNY Press, 1974.

Holmes, Henry. *Martín Fierro: An Epic of the Argentine*. Nueva York: Hispanic Institute in the United States, 1923.

Ludmer, Josefina. *The Gaucho Genre: A Treatise on the Motherland*. Patricia Owen Steiner, trad. Durham: Duke UP, 2002.

Piglia, Ricardo. *The Absent City*. Sergio Waisman, trad. Durham: Duke UP, 2000.

⸺ *La ciudad ausente*. Buenos Aires: Editorial Sudamericana, 1992.

Service, Robert. "The Cremation of Sam McGee." http://www.cowboypoetry.com/robertservice.htm#crem.

Saberes tecnológicos y cuerpos (pos)coloniales: Martí en la escena norteamericana

BEATRIZ GONZÁLEZ-STEPHAN
Rice University

MODERNIZAR ES UNA CUESTIÓN DE GÉNERO:
MÁQUINAS, MÚSCULOS Y VIRILIDADES

Muchos intelectuales responsables de la configuración de los estados nacionales latinoamericanos tuvieron una relación a ratos reñida con ciertos ángulos de la modernización, pero también a ratos celebratoria, en particular con aquellos aspectos que entrañaban una sustancial transformación y mejora de las condiciones materiales de vida (al menos para las capas medias/altas urbanas), sobre todo en cuanto a un significativo aumento de los bienes de consumo y producción. No es infrecuente encontrar ya a finales de la centuria una adhesión más complaciente con los beneficios que traía el progreso, porque a la postre la modernidad era medida a través de invenciones y alcances tecnológicos que compensaban los déficits de este proceso.

De la misma manera que la alfabetización se extendía y la cultura en general se democratizaba, surgió a la par una nueva inclinación hacia toda clase de invenciones tecnológicas en menor escala: los "saberes del pobre" (Sarlo), que incitaban al genio creativo de las capas populares a desarrollar una especie de "ciencia para todos" también como posibilidad de alcanzar la fama y salir de la pobreza.

En esta primera etapa, el universo de las máquinas y de las cosas automatizadas adquirió un aura especial tanto para las masas como para las élites letradas: en ese nuevo mundo de la robótica las cosas podían moverse independientemente de la mano humana. La tecnología cobraba así la naturaleza de las ficciones poéticas. Y como fuerzas mágicas, tanto el ferrocarril como el teléfono devinieron emblemas de la modernización y panacea de esperados futuros promisorios. Desde luego estamos hablando de las décadas de entre siglo, posteriores a una primera etapa de desconfianza, y anteriores a su rechazo crítico (Fig. 1).

No olvidemos las diversas actitudes que los intelectuales y artistas tuvieron frente a la modernización, no sólo en esta etapa finisecular, sino después durante las vanguardias, y su relación conflictiva, contradictoria y ambivalente, por una parte, frente al mundo de las revoluciones tecnológicas —recordemos la simpatía de Marinetti por las máquinas y la velocidad sin advertir su final adscripción eufórica al fascismo—; pero, por el otro, la desconfianza y malestar al no poder deslindar con suficiente claridad ideológica los logros materiales del capitalismo, las condiciones sociales de la clase trabajadora, los lenguajes artísticos renovadores, y los proyectos sociales revolucionarios.

Fig. 1. Ingenio con motor a vapor de alta presión para cortar caña de azúcar (1860). Las máquinas en las exposiciones aparecían aisladas del contexto laboral, en una soledad autárquica que borraba la explotación. Para aliviar la desconfianza que producían, en su diseño fueron incorporados elementos neoclásicos que tendían puentes con una tradición más humana. Su estetización edulcoraba su violencia implícita.

Durante este período, buena parte de la intelectualidad latinoamericana vio con recelo este ángulo de la modernidad –pensemos en Rodó, Larreta, Cambaceres, Darío, Vargas Vila, Blanco Fombona, Díaz Rodríguez, Pedro César Domínici–, y eligió como respuesta el repliegue nostálgico hacia un pasado señorial (Bradford Burns; Montaldo). Otros festejaron en sus narraciones el ángulo "poético" de este mundo de invenciones como parte de un repertorio de posibilidades utópicas que escapaban al peso abrumador de las lógicas positivistas. Este fue el caso de Rubén Darío con su relato "Verónica" (1896) donde puso en juego la posibilidad de radiografiar el alma con la máquina de fotografiar. Las duplicaciones de lo real como parte de toda una cultura de la simulación se potenciaron con estas nuevas tecnologías –recordemos también el caso de Horacio Quiroga, entrado el siglo XX–, pero que no necesariamente simpatizaban con todo el proyecto modernizador. Es a la luz de este contexto, como veremos, como José Martí resultó un caso singular porque celebraba los beneficios materiales de las "máquinas dinamoeléctricas" y las aplicaciones de la "ciencia eléctrica"; y sin perder su visión crítica del capitalismo, enmarcó todo su pensamiento dentro de las propuestas del liberalismo más avanzado de la época.

De la misma manera, la no corta experiencia que tuvo el cubano en sus 15 años de estadía en América del Norte, le permitió conocer desde sus entrañas el proceso mismo de esta modernización (Belnap y Fernández, Font y Quiroz, Ramos, Rotker); y sin soslayar su lado oscuro —de miserias y contradicciones— celebraba los inventos tecnológicos que luego puntualmente reseñaba en sus innumerables crónicas para sus lectores hispanos (Kaye, Kirk, Rodríguez-Luis, Ripoll). Entre 1881 y 1895 la escena norteamericana le permitió acercarse con entusiasmo y con no menos asombro a toda clase de exposiciones y ferias, desde las grandes internacionales (como las de Nueva Orleans en 1884 y la de Chicago en 1892), hasta las modestas destinadas a rubros más específicos (como las dedicadas a la electricidad, artefactos sanitarios, ferrocarriles, caballos y ferias agrícolas) (Lomas).[1]

Particularmente las exposiciones eran los lugares de la quintaesencia de las manifestaciones de la nueva cultura material. Eran literalmente los espacios donde se congregaban los más recientes progresos tecnológicos, la galería de artefactos que permitirían optimizar las condiciones de la vida cotidiana, y un resumen variopinto de centenares de materias primas: en fin, un muestrario que sintetizaba las capacidades mundiales de producción de bienes. Pero además eran escenarios donde se condensaba el gesto más contundente de la cultura escópica del siglo: las exposiciones eran espacios que exhibían un universo de cosas, donde el ojo debía adquirir un nuevo disciplinamiento para a ver todo de otro modo. Martí se percataría de que estos escenarios ofrecían otras posibilidades pedagógicas alternativas, sobre todo para las masas obreras, lo que por otra parte lo obligaría a cuestionar la educación puramente "literaria", como él la llamaría:

> Ningún libro ni ninguna colección de libros puede enseñar a los maestros de agricultura lo que *verán por sus propios ojos* en los terrenos de la Exposición [...]. La disposición de los objetos anuncia la futura amplitud de la Ciencia Eléctrica, las máquinas magnetoeléctricas y dinamoeléctricas, la telegrafía, la telefonía, las aplicaciones de la electricidad a la Galvanoplastia, a los caminos de hierro, al arte militar, a las máquinas de vapor, a los motores hidráulicos, a las menudencias domésticas, a ciertos objetos de arte [...]. Ya las Exposiciones no son lugares de paseo. *Son avisos*: son lecciones enormes y silenciosas: son escuelas. (VIII, 351. Énfasis mío)

Eran teatros donde los actores sociales habían desaparecido detrás de un mundo de cosas hechas por otras cosas y sin mediaciones. Este mundo proliferante de objetos desplegados en las vitrinas de almacenes y galerías de las exposiciones modificaría también el consumo de la industria cultural, obligando ahora a jerarquizar más la mirada como una forma de lectura, también más descentralizada y democrática (González-Stephan, "Cultura material y educación de la mirada").

Martí percibía que detrás de esa babel de mercancías que no dejaban de maravillarlo, lo que se intensificaba era una nueva y más aguerrida etapa de la economía de mercado, más agresiva porque empezaba a comprometer globalmente las economías tanto de las naciones imperiales como de las colonias en una interrelación inédita:

> Boston abre el 3 de septiembre su exposición notable. Los muelles están llenos de buques que de *todas partes de la tierra* traen al noble *certamen*, —a la *batalla moderna*— productos de todos los continentes. [...] No está todo en producir, sino en *saber presentar*.

En envolver bien está a las veces el único secreto de *vender mucho*. El hombre es por naturaleza, y aún a despecho suyo, artista. (VIII, 349. Énfasis mío)

Martí tenía conciencia de que las nuevas guerras (la "batalla moderna") que se abría tenía que ver con la competencia ("certamen") de mercados, la lucha que se establecía no sólo entre la producción de bienes, sino en saber mercadearlos ("saber presentar"), saber venderlos en ámbitos internacionales. Por consiguiente, se abría una nueva fase del arte en la plaza pública donde las mercancías debían "estetizarse" para el consumo. O al revés, la intensificación de la circulación de las cosas las posicionaba lejos de sus centros locales de producción ("de todos los continentes"), y las colocaba en un nuevo posicionamiento público (las mundializaba), para lo cual era indispensable exteriorizar sus cualidades innatas ("saber presentar" y ser "artista"). La "envoltura" era el factor aureático: transformaba la cosa en mercancía, en arte para la venta. De ahí no es de extrañar que Martí le diera gran importancia a la luz eléctrica ("¡Qué expansiva, risueña y hermosa es la luz eléctrica sobre un campamento de máquinas en acción, de ruedas gigantes, de émbolos veloces, de pistones jadeantes, de inmensas palas de vapor" (VIII, 353), porque iridizaba los objetos y máquinas exhibidos y los aureaba dotándolos de un resplandor que ocultaba el lado miserable del trabajo fabril: era el "sublime tecnológico".[2]

En este sentido, el cubano se detenía en toda clase de máquinas, dínamos, motores hidráulicos, aparatos magnetoeléctricos, calderas, velocípedos, máquinas a vapor…, que luego describía prolijamente en sus crónicas, escritura detallada y detenida en la que podríamos inferir su adscripción a los alcances de la sociedad industrial. Pero también entendía que los tiempos modernos construían las identidades sobre el juego de las representaciones, es decir, una sobrevaloración de las apariencias, es decir, la importancia política de las formas: saber exponer, aparentar. Entonces advertía la intrincada dinámica entre, por un lado, la celebración sin duda del progreso tecnológico, el liberalismo económico, los bienes del capitalismo, y por el otro, el lugar sintomático del discurso, de la escritura, es decir, la retórica necesaria para resituar el aura –las apariencias, las formas– de la cultura material.

En las exposiciones universales regían las reglas de los centros metropolitanos, y se volvían a reproducir las asimetrías de la modernidad: las regiones que habían sido colonizadas seguían representando en el repertorio exhibicionista a las naciones subalternizadas. Los países latinoamericanos no dejaban de asistir, pero difícilmente podían competir... Y Martí, con y desde su propia experiencia colonial, podía ahora localizarse en una frontera intermedia (*in-between*) porque ya tenía a sus espaldas la historia de una economía dependiente e intersectada por las demandas de los intereses imperiales transatlánticos, y, por otro lado, estaba aprendiendo desde el capitalismo "duro" otras formas más ventajosas para entrar en el mercado (por ejemplo, del azúcar).

Recalcaba desde la metrópoli que la clave del éxito podía estar en saber ex-poner, colocar para los demás, presentar hacia afuera. Decía a propósito de la Exposición de Nueva Orleans (1883) que "es una Exposición de frutos primos [...]. De frutos como los nuestros [...]. Y en esto, si nos damos *maña para presentar con garbo* todo lo que tenemos, de fijo que no hemos de quedar a la zaga de nadie" (VIII, 365. Énfasis mío).

Establecía una nueva ecuación igualmente pragmática entre el aprender a ver (que llevaba a una pedagogía inductiva basada en la observación) y el aprender a ser visto (que llevaba a ex-ponerse, a colocarse de tal modo para el consumo de los otros); era tomar conciencia —derivada de la experiencia norteamericana de moverse entre multitudes y en un mercado competitivo— de la doble direccionalidad de la mirada: ver y ser visto. La "maña" era aprovechar esa nueva economía política de los espacios escópicos para presentar de modo atractivo ("con garbo") los productos. Se trataba de "posar", de fabricar identidades sobre la apariencia ("presentar para"), pero para entrar "sin quedar a la zaga de nadie" en el mercado internacional.

Por consiguiente, Martí daba un paso más al no quedarse simplemente en un nivel contemplativo de las nuevas estéticas visuales ("las Exposiciones no son lugares de paseo. Son avisos"), y al calibrar la oportuna rentabilidad entre la erotización política de los sentidos y sus fines pragmáticos ("ser artista" y "saber presentar").[3] El espectáculo visual de las exposiciones velaba el aguerrido clima competitivo entre los países. Su recomendación para las naciones latinoamericanas fue un llamado conminatorio. Veamos una cita necesariamente extensa por las equivalencias de orden sexuado que va trazando entre la sociedad tecnológica y las economías mas agrarias:

> ¡Cuánto ingenioso invento, cuánta preparación útil, cuánta mejora mecánica, cuánto mérito artístico, cuánta teoría brillante, quedan desconocidos, y mueren como si no hubiesen existido nunca, en nuestras tierras de América, por falta de aire industrial, de capitales para el tiempo de la prueba, de exposiciones que sancionen con sus premios el invento [...] de *espíritu brioso* que afronte los *riesgos* de sacarlos a plaza!
> Pues todo eso pondría yo en la Exposición Hispanoamericana en New York: artes, productos del cultivo, muestras de las industrias incipientes, que servirán por lo menos para revelar a los capitalistas lo que puede hacer de nuestras materias primas [...].
> Necesitamos *inspirar respeto*, necesitamos *ponernos en pie* de una vez con toda nuestra *estatura*, necesitamos indicar por la fama de nuestras Exposiciones lo que hemos perdido por la fama de nuestras revoluciones [...] presentarnos como *pueblo fuerte, trabajador, inteligente e intrépido*, a este otro pueblo que abunda en estas condiciones y sólo respeta al que las posee.
> Se nos tiene por una *especie de hembras* de la raza americana. Y va siendo urgente que nos vean en *trabajos viriles*: sobre todo cuando es cierto, que, dados medios iguales, en condición ninguna de actividad, laboriosidad e ingenio nos sacan ventaja los *hombres del Norte*. (VIII, 362-64. Enfasis mío)

El escenario de mercancías manufacturadas de las exposiciones de algún modo también potenciaba en Martí un eje de permanentes comparaciones que se orientaba polarizadamente: Norte-Sur; países industrializados-países agrícolas. Este marco modeló su valoración de los Estados Unidos y de la América Latina de acuerdo a una metáfora sexuada; es decir, comprendía la estructura socio-económica de ambos hemisferios bajo una perspectiva *gendered*, no menos deudora del mismo binarismo de la tradición patriarcal que moldeó gran parte de su pensamiento (Faber). Así su concepción del carácter heroico y viril del hombre de letras lo extendió hacia las modalidades de la producción material. Asociaba las revoluciones tecnológicas, las máquinas, el mundo industrializado, con las "razas viriles, fuertes, inteligentes e intrépidas" como los "hombres del Norte" (VIII, 364); asociaba implícitamente el desarrollo material y la modernidad con el lado épico y varonil (duro y fálico) de los procesos históricos triunfantes: con esa modernidad del capitalismo industrial.

Y su nostalgia por otros tiempos más heroicos del pasado la habría de proyectar sobre el presente a través de la guerra como metáfora. Recordemos que para Martí la nueva épica de los tiempos, la "batalla moderna", es la guerra de competencias mercantiles, y la dimensión viril de los pueblos (es decir, fuertes, sanos, inteligentes, y no amanerados) la apreciaba en relación a una competencia en los saberes del mercado, y al manejo del circuito de producción y venta de mercancías. A la postre, heroico podía ser tanto el capitalista como el ingeniero, y viriles las sociedades con tecnología y "espíritu brioso" tanto para la producción en gran escala como para colocarla en el mercado. Mientras que por el otro lado, calificaba con desaliento y ansiedad que a "nosotros se nos tiene por una especie de hembras de raza americana, y va siendo urgente que nos vean en trabajos viriles". No se trataba sólo de ser consumidores de bienes suntuarios –lo que Martí en cierta ocasión cuestionaría del pueblo venezolano[4]–, sino ser "fuertes" (hombres) al poder negociar mejor dentro de las reglas del capitalismo los "frutos primos", y así poder superar ("ponerse en pie") los lastres de la colonialidad.

En este sentido, establecía una equivalencia que no escapaba al pensamiento androcéntrico, donde la civilización era a la industria, y ésta a lo masculino como productivo/inteligente/mercadeable/respetuoso; y donde la naturaleza era a las materias primas y economías pre-capitalistas, y éstas a lo femenino como lo improductivo/ irrelevante/flébil/amanerado/ocioso. Por ello, el llamado que hacía a los países latinoamericanos para que participaran en las exposiciones nacionales e internacionales, era un llamado de atención a "virilizar" sus economías, a organizarse mercantilmente, y rentabilizar sus productos, y no quedarse a la "zaga" (como "hembras") en el proceso creciente de mundialización. Las exposiciones eran, por consiguiente, las nuevas odiseas del espacio, los nuevos campos de batalla mediados por el libre espíritu de competencia (Fig. 2).

No son escasos los ejemplos en sus crónicas donde asimila hombres a las máquinas. Comentaba de la exhibición de Chicago (de 1883) que "fue una exhibición explicada, práctica de utilidad inmediata. [...] Al pie de cada *rueda* había *un hombre inteligente* que *explicaba* sus funciones. Junto a los productos de cada fábrica, un *comentador diestro* y *activo* que hacía resaltar sus ventajas, y las ponía en juego a los ojos de los visitantes" (VIII, 352. Énfasis mío) (Orvell,Tickner). Las correlaciones que se establecen van emparejando el logos (la "inteligencia que explica") de la tecnología industrial (la "rueda", "los productos de cada fábrica") con ese sujeto masculino que, por una parte, queda adscrito a esa élite ilustrada que lo separa de la masa ("visitantes") y que posee un saber que disemina o populariza de arriba a abajo; y, por otra parte, ese mismo sujeto está culturalmente localizado: en la América del Norte y en la economía capitalista. Es "hombre" y "comentador diestro y activo", como la "rueda" cuyas funciones explica. El paralelismo hombre-máquina, hombre-activo está a un paso de máquina-virilidad, y capitalismo desarrollado a despliegue de heroísmos modernos.[5]

Recordemos que en otro lugar, en el "Prólogo" que Martí escribiera para el "Poema del Niágara" de Juan Antonio Pérez Bonalde (en Nueva York, 1882), volvía sobre el peligro del amaneramiento de los hombres. Si bien ahora por otras razones a las antes señaladas (como el ascenso de la mujer intelectual, la feminización de la cultura) (Douglas, Putney), no dejaba de ser un tópico reiterado: "¡Ruines tiempos [...]. Son los hombres ahora como ciertas damiselas, que se prendan de las virtudes cuando las ven encomiadas por los demás [...]. ¡Ruines tiempos [...] por la confusión de estados [...] época de tumulto y de dolores ...]. Hembras, hembras débiles parecerían ahora los hombres (...) (*Obra Literaria* 206-07).

Del mismo modo, no es otra su preocupación cuando escribió su novela *Lucía Jerez o Amistad Funesta* (en 1885), o "noveluca" como él despectivamente la llamó, porque su protagonista Juan Jerez, que "empezó con mejores destinos que los que al fin tiene [...] hubo que convertirlo en mero galán de amores", cuando en realidad estaba "dispuesto a más y a más altas empresas (grandes) hazañas"; Juan quedaría reducido a "los deberes corrientes" y "a las imposiciones del azar a oficios pequeños". Su relación "funesta" con Lucía absorbe toda la energía productiva y noble que había encaminado en la lucha como abogado para restituir las tierras a los indígenas. Por ello el género novelesco no le satisfacía a Martí ("el autor avergonzado pide excusa ... el género no le place ... porque hay mucho que fingir en él ... ni siquiera es lícito levantar el espíritu del público con hazañas de

Fig. 2. La relación que Martí estableció con el universo de las máquinas lo hacía desde una experiencia colonial esclavista. Por ello prefirió aquellas que el ser humano podía controlar, y no las gigantescas que remedaban el poder del capitalismo imperial. Al manipular cómodamente las tecnologías no fue extraño que máquina y cuerpo fuesen una mutua prolongación.

caballeros y de héroes ... Pequé, Señor, pequé" [*Lucía Jerez* 36-37]) porque el exceso de idilios sentimentalizaba y "afeminaba" la ética viril de los hombres, que debían seguir cerrando filas entre ellos para velar como "apóstoles" la construcción de ciudadanías sanas con géneros literarios menos blandos.

Recordemos cómo en esta novela las protagonistas –Lucía, enérgica y extrañamente atraída hacia Sol; Ana, la artista enferma e inválida; y Sol, quien muere a manos de una Lucía desequilibrada por los celos– forman una comunidad amenazante para Juan. En otros términos, guardar la prudente distancia de las mujeres es necesario para poder preservar la integridad viril. La misoginia latente transfiere a la comunidad femenina tensiones lésbicas marcadas entre Lucía y Sol. De la misma manera estas inversiones están presentes en el travestismo autorial de la novela: Martí la publicó bajo el seudónimo femenino de Adelaida Ral. Toda una trama de géneros problemáticos (Butler, Ette) que afloraron a partir de su experiencia norteamericana donde la mujer había ganado más presencia en el espacio público. Esta visibilidad será negativamente calificada por el cubano como "libertad afeadora", y de "la condensación en ellas de una fuerza viril que se confunde con la fuerza del hombre" (X, 431). Se trasluce la ansiedad por el trastocamiento separado de los géneros.

Así pues, el intelectual debía ser un soldado de las letras, un guerrero de la pluma al servicio de la construcción de patrias; y por ello su fortaleza debía ser en cierto sentido heroica, como los caballeros de antaño, castos como apóstoles. Entonces nada más recomendable que promover la frecuencia de la comunidad masculina donde la entereza se obtendría a través del fortalecimiento del cuerpo muscular.

No es entonces de extrañar que dentro de este horizonte ideológico, el cubano recomendase como texto escolar obligatorio la obra del venezolano Eduardo Blanco, *Venezuela heroica* (1881), porque al desplegar en sus capítulos la historia de las luchas de la emancipación, serviría para prefigurar modelos de protagonismo heroico que combinasen la fuerza muscular y la solidaridad compacta de comunidades masculinas, que pudiesen a la postre contrarrestar la creciente inclinación por una cultura blanda y amanerada. También en su "Prólogo" a esta obra, Martí señalaba que *Venezuela heroica* "podía restituir a las letras patrias ese vigor en riesgo. Un pueblo nuevo necesita pasiones sanas: los amores enfermizos, las ideas convencionales, el mundo abstracto [...] producen una generación enclenque e impura [...] que no puede ayudar al desarrollo serio, constante y uniforme de las fuerzas prácticas de un pueblo" (*Nuestra América* 233). Al suscribir esta "poética masculina" como la moral necesaria para los tiempos modernos, recomendaba este "noble ensayo histórico" como "libro de lectura de los colegios americanos". Pero no para todos los americanos: sólo para ser leído por el "*maestro a su discípulo, del padre al hijo*". El acto performativo de la lectura de la épica era también un ejercicio sexuado para promover las solidaridades masculinas (los *Männerbund*): "Todo *hombre* debe escribirlo: todo *niño* debe leerlo" (Martí, en *Venezuela heroica* 7-8).

José Martí ya residía en los Estados Unidos cuando escribía estos textos; y seguramente los percibía bajo el tamiz de la cultura, de la fuerza motriz y de las dinámicas tecnológicas. En el mismo año que encomiaba la segunda edición de *Venezuela heroica* (1883), en una crónica titulada "El gimnasio en la casa" (publicada en *La América*, marzo de 1883), manifestaba su preocupación por desarrollar un cuerpo muscular, no sólo en función de la salud sino también para hacer frente a las nuevas exigencias de la sociedad industrial. "En estos tiempos de ansiedad" –puntualizaba–, "urge fortalecer el cuerpo. En las ciudades donde el aire es pesado y miasmático; el trabajo, excesivo; el placer, violento; y las causas de fatiga grandes, se necesita asegurar [...] un sistema muscular bien desenvuelto [...]. A los niños, sobre todo, es preciso robustecer el cuerpo a medida que se les robustece el espíritu". El aparato que Martí recomendaba "lo tenía todo: barras paralelas para anchar bien el pecho, y desenvolver los músculos de los brazos y los hombros". Insistía en que no debía "dejarse músculo alguno en inacción". Y a la postre, con condescendencia, también lo recomendaba para "nuestras niñas y mujeres pudorosas [...] que necesitan tan grandemente de estos ejercicios" (VIII, 389-391) (Fig. 3).

Fig. 3. Aparato de gimnasia diseñado por el Doctor Zander von Gorranson. En el pensamiento martiano las máquinas constituían un nuevo orden social basado en fuerzas motrices y eléctricas. Comprendió que también el cuerpo era una máquina cuya energía y salud podía ser aumentada a través del ejercicio. "Urge fortalecer el cuerpo" decía, no sólo el de los hombres sino también el de las mujeres. Al invitar también al sexo "débil" a fortalecer su musculatura, ¿no estaría proponiendo la virilización de la mujer que tanto cuestionaba?

Su interés por los dínamos y motores hidráulicos –porque ahí la energía eléctrica autonomizaba la máquina de todo elemento humano– representaba quizás dentro de la perspectiva martiana la metáfora más potente de la nueva ética viril: encarnaban metafóricamente la combinación ideal entre el *homo economicus* y el "espíritu brioso" para el apostolado público. De ahí una permanente analogía en su escritura entre la musculatura atlética y las máquinas, el trabajo útil y la electricidad como imágenes del heroísmo moderno. La exaltación de la máquina era la metáfora moderna del cuerpo musculoso del atleta, de los héroes griegos o de los próceres de las independencias americanas, que sirvió a Martí para asimilar su concepción patricia del letrado con las nuevas funciones del profesional moderno, para combinar de algún modo su idea tradicional del letrado como "sacerdote" de la nación, con el técnico o el maestro ingeniero, con una sana y fuerte virilidad porque el cuerpo atlético serviría de escudo para preservar la energía y contener el derroche de pulsiones insanas. En este sentido, Martí actualizaba para el intelectual moderno una especie de ascetismo muscular (una *muscular Christianity*).[6]

Por eso en uno de los números de *La Edad de Oro*, les dedicaba a los niños hispanos la crónica "La galería de máquinas" (No. 4 de octubre de 1889) para que viesen bien "toda la riqueza de aquellos palacios", y que al ver bien pudiesen "los niños ser fuertes y bravos, y de buena estatura, para que les ayude a crecer el corazón, el grabado de La Galería de Máquinas". Establecía pues una relación concomitante entre la estructura autónoma de la máquina, su fuerza independiente e inalterable, con el cuerpo masculino para que éste fuese como aquélla: fuerte, duro y resistente. Es decir, no proclive al consumo de las modas blandas y domésticas. En otras palabras, que nutriesen su espíritu con narrativas épicas y crónicas, con saberes útiles y prácticos, y no con lecturas de ficciones desviantes.

Sin duda que el empleo de los símiles sexuados (viril vs. afeminado) expresaba la lucha en el terreno de la estética por la hegemonía de otros géneros literarios menores y preteridos: la tensión entre la novela y la crónica; es decir, entre las batallas de los idilios domésticos, que convertían a los hombres en damiselas atrapados en la cultura sentimental; y la épica o la crónica, una literatura útil, que formaría básicamente a los hombres para las nuevas batallas públicas de la vida económica. En otro lado la constante pedagógica martiana señalaría que:

> en el sistema de educación en América Latina se está cometiendo un error gravísimo: en pueblos que viven casi por completo de los productos del campo, se educa exclusivamente a los hombres para la vida urbana [...]; con el actual sistema de educación se está creando un gran ejército de desocupados y desesperados [...] y cada día con la educación puramente literaria que se viene dando, se añade a la cabeza, y se quita al cuerpo. (VIII, 369).[7]

Desplazándonos hacia otro terreno, quizás podríamos comprender mejor que a Martí no le sería fácil escapar de estos binarismos sexuados o de la problematización de los géneros, si tomamos en cuenta, por ejemplo, los debates arquitectónicos de aquellos tiempos (no perdamos de vista que era asiduo visitante de las exposiciones universales), donde los estilos que debían representar la modernidad occidental eran los neogóticos, por encima de las modas islámicas y bizantinas —preciadas de mórbidas, afeminadas, e irracionales— que ganaron los gustos noratlánticos. A fin de cuentas el neogótico encarnaba la tradición cristiana y podía ajustarse a las revoluciones tecnológicas al coincidir el logos con la fuerza viril de las máquinas. Por consiguiente, el estilo adoptado en las grandes exposiciones universales —lo que en definitiva eran los palacios del progreso material— fue el neogótico; pero asignaron a los países latinoamericanos (que sólo presentaron sus materias primas y algunos objetos prehispánicos) pabellones en estilos orientales. Es decir, en este repertorio internacional, América Latina aparecía feminizada.

Martí no alcanzó a percibir este detalle, pero lo corroboró al reproducir en su crónica de "La Exposición de París" de 1889 (que también insertó en *La Edad de Oro* en el no. 3 de septiembre de 1889) abundantes fotografías de los pabellones de nuestros países, donde, por ejemplo, México fue célebre por su "Palacio Azteca" que remedaba el estilo egipcio, reafirmando la imagen orientalizante y afeminada que los centros metropolitanos tenían de los países periféricos. Dentro de esta lógica, el neogótico representaba la versión moderna de la ecúmene cristiana en la nueva fase del liberalismo económico, y el triunfo del expansionismo del progreso material. Estaban a la orden del día estos esquemas deudores de la tradición patriarcal que, como una retícula epistémica, controlaría toda la semántica de una época, y Martí no escaparía de ello (Fig. 4).

Fig. 4. Grabado que ilustró "La Galería de máquinas" en el no. 4 de *La Edad de Oro*. Esta crónica iba dirigida a los varones de América. El neogótico (con su estructura de hierro y vidrio) fue el estilo arquitectónico para exhibir las máquinas. Se establecía un acuerdo entre la tradición cristiana, el capitalismo tecnológico y el androcentrismo eurooccidental.

Sin duda que Martí abrazaba la modernidad. Sin duda que también era un sujeto moderno con sus contradicciones; contradicciones heredadas y acrecentadas por haber vivido intersectado entre dos modernidades: una, periférica y colonial; otra, metropolitana y capitalista. No sólo atrapado entre dos hemisferios, sino sobre todo atrapado en un aparato binario de conceptualizaciones que siguió controlando todas sus reflexiones, tanto en una dirección judeo-cristiana de maniqueísmos que oponían cuerpo-espíritu, naturaleza-civilización, femenino-masculino, débil-fuerte; como también dentro del legado de la razón ilustrada, que le llevó a manejar el campo de la cultura en términos igualmente polarizados, de artes literarias y artes útiles, mundo del libro y universo de la cultura escópica, letras y tecnología, el libro y la máquina, la cabeza y el cuerpo. Y por esta vía seguiría haciendo distinciones entre un cuerpo elegido de hombres ilustrados (una élite de varones ascéticos y musculosos) como el *aristos* para dirigir el destino de las naciones;

y la masa de obreros para el trabajo industrial (que habrán dejado de lado la enseñanza literaria y retórica para convertirse en un cuerpo laboral más eficiente y especializado).

No siempre la pareja de conceptualizaciones binarias en Martí iba a guardar una perfecta simetría. Del mismo modo que era un sujeto a caballo entre dos sociedades estructuralmente disimétricas —entre una situación colonial pero intensamente involucrada en la red de mercados imperiales y una metrópoli del capitalismo avanzado pero con fuertes contrastes entre altas tecnologías y miserias obreras–, su pensamiento fue deviniendo en muchos trayectos en un híbrido ideológico (o mestizaje ideológico de entre siglos, mestizaje del sujeto *in-between*), en el sentido de que trataba de registrar en "crónica" las manifestaciones de la modernidad del capitalismo con herramientas que le venían, por un lado, de un patriciado colonial, y por el otro, con sensibilidades deudoras de las capas medias urbanas, que le permitieron comprender los nuevos fenómenos de la cultura de masas, los nuevos sujetos urbanos, y las nuevas luchas sociales.

CANIBALIZACIÓN DE LA TECNOLOGÍA

Ante el sublime tecnológico del capitalismo avanzado, José Martí tuvo preferencias por los artefactos de tamaño más bien pequeño, que de alguna manera podían ser manipulados por el ser humano; o, de otro modo, que requerían de la interacción humana. Se divertía particularmente con lo que hoy llamaríamos *gadgets* o adminículos, que incluso podían ser ocultados bajo la ropa, o, por qué no, hasta ser ingeridos. En el mes de noviembre de 1883, le dedicó una entusiasta crónica a uno de esos inventos curiosos (*el glosógrafo*) que materializaban la aplicación de la energía eléctrica por la que sentía especial interés. Desde la revista *La América* de Nueva York para su extensa audiencia continental, describía con minuciosa plasticidad:

> Es un aparatillo ingeniosísimo, que puesto en lo interior de la boca, a la que se acomoda sin trabajo, no impide el habla, y la reproduce sobre el papel con perfección de escribiente del siglo XV. De tal modo está construido el aparato que una vez puesto en la boca, queda en contacto con el cielo de ésta, los labios y la lengua. Un registro electromagnético recibe los sonidos y los transmite al papel. Sólo exige que se pronuncie con toda claridad; y cada sílaba al punto que es pronunciada, ya es colocada sobre el papel que la espera; y sin confusión para el que lee, una vez que aprende la correspondencia de los nuevos signos [...]. No se necesita alzar la voz. Con la voz más baja se logra la más fiel reproducción.
> "Póngase de un lado –dice un comentador– el que presuma de escribir más rápidamente con la pluma, y del otro lado el que hable con el glosógrafo. Es seguro que éste escribe con el aparato cinco veces más que el más veloz escribiente". (VIII, 418-19)

Este invento presagiaba no sólo la grabadora, sino la transcripción computarizada de la voz, es decir, para las aspiraciones del cubano poder ahorrarse la lentitud manual de la escritura por una reproducción automática y rápida de la palabra celebraba la feliz combinatoria de la liberación del esfuerzo físico y la aceleración. Automatización y velocidad eran las consignas de los nuevos tiempos, y él las veía como uno de los lenguajes del nuevo orden social, es decir, para agilizar también los circuitos de la producción y consumo de la cultura.

Sin duda que resulta doblemente interesante y significativo el que Martí se haya detenido en este "aparatillo" de la "ciencia electromagnética" porque dice de la fagocitación o apropiación "calibanesca" de ciertos lenguajes de la modernización tecnológica por el sujeto colonial. Ubicado ante tantas ofertas de la cultura material (tecnologías pesadas y livianas), Martí seleccionó la apropiación de las que podía manejar, por varias razones digamos alegóricas: como sujeto nomádico y migrante se identificaba con aquellas tecnologías móviles y fluidas (con la energía eléctrica y magnética; con los panoramas móviles); y como sujeto subalterno y con lengua "bífida" (recordemos las dos bocas de Calibán, una adelante, y otra atrás), la calibanización del "glosógrafo" le permitiría, por un lado, hablar "sin confusión", y "reproducir fielmente" los "nuevos signos", es decir, manejar adecuadamente los nuevos lenguajes de la modernidad avanzada, y sin tergiversar los sentidos ("aprender la correspondencia de los nuevos signos"), poder usarlos discretamente ("sin alzar la voz").

Así la apropiación de la técnica podría corregir el "decir mal" de los subalternos (y tal vez también "mal decir" porque se puede "usar la voz más baja"), y ocultar –recordemos que el aparatillo es invisible, nadie lo nota– el "mal decir" de los colonizados. Por el otro lado, podría usar la tecnología "sin alzar la voz", encubrir discretamente los desniveles de las competencias entre los sujetos subalternos y los imperiales. Pero también por su estructura electromagnética podría diseminar internacionalmente su lengua, es decir, la cultura y los productos de los pueblos menos desarrollados. En este caso como en muchos otros, la política de las tretas del débil controlaría una hábil selección de las invenciones tecnológicas a su favor.

A despecho de muchas sensibilidades colectivas que vieron el nuevo mundo de las máquinas como una disrupción de formas más tranquilas y pastorales de vida; como una alteración del equilibrio con la naturaleza y una disrupción de modos ancestrales de sociabilidad laboral, en Martí terminaba por pesar más la experiencia metropolitana de la tecnología porque seleccionaba y valoraba la mecanización a contraluz de su vivencia colonial, donde para él los modos de producción no revestían formas para nada bucólicas.

Aquí el gesto antropofágico de la tecnología podría leerse –tal como sugerimos antes– como una prótesis compensatoria del cuerpo de Martí. Sin embargo, también podemos arriesgar otra lectura, en la cual el cuerpo "mutilado" por el colonialismo (porque el cuerpo del cubano fue la huella del poder colonial) sólo pudo canibalizar tecnologías de mediano calibre, por cuanto las competencias de ese cuerpo "enfermo" sólo le permitían entrar disimétricamente en las dinámicas de la modernidad y elegir transferencias manejables por ese cuerpo (Goebel). Por ello dirá que "el departamento en que hemos de tener puestos con más cuidado los ojos los latinoamericanos es el de las aplicaciones de la electricidad en la *medicina* y en la *cirugía* [...]. Curiosísimo va a ser el departamento de aplicaciones de electricidad a las *cosas de la casa*, a las *menudencias domésticas de alumbrado y de cocina*, a ciertos *objetos de arte* y a *modos de adorno*" (VIII, 349. Énfasis mío).

En la situación colonial, el tiempo era lento y las distancias imposibles. Así como en su agenda política Martí luchó por una independencia sin medias tintas, abrazó aquellos aspectos de la tecnología que representaban, por un lado, la velocidad (para las comunicaciones mediáticas y transportes terrestres y marítimos), y, por el otro, la automatización (la mecánica de los motores y electrodínamos). Superar aceleradamente el atraso de las estructuras económicas que dejaba el pasado colonial, es decir, dar saltos en el tiempo histórico al introducir máquinas que produjesen más a menos costo; al tiempo de conectar también más aceleradamente a su isla con el resto del mundo (a través de las nuevas comunicaciones). En este sentido apostaba a una modernización de movilidades fluidas que permitiesen una alteración de las distancias geográficas entre centros y periferias; cancelar en cierto modo la colonialidad después de la colonización. Y, por otro lado, que permitiera el efecto virtual –pero no menos real– de la percepción simultánea de acontecimientos gracias a las revoluciones electrónicas, la posibilidad de un consumo informativo y conexión mundializada, sin barreras ni destiempos (Fig. 5).

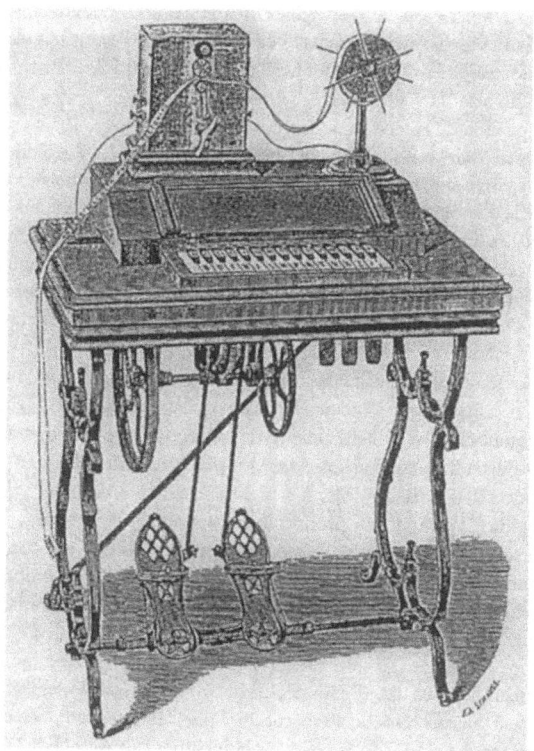

Fig. 5. Telégrafo magnético con impresión automatizada de Anders, de la Exposición de Filadelfia (1876). Funcionaba con electricidad y sin baterías; con un teclado electrónico que permitía enviar las cartas y al tiempo imprimirlas en una bovina de papel. El uso del poder eléctrico agilizaba las comunicaciones, amén de la fascinación que ejercía la automatización porque liberaba la mano del hombre de un trabajo forzado.

Probablemente, la situación de haber vivido una colonialidad "insular" que aislaba doblemente a sus habitantes (tanto la ansiedad por la desconexión geográfica, como la marginalidad por la situación política) hizo que Martí prefiriese las revoluciones de los medios de comunicación, aquellos relativos a la diseminación de la palabra como de la imagen. Su entusiasmo por el "teléfono teatral" (que "podía transmitir conciertos y óperas ofrecidas en Roma y ser escuchadas en Milán, Nápoles o Austria"); o "el teléfono de Herz" (donde "gracias a los cables sumergidos la conversación por teléfono podía efectuarse a largas distancias entre Brest y Penzance") (XXIII, 82); o "el teléfono magnético" fueron indicadores de que más allá del hechizo que ejercía la automatización, las ventajas de la nueva energía podía mediante efectos virtuales salvar distancias. Veamos otro ejemplo notable de cómo Martí describía y hacía visible para sus lectores el "teléfono Berliner", donde podremos comprobar de nuevo el desliz canibalístico en el uso de ciertas tecnologías:

> Berliner, de Hannover, ha presentado en Viena un teléfono culto, distinguido, leal, discreto; se puede hablar por él en voz serena y baja, como se habla en los salones [...]; no se pierden las sílabas, ni se corre el riesgo de ser oído por todos los que andan cerca. El mismo transmisor microfónico, que trae a una alcoba los acordes briosos de la fanfarria de las calles [...], conduce sutilmente, y con amable reserva, la más delicada conversación de negocios entre dos oficinas distantes. (Martí, VIII 416)

Y es comprensible esta subyugación por las nuevas tecnologías e inventos, en particular el universo de máquinas dinamizadas por la electricidad que revolucionaban el sistema de comunicaciones: "máquinas magnetoeléctricas y dinamoeléctricas", "máquinas de vapor, las de gas, motores hidráulicos", "un ferrocarril movido por electricidad", "un tranvía eléctrico", velocípedos, "un aparato que permite direccionar a los globos aerostáticos", "ascensores", la telegrafía, la telefonía, el cable submarino, captaban el interés de Martí. Sobre todo el poder invisible de la energía que motorizaba las cosas: "Y acaba de inventarse ahora un tranvía gallardo movido por una potencia invisible, que no ha menester cables ni pilares. El fluido eléctrico se transmitirá al tranvía por la cara interior de los rieles, a los cuales se adaptarán bandas en las junturas para impedir que se interrumpan las corrientes" (XXIII, 229). Todo lo que aceleraba los desplazamientos y agilizaba el contacto de las sociedades, más si se trataba de difundir en la América Latina lo que iba siendo su experiencia de la modernidad avanzada, al menos traducir en sus crónicas la representación de esa modernidad.

De todas las novedades tecnológicas, reparaba con mayor simpatía en aquéllas que gracias a la electricidad podían establecer una red de comunicaciones trasatlánticas eficientes para diseminar los avances del progreso hacia América Latina, y así poder mitigar mediante la actualidad informativa las asimetrías entre las potencias y los pueblos marginados con respecto a la modernización. En cierto sentido al abrazar una subjetividad nomádica, su pensamiento simpatizaba con los elementos fluidos de la tecnología, es decir, con flujos tecnológicos (energía, luz, dinamos, fuerzas motrices), con una cultura material que permitía la migración. Podríamos decir que se situaba y pensaba a la modernidad desde las aguas ("¡El mundo entero va ahora como *moviéndose* en *la mar* [...] y del barco del mundo, la torre es el mástil!" [*La Edad de Oro* 167. Énfasis mío]). Supone un estar ubicado entre dos bordes, entre La Habana y Nueva York, lo que implica no sólo una ubicación entre dos costas, sino entre dos fronteras imperiales, al tiempo que una (des)localización entre el viejo imperio colonial y el nuevo imperialismo norteamericano.[8]

Martí tuvo conciencia de que desde su mirador privilegiado de Nueva York podía catalizar las experiencias más eufóricas y pujantes de la modernización económica y social, al tiempo de traducirlas como corresponsal a diversos periódicos. Confiaba en una curiosa combinación entre la efectividad de la letra (por ello sus crónicas *escritas*) con la fidelidad documental de la fotografía y la rapidez de los nuevos medios de comunicación (telégrafo, teléfono, glosógrafo, cable submarino), que ajustaban una menor distorsión de los mensajes a una mayor velocidad de la transmisión.

De algún modo, la escena norteamericana inflexionó su perspectiva (post)colonial para hacerlo preferir máquinas y artefactos de menor escala, y no aquéllas enormes cuyas dimensiones sólo podían ser controladas por algún centro industrial. Estas máquinas en sus proporciones gigantescas contenían una despersonalización que las asimilaba al autoritarismo del poder central; mientras que las otras, de dimensiones más reducidas (como por un lado las trilladoras, imprentas a vapor, máquinas de coser, y por otro, telégrafos, glosógrafos, teléfonos,...) eran más antropocentradas porque se podían adquirir, trasladar, y luego ser operadas por mano humana. Estas máquinas resultaban –para un sujeto que había padecido las formas de la dominación imperial– una tecnología más democrática, flexible y sobre todo al alcance de la participación del cuerpo laboral (Adas, Hoffenberg).

De esta forma el "progreso material", cuyos símbolos tecnológicos más comunes se cifraban en las máquinas de gran escala –como las locomotoras o el dinamo de Henry Adam– aparecía ante los ojos del cubano peligrosamente imperializantes, en su aura despersonalizada. Los aparatos y máquinas pequeñas eran más controlables, y ofrecían al sujeto que había pasado por una experiencia colonial la posibilidad de apropiarse y manejar la tecnología, es decir, canibalizarla: como el "glosógrafo", un dispositivo electromagnético que se podía ingerir, y así emblemáticamente controlar la maquinización de ese nuevo orden social.

Sin embargo, entre la intelectualidad latinoamericana las apreciaciones y apropiaciones en relación a la alta tecnología variarían considerablemente. Desde luego que fueron importados por las élites el ferrocarril, los molinos, las trilladoras, las trituradoras de metales, las máquinas a vapor... porque representaban las innovaciones "pesadas" de la modernización, a despecho de no pocas resistencias, porque amén de dejar sin trabajo o sin tierra a miles de obreros, esas "máquinas" con sus fuerzas demoníacas cobraban masivamente vidas o dejaban cuerpos mutilados. Martí se ocupó de subrayar precisamente este ángulo nefasto de la alta tecnología. Escribió para *La Opinión Nacional* de Venezuela (el 20 de mayo de 1882) una crónica sobre los accidentes del ferrocarril elevado:

> Londres tiene ferrocarril en la ciudad, por sobre las casas y debajo de ellas. Y Nueva York tiene su ferrocarril elevado [...]. Pero ese ferrocarril está lleno de riesgos [...]. Los trenes se detienen muy poco en las estaciones, y como a ellas fluye mucha gente, que se precipita a los carros, y los conductores son descuidados, y el tren suele echar a andar antes de que los pasajeros hayan entrado, acontecen a cada paso desgracias tremendas. Luego el ruido de ese ferrocarril es cosa aturdidora [...] Sin contar que ha sucedido muchas veces que el ferrocarril se ha salido de los rieles, y ha venido a tierra. (XXIII, 299)

Irónicamente sólo José Martí fue en gran parte testigo de este mundo de la cultura industrial, y pudo ver con sus propios ojos estos inventos. Convirtió, sin embargo, sus crónicas en la vitrina donde estas invenciones aparecían cuidadosamente descritas. Cuidaba a la par el sentido traslúcido de las palabras. Recordemos que la cualidad que tenía el glosógrafo era esa capacidad de la transcripción "fiel" y "sin confusión" de los signos. Entendió la crónica como un mediador del deseo de modernidad de los latinoamericanos; como una plataforma traductora al conducir el deseo de lo moderno a través del relato pormenorizado, minucioso y lúcido, de los más diversos aspectos y objetos que circulaban en la babélica escena norteamericana. De este modo su crónica funcionó como un catálogo de las posibilidades de lo moderno, como el acto performativo literario del progreso. Su trabajo entonces se convirtió en hacer visible para el lector lejano el espectáculo de la cornucopia de mercancías, y en dejar traslucir una modernidad sustitutiva (Castillo Zapata).

Como cronista asumió la tarea de ver por los otros, de ver por los que no podían ver lo que él estaba viendo en pleno teatro moderno. Su escritura paradójicamente fue transmisora de cargas de intensidad moderna a las ciudades latinoamericanas ávidas de noticias e imágenes de progreso. Su responsabilidad de mirar por el otro, de co-responder a la necesidad de visibilidad que el lector lejano manifestaba, impregna de imperativo político a la crónica al transformarla en vehículo ético de esa modernidad. Recordemos aquí otra vez que en "La galería de máquinas", al estar dirigida a sus pequeños lectores, la necesidad de "ver bien" era clave para una nueva pedagogía: la escritura en este caso estuvo reforzada por un grabado. Del mismo modo, Martí nunca visitó la Exposición de París de 1889. Pero gracias a las fotografías (que incorporaría también en su crónica) y reseñas de prensa, pudo hacerla visible para sus lectores:

> Y eso vamos a ver ahora, como si lo tuviésemos delante de los ojos. Vamos a la Exposición, a esta visita que se están haciendo las razas humanas. Vamos a ver en un mismo jardín los árboles de todos los pueblos de la tierra. A la orilla del río Sena, vamos a ver la historia de las casas [...]. Veremos, entre lagos y jardines, en monumentos de hierro y porcelana, la vida del hombre entera. (*La Edad de Oro* 166-67)

Es por esto que su escritura funcionó como una prótesis de visibilidad mediante la cual la letra in-vidente era capaz de asistir mediante la prosa densamente analógica a la escena de los acontecimientos de la modernidad, y hacerla visible al que no la ve. Así la crónica devino en un dispositivo de simulación (no perdamos de vista que lo que más le atraía del "glosógrafo" y del "teléfono Berliner" era ese carácter discreto, disimulado del dispositivo), una máquina que Freud habría llamado de "satisfacciones sustitutivas", que operó como una técnica perversa que permitía el disfrute vicario de una modernidad inalcanzada: la escritura canibalizaba así la mercancía y la convertía en fetiche de palabra.

La crónica permitía una experiencia simulada de la modernidad, que suplía perversamente el goce impedido de una modernidad todavía no experimentada. Con esa poética de lo mínimo y la sensibilidad por el menor detalle, exponía una hiperbólica acumulación que animaba al lector a la necesidad de poseer esos objetos. De algún modo, y también vicariamente, el consumo de la crónica como gesto performativo de lectura, era también un gesto de antropofagia cultural, que bordeaba sólo la representación virtual del consumo de una modernidad que pasaba por el agenciamiento estético.

Notas

[1] Dentro de la vasta y proteica obra de José Martí —que sobrepasa los 20 volúmenes— hay una pequeña sección dedicada al tema de las "Exposiciones" (VIII). Ella reúne un conjunto de crónicas que Martí destinó a sus reflexiones sobre las exposiciones de electricidad, ferrocarriles, caballos, algodones, productos agropecuarios, realizadas en Boston, Chicago, Nueva York, Nueva Orleans, Louisville. Sin embargo, una atenta revisión de la obra completa permitiría configurar un volumen de no pocas páginas que dieran cuenta de la atención que Martí tuvo por las ferias, las exposiciones, galerías, exhibiciones de pintura, fotografía, dioramas y panoramas, las noticias sobre el cine, y todas las invenciones tecnológicas del momento, a las que prestaba atención y cuyas notas recorren prácticamente todos sus textos, lo que por otra parte tensionaría el campo letrado, y las tradicionales lecturas de su obra, prácticamente limitadas a su producción literaria. Resta por atender un trabajo más detenido del mapa que trazó sobre la cultura material y visual de la época.

[2] El fenómeno de la nueva luz que se desprendía de la "ciencia eléctrica", como la llamaba Martí, turbaba especialmente los sentidos, porque no sólo "deja el aire completamente puro, sino aumenta el poder de la visión, sobre todo para distinguir los colores" (XXIII, 64). La luz eléctrica sacaba a las mercancías de su opacidad y las convertía en objetos traslúcidos oscureciendo a la vez el proceso de enajenación. Es interesante en este punto llamar la atención sobre cómo la "perfecta claridad" que produjo la luz sobre las cosas hechizó de tal modo el ojo del cubano que diluyó (u opacó) la conexión entre este fascinante mundo de cosas y su percepción del trabajo enajenador, que, por otra parte, logró ver con "claridad" pero separado de esta escena. La luz eléctrica en cierto modo des-ordenaba las categorías duras del valor de los objetos, y dotaba a la mercancía de una nueva aura.

[3] José Martí en su pensamiento correlacionaba libertad (legado de la Ilustración del siglo XVIII), y tecnología y ciencia (aportes del siglo XIX) como andamiajes básicos de su utopía para las sociedades latinoamericanas. Su confianza en la tecnología lo llevó a celebrar no sin cierta ingenuidad máquinas y automatizaciones, más aún si no perdemos de vista que en Cuba seguía vigente el sistema esclavista. El contraste con su experiencia norteamericana lo hizo calibrar dentro de un humanismo liberal los avances del progreso de la ingeniería mecánica y eléctrica (donde veía los ejes neurálgicos de la liberación), más que de la galvanoplastia que producía artefactos y cosas en serie. La automatización fue lo que más enfatizaba: "Se averigua tanto, se acumula cada día tanto hecho nuevo [...]. La electricidad era fuerza rebelde. Hoy obedece al hombre [...]. Ya se anuncia la futura amplitud de la Ciencia Eléctrica [...] las máquinas magnetoeléctricas y dinamoeléctricas [...]. Lo de la telegrafía, lo de la telefonía [...], las aplicaciones de la electricidad a la Química, a la Metalurgia y a la Galvanoplastia [...]. Luego, las aplicaciones de la electricidad a los caminos de hierro[...]. El departamento en que hemos de tener puestos con más cuidado los ojos los latinoamerianos, es el de las aplicaciones de la electricidad a las minas y a la agricultura. [...] De un lado se verán los usos de la electricidad en la medicina y en la cirugía [...]; los modos de servir de la fuerza eléctrica a la Meteorología, a la Astronomía, a la Geodesia. Curiosísimo va a ser el departamento de aplicaciones de electricidad a las cosas de la casa, a las menudencias domésticas [...]. La mecánica en junto, las calderas, las máquinas de vapor, las de gas, los motores hidráulicos [...]. Como índice y fuente cuanto va escrito sobre Ciencia Eléctrica, y sobre el modo de enseñarla y trocarla en industria, y en beneficio práctico del hombre" (VIII 348-49).

[4] En su corta permanencia en Venezuela (desde enero a julio de 1881, cuando salió para Nueva York) se involucró intensamente en la vida intelectual del país. Sus apreciaciones las resumió en su crónica "Un viaje a Venezuela", en la cual apuntó que "todo es europeo [...]. En los hombres hay una necesidad innata de lujo [...]. El don de la inteligencia aquí parece un derecho a la holgazanería: se entregan, pues, a los placeres costosos del lujo intelectual, en lugar de mirar a la tierra, explotar sus maravillas, y acumular su fortuna por medio del ahorro diario [...]. Un

pueblo nuevo necesita pasiones sanas: los amores enfermizos, las ideas convencionales, el mundo abstracto e imaginario que nace del abandono total de la inteligencia por los estudios literarios, producen una generación enclenque e impura [...] que no puede ayudar al desarrollo serio de las fuerzas prácticas de un pueblo" (*Nuestra América* 232-33). De ahí que admirara y de hecho prologara el libro *Venezuela heroica* de Eduardo Blanco porque venía en ese texto un modelo de restitución de virilidades señoriales. Como curiosidad, cuando José Martí llegó a Caracas lo primero que hizo fue ir a ver la estatua de Bolívar. Interesa destacar aquí que la economía del derroche suntuario (una economía basada sólo en el consumo) es valorado como "enclenque" y "enfermizo"; por el contrario, la economía basada en el ahorro y en desarrollo del capital (como producto del desarrollo de las fuerzas laborales como por acumulación) es equivalente a "sano", fuerte, y, por ende, entraña una virilidad heroica que no malgasta y disemina la energía libidinal. Es decir, una ética de la contención y abstinencia (Cominos).

[5] Sería sumamente sugerente y no menos polémico establecer la correspondencia entre el cuerpo físico enfermo, débil, y achacoso de José Martí y su admiración por las máquinas, por los personajes heroicos de la cultura griega y ciertos héroes de las Independencias, y sus recomendaciones para usar aparatos gimnásticos para desarrollar un cuerpo musculoso. Los varios años de cárcel y trabajos forzados que pasó en España estragaron notablemente su salud. Y entre los padecimientos hubo particularmente uno que obligó a la ablación del testículo por un tumor duro y crónico (sarcocele). No es así de extrañar que estuviese preocupado por la virilidad en "tiempos modernos" (quizas su virilidad), y viese las máquinas como prótesis compensatoria de su propio cuerpo. Del mismo modo su recelo y distancia hacia la mujer profesional y letrada tuviese algo que ver con su propia inseguridad física (Tablada). Agradezco a Juan Carlos González-Espita (de la University of Chapel Hill) quien generosamente compartió conmigo esta información.

[6] Ver Connell, Nelson, Putney. En términos generales el cuerpo de letrados suscribió como parte crucial de la modernización el fomento o importación del "progreso" material. Desde Simón Rodríguez, Andrés Bello, Domingo Faustino Sarmiento hasta José Ingenieros se insistió en desarrollar una educación científica y técnica. Pero fueron menos las voces que cantaron a la máquina propiamente como tal. Citemos el caso del venezolano Nicanor Bolet Peraza quien les dedicó un poema: "El ruido de las máquinas,/que sería un estruendo estorboso/para un organismo de otro siglo,/tiene para el nuestro su hermosura/y elocuencia poética" (Bifano 161). Esta sensibilidad de finales de siglo preconiza las vanguardias de los 20. La apología del motor tiene un sesgo distinto a la celebración del progreso. La fuerza mecánica era una metáfora del deseo viril del cuerpo muscular masculino. No es descabellado trazar analogías entre esta exaltación de las máquinas, el culto a los héroes, la propagación de estilos marciales, la moda de los panoramas históricos, el culto a los deportes y la gimnasia doméstica. Y José Martí participó de estas corrientes.

[7] La intención pedagógica permeó todas sus crónicas, donde en muchos trayectos su escritura adquirió el gesto de "manual de instrucción práctica". En ese sentido, la crónica le permitió "ejecutar" un ejercicio genérico "masculino" donde el gesto de la escritura al tiempo que describía hacía visible la tecnología. La precisión con la que describe el diseño de ciertos aparatos, siguiendo sus instrucciones, podía construirlo tal cual: "El transmisor de Berliner consiste en una pequeña punta de carbón duro suspendida entre dos tornillos cónicos. La punta de carbón toca un pequeño disco de carbón también duro, sujeto a una membrana metálica, con cuya disposición se consigue el contacto microfónico sin que haya fricción. La membrana circular no está fija a la cubierta de la caja del micrófono sino en un punto, y al cerrar la caja queda comprimida contra la cubierta por un resorte unido [...] (VIII, 417). Crónica, literatura práctica y tecnología quedaban así ecualizadas.

[8] Martí siguió muy de cerca todos los avances del arte fotográfico. Aparte del aspecto que para él entrañaba el fenómeno de la reproducción de la imagen (recordemos que *La Edad de Oro* está llena de imágenes), lo que más le atraían eran los experimentos que captaban la fugacidad del

movimiento. Señalaba en una crónica de 1882: "La fotografía está alcanzando victorias extraordinarias. En San Francisco, Muybridge, consiguió hace poco retratar con toda perfección un caballo que marchaba a paso de trote. Descubierto así el modo de fijar la figura en movimiento [...] Un francés, Andra, ha retratado con el mismo éxito a una niña jugando a la cuerda suiza; y un inglés, ha conseguido ya retratar a golondrinas en vuelo, llegando a obtener hasta la sombra de la golondrina en el agua de la laguna sobre la cual volaba" (XXIII, 158). De igual modo registraba las más recientes técnicas de los panoramas móviles, que vaticinaban el advenimiento del cine. Particularmente registró su interés por los panoramas de tema histórico porque el medio permitía recrear un perfecto ilusionismo para representar las guerras en marcha. Aquí de nuevo se conjugaría la debilidad de Martí por la tecnología de la industria de masas con los temas bélico-heroicos.

BIBLIOGRAFÍA

Adas, Michael. *Machines as the Measure of Men: Science, Technology, Ideologies of Western Dominance.* Ithaca: Cornell UP, 1989.

Belnap, Jeffrey y Raúl Fernández, eds. *José Martí's "Our America": From National to Hemispheric Cultural Studies.* Durham: Duke UP, 1998.

Bifano, José Luis. *Inventos, inventores e invenciones del siglo XIX venezolano.* Caracas: Fundación Polar, 2001.

Blanco, Eduardo. *Venezuela heroica.* Madrid: J. Perez del Hoyo, 1970.

Bradford Burns, E. *The Poverty of Progress. Latin America in the Nineteenth Century.* Berkeley: U of California P, 1990.

Butler, Judith. *Gender Trouble: Feminism and the Subversion of Identity.* Londres: Routdledge. 1990.

Castillo Zapata, Rafael. "Almacenes babilónicos. Mercancía, deseo y modernidad en las crónicas neoyorkinas de José Martí". *Actualidades* 11 (2004): 80-9.

Cominos, Peter. "Late-Victorian Sexual Respectability and the Social System". *International Review of Social History* 8 (1963): 4-38.

Conell, R.W. *Masculinities.* Berkeley: U of California P, 1995.

Diego, Estrella de. *El andrógino sexuado. Eternos ideales, nuevas estrategias de género.* Madrid: Visor, 1992.

Douglas, Ann. *Feminization of American Culture.* Nueva York: Anchor Books, 1988.

Ette, Ottmar. "Gender Trouble: José Martí and Juana Borrero". *The Cuban Republic and José Martí.* Mauricio A. Font y Alfonso W. Quiroz, eds. Oxford: Lexington Books, 2006. 180-93.

Faber, Sebastian. "The Beautiful, the Good, and the Natural: Martí and the Ills of Modernity". *Journal of Latin American Cultural Studies* 2 (2002): 173-93.

Font, Mauricio A. y Alfonso W. Quiroz, eds. *The Cuban Republic and José Martí.* Oxford: Lexington Books, 2006.

Goebel, Walter y Saskia Schabio, eds. *Beyond the Black Atlantic. Relocating Modernization and Technology.* Nueva York: Routledge, 2006.

González, Manuel Pedro. *José Martí, Epic Chronicler of the United States in the Eighties.* Chapel Hill: U of North Carolina P, 1953.

González-Stephan, Beatriz. "Cultura material y educación de la mirada: José Martí y los dilemas de la modernización". *Bulletin of Hispanic Studies.* Volumen especial "Beyond the Nation" (en prensa).

_____ "Invenciones tecnológicas. Mirada postcolonial y nuevas pedagogías: José Martí en las Exposiciones Universales". *Galerías del Progreso: Museos, Exposiciones y Cultura Visual en América Latina*. Beatriz González-Stephan y Jens Andermann, eds. Buenos Aires: Beatriz Viterbo Editora, 2006. 221-59.

Gutiérrez Girardot, Rafael. *Modernismo*. Barcelona: Montesinos, 1983.

Harvey, Penelope. *Hybrids of Modernity: Anthropology, the Nation State, and the Universal Exhibition*. Nueva York: Routledge, 1996.

Hoffenberg, Peter H. *An Empire on Display. English, Indian, and Australian Exhibitions from the Crystal Palace to the Great War*. Berkeley: U of California P, 2001.

Jay, Martin. "Scopic Regimes of Modernity". *Vision and Visuality*. Hal Foster, ed. Seattle: Bay Press, 1988. 3-27.

Kaye, Jacqueline. "Martí in the United States: the Flight from Disorder". *José Martí: Revolutionary Democrat*. Jacqueline Kaye, ed. Londres: Athlone Press, 1986. 65-82.

Kasson, John F. *Civilizing the Machine: Technology and Republican Values in America, 1776-1900*. Nueva York: Viking Press, 1976.

Kirk, John. "José Martí and the United States: A Further Interpretation". *Journal of Latin American Studies* 9/2 (1982): 275-90.

Lomas, Laura. "José Martí between Nation and Empire. Latino Cultural Critique at the Intersection of the Americas". *The Cuban Republic and José Martí*. Mauricio A. Font y Alfonso W. Quiroz, eds. Oxford: Lexington Books, 2006. 115-26.

_____ "Imperialism, Modernization and the Commodification of Identity in José Martí's 'Great Cattle Exposition'". *Journal of Latin American Cultural Studies* 9 (2000): 193-212.

_____ "American Alterities: Reading between Borders in José Martí's 'North American Scenes'". Ph.D. diss., Columbia University. 2001.

Martí, José. "Exposiciones". *Obras Completas. Nuestra América*. Vol. VIII. La Habana: Editorial Nacional de Cuba, 1963. 343-471.

_____ *La Edad de Oro*. Roberto Fernández Retamar, ed. México: FCE, 1992.

_____ *Lucía Jerez*. Manuel Pedro González, ed. Madrid: Editorial Gredos, 1969.

_____ "Un viaje a Venezuela". *Nuestra América*. Juan Marinello, Hugo Achugar y Cintio Vitier, eds. Caracas: Biblioteca Ayacucho, vol. 15, 1977. 227-39.

_____ *Obras Completas. En los Estados Unidos*. Vol. X. La Habana: Editorial Nacional de Cuba, 1963.

_____ *Obras Completas. En los Estados Unidos*. Vol. XII. La Habana: Editorial Nacional de Cuba, 1964.

_____ *Obra Literaria*. Cintio Vitier, ed. Caracas: Biblioteca Ayacucho, vol. 40, 1978.

_____ "Periodismo diverso". *Obras Completas*. Vol. XXIII. La Habana: Editorial Nacional de Cuba, 1965.

Montaldo, Graciela. *La sensibilidad amenazada. Fin de Siglo y Modernismo*. Rosario: Beatriz Viterbo Editora, 1994.

Nelson, Dana D. *National Manhood. Capitalist Citizenship and the Imagined Fraternity of White Men*. Durham: Duke UP, 1998.

Orvell, Miles. *After the Machine. Visual Arts and the Erasing of Cultural Boundaries*. Jackson: UP of Mississippi, 1995.

Putney, Clifford. *Muscular Christianity. Manhood and Sports in Protestant America, 1880-1920.* Cambridge: Harvard UP, 2001.

Ramos, Julio. *Desencuentros de la modernidad en América Latina. Literatura y política en el siglo XIX*. México: Fondo de Cultura Económica, 1989.

Ripoll, Carlos. *José Martí, the United States, and the Marxist Interpretation of Cuban History.* New Brunswick: Transaction Books, 1984.

Rodríguez-Luis, Julio, ed. *Re-Reading José Martí (1853-1895): One Hundred Years Later.* Albany: SUNY P, 1999.

Rotker, Susana. *La invención de la crónica* (Premio Casa de las Américas 1991). Argentina: Ediciones Letra Buena, 1992.

Sarlo, Beatriz. *La imaginación técnica. Sueños modernos de la cultura argentina.* Buenos Aires: Ediciones Nueva Visión, 1992.

Schivelbusch, Wolfgang. *The Railway Journey. The Industrialization of Time and Space in the 19th Century.* Berkeley: U of California P, 1986.

Tablada, Ricardo Hodelín. "José Martí. De la cárcel a España, enfermedad y sufrimientos". http://www.uvs.sld.cu/humanities/plonearticlemultipage. 74870657408/jose-marti-de-la-carcel-a-espana-enfermedades-y-sufrimientos (08/15/2006).

Tickner, Lisa. "Men's Work? Masculinity and Modernism". *Visual Culture. Images and Interpretations.* Norman Bryson, Michael Ann Holly y Keith Moxey, eds. Londres: Wesleyan UP, 1994. 42-82.

Virilio, Paul. *The Art of the Motor.* Minneapolis: U of Minnesota P, 1995.

Weinberg, Gregorio. *La ciencia y la idea de progreso en América Latina, 1860-1930.* Argentina: Fondo de Cultura Económica, 1998.

Wosk, Julie. *Breaking Frame. Technology and the Visual Arts in the Nineteenth Century.* New Jersey: Rutgers UP, 1992.

Elías Castelnuovo, entre el espanto y la ternura

SYLVIA SAÍTTA
Universidad de Buenos Aires-CONICET

> Castelnuovo se merece este viaje. Toda su vida lo sintió como una necesidad y luchó para verlo realizado. Hoy obtiene el premio de su esfuerzo. [...] Castelnuovo ha contraído una deuda con nosotros. Él lo sabe y habrá de cumplirla: a su regreso, deberá demostrarnos que para él el viaje no ha sido estéril, que ese viaje ha aumentado su caudal intelectual y regresa dispuesto a demostrarlo.
> "Elías Castelnuovo..."

I

Cuando Elías Castelnuovo viajó a la Unión Soviética en junio de 1931, no imaginaba que un vaticinio, trascripto casi al pasar en su relato del viaje, se convertiría, un año más tarde, en el punto de partida de un viraje estético e ideológico en su literatura. En el primer tomo del relato de viajes que Castelnuovo publicó bajo el título *Yo vi...! en Rusia (Impresiones de un viaje a través de la tierra de los trabajadores)*, cuenta que, al llegar en tren a Leningrado, lo estaban esperando en el andén dos hispanistas: uno de ellos era comandante del Ejército Rojo, escritor y traductor de lenguas grecolatinas; el otro, periodista, profesor de lenguas y de literatura, especializado en literatura argentina.[1] El escritor –de quien no da el nombre– conoce la narrativa de Castelnuovo y la considera "físicamente proletaria" pero alejada de la dialéctica materialista. Pese a ello, este escritor y comandante sostiene que la sola observación de lo que sucede en la Unión Soviética producirá en Castelnuovo un cambio tanto ideológico como literario:

> Cuando usted vea lo que aquí pasa, como tiene un gran *instinto de clase* se orientará plenamente y cambiará el disco... ¡Ya verá!... ¡Mudará de piel! ¡Volverá renovado a su país! Su anarquismo aristocrático se lo regalará seguramente a algún filántropo piadoso, mitad espiritista, mitad teósofo, de esos que en la América del Sur hace más de veinte años que vienen tocando el organito de la revolución social. ¡Usted ingresará de nuevo a la lucha, no por la *conquista moral*, sino por la *conquista material del pan* de su clase! (Castelnuovo, *Yo vi...* 58)

Y en efecto, cuando Castelnuovo regresa a la Argentina, su posicionamiento político y, principalmente, su concepción de la literatura han cambiado. En los años veinte, la participación política de Castelnuovo, de clara filiación anarquista, se había centrado en la actividad cultural desplegada por el grupo de Boedo. En ese entonces, Castelnuovo dirigió la colección "Los Nuevos" de la editorial Claridad –la colección más importante del grupo de Boedo que puede ser leída como una antología del grupo–; publicó sus relatos y artículos periodísticos en la revista *Claridad*, y participó del Teatro Experimental de Arte, el primer teatro independiente del país, en 1928. Su narrativa de los años veinte –compuesta por *Tinieblas* (1923), *Malditos* (1924), *Entre los muertos* (1925), *Carne de cañón* (1927) y *Larvas* (1930)– fue la que mejor representó las características del grupo de Boedo como corriente cultural al sostener el arte social, el populismo, el naturalismo, la visión piadosa de la clase trabajadora, en relatos donde los límites entre el proletario y el lumpen nunca eran muy precisos, y donde el mundo de los pobres y de los humildes solía ser infernal, sombrío y generalmente monstruoso (Portantiero 107).

A su vez, como demuestra Adriana Astutti, la literatura del Castelnuovo de los años veinte excedió los presupuestos de Boedo tanto por su mirada sobre la miseria según una lógica religiosa que difícilmente compartieran sus compañeros de izquierda, como por su fascinación por lo monstruoso, lo miserable, lo horroroso, lo deforme (430-31). Sus relatos de los años veinte fueron entonces, en palabras de Beatriz Sarlo, "ficciones científicas del terror social" donde el hipernaturalismo de los manuales médicos, los casos clínicos, la documentación de reformatorio y de manicomio, se combinaban con una narración voyeurista que no conocía los límites del corte, de la elipsis, del buen gusto, del silencio (201). Asimismo, por los temas que abordaron y por los escenarios en los cuales se situaron, esos relatos buscaron dar testimonio de la miseria y de la pobreza de una verdadera galería de personajes marginales: niños abandonados, ciegos, mendigos, artistas pobres, personajes enfermos y alucinados. Como señala Nicolás Rosa, la descripción de la pobreza asumió, en el plano narrativo, "una narración que apela a la cientificidad de sus enunciados –la pobreza entendida como mal social– y en el otro extremo como miserabilismo folletinesco que va desde el concepto patibulario de la niñez [...] cuyos temas se convierten en verdaderas cristalizaciones narrativas: la orfandad, la internación en celdas y asilos, y, en un espacio público, el itinerario de la pobreza como circulación en los sitios secretos de la ciudad: aquellos que marcan las entradas y salidas de la planimetría ciudadana: estaciones, vías férreas, subsuelos, subterráneos, etc." (117).

II

Con un conocimiento bastante escaso sobre los principios teóricos y económicos del marxismo, Elías Castelnuovo viajó a la Unión Soviética en junio de 1931. No se trató de un viaje promovido por el Partido Comunista, condición en la que viajaban los dirigentes comunistas argentinos y muchos de los intelectuales extranjeros, sino de un viaje casi casual: Castelnuovo viajó por su amistad con el médico rosarino Lelio Zeno, quien había sido invitado por el doctor Sergio Iudin, director del Instituto Sklifosovsky, para trabajar en el establecimiento de cirugía de urgencia más grande de Moscú. La amistad de Castelnuovo con Lelio Zeno había comenzado varios años antes, cuando Castelnuovo trabajaba en una imprenta en la cual se editaban las tesis doctorales de los estudiantes de medicina;[2] a comienzos de los años veinte, compartieron el utópico proyecto de ejercer la medicina en una isla del Delta, sin aranceles fijos, en un galpón en el cual atendían a los isleños a cambio de alimentos, un canasto de ciruelas, repollos o zapallos (*Memorias* 88), y a los huelguistas y militantes heridos por la policía. Cuando Zeno regresó a Rosario para dirigir el Sanatorio Británico, Castelnuovo, desde Buenos Aires, continúo corrigiendo los originales de sus libros.

Como Zeno le propuso incorporar a un tercer acompañante de viaje, Castelnuovo invitó a Roberto Arlt; como Arlt no aceptara la propuesta porque temía las consecuencias políticas que ese viaje podría tener a su regreso,[3] convocaron a Jorge Federico Nicolai, a quien la dictadura del general Uriburu había expulsado de la Universidad Nacional del Litoral, donde dictaba una cátedra de sociología. El médico pacifista alemán había sido profesor de fisiología en la Universidad de Berlín hasta mediados de la primera guerra mundial, cuando se negó a asistir al frente de batalla; fue uno de los cuatro sabios alemanes que firmó el "Llamado al pueblo europeo", en octubre de 1914, junto a Albert Einstein, el filósofo-pedagogo W. Foerster y el doctor Otto Buek, como contra-manifiesto al "Llamado al pueblo civilizado" en el cual noventa y tres notables intelectuales celebraban públicamente el ingreso de Alemania al conflicto armado (Relgis 14).

Los tres viajeros partieron de Buenos Aires el 13 de junio de 1931, a bordo del Monte Olivia; en la Dársena Norte los despidieron Roberto Arlt, Herminia C. Brumana y Aníbal Ponce, quien viajaría a Rusia cuatro años después. Después de una breve estadía en Alemania, el 13 de julio de 1931, Castelnuovo partió en tren desde Berlín hacia Leningrado.

Con el relato de este viaje en tren, se inicia el relato de *Yo vi...! en Rusia*, retomando un tópico en la literatura de viajeros a la Unión Soviética: el viaje en tercera clase, los trastornos que implica atravesar la frontera,[4] la primera visión del paisaje soviético, el primer encuentro con la "otredad" de los rusos: "La gente *del otro mundo*, aunque rara, barbuda, melenuda, bigotuda, tocada con gorras de astracán o embutida adentro de un capote largo y talar, ceñido por una correa y acogotado de rulitos, parece, no obstante, extremadamente cordial y mansa" (21).

En el comienzo de la narración, que coincide con su llegada a las tierras rusas, Castelnuovo define su posición ideológica y los objetivos de su viaje. Se trata de un observador que se pretende neutral –"Yo no fui en calidad de amigo ni de enemigo del comunismo" (11); "Yo no he venido a Rusia a hacerme bolcheviqui"(66)–, que arriba a la Unión Soviética sin ningún programa previo para "ver y palpar", para "tocar con la mano la realidad", y conocer la "verdad" de la revolución soviética. Ver, tocar, palpar: la experiencia revolucionaria se materializa ante la mirada de Castelnuovo, diseñando al mismo tiempo su lugar de enunciación: "Llegué yo, espontáneamente, a verificar una operación de novelista naturalista, tuerto y desconfiado: ver con los ojos la realización del socialismo y tocarlo después con las dos manos" (78). Novelista tuerto y desconfiado que deposita su confianza, contradictoriamente, en la verdad de lo que ve. No confiar entonces, pareciera señalar su programa, en lo que otros han escrito antes o en lo que se dice por allí, sino en "lo que puede verse. Lo que se ve: se ve, y es innegable, porque es un hecho" (66).

Sin definiciones ideológicas previas, entonces, y sin carnet de afiliado al Partido Comunista, la única prerrogativa del viaje es el idioma ruso, considerado "el idioma del porvenir", que Castelnuovo aprendió en Buenos Aires antes del viaje:

> Antes de partir, naturalmente, tomé algunas providencias. La primera de ellas, consistió en aprender el ruso. Me compré una gramática comparada y durante varios meses me entregué a una acelerada gimnasia lingüística, llenando cuadernos y más cuadernos de ejercicios de sintaxis y ortografía, sin descuidar entretanto la prosodia que era el escollo más serio del adiestramiento. (148)

Asumiendo una clásica posición de autodidacta, Castelnuovo exhibe un saber recién adquirido que, si bien le facilita el contacto con el pueblo ruso, al mismo tiempo se revela como una constante fuente de malentendidos:

> El ruso que yo hablo o que chapurreo me va resultando de lo más contraproducente. O por lo menos, produce en Rusia, los más raros efectos. El idioma posee unos matices tan complejos que a menudo *sí* significa *no* y viceversa. [...] Salgo al corredor y comienzo a conversar con la gente. Vale decir: me decido a tomar parte en la susodicha asamblea general. No lo hice antes por temor a que en vez de hablar ruso, el ruso que aprendí gramaticalmente en la Argentina, sin el auxilio de nadie, me saliera chichimeco o mataco un idioma cocoliche que no comprendiese nadie. Entender, lo entiendo relativamente bien. Pero, se ve que al hablar lo asesino magistralmente, pues con cada uno que entablo conversación, me pregunta indefectiblemente si yo vengo de Oceanía. (26)

Como el mismo Castelnuovo evoca en sus *Memorias*, el encarnizado esfuerzo que implicó el aprendizaje del ruso estuvo muy por debajo del resultado que había previsto, dado que había aprendido el idioma con una gramática sin conocer ni la pronunciación, ni, sobre todo, los niveles de lengua: "En vez de salirme un ruso culto como el que había estudiado con la gramática comparada, me salía un ruso bastardo, de marinero que, afortunadamente, por ser de marinero, no podía resultar del todo mal visto en el país del proletariado" (148).

A lo largo de los días, Castelnuovo realiza la gira usual de todo viajero a la Unión Soviética: visita museos, fábricas, usinas, cuarteles, bibliotecas y centrales obreras, hospitales y centros sanitarios, teatros y circos populares, donde conversa con obreros, artistas, comandantes y médicos. Y a medida que narra su recorrido, las crónicas de viaje devienen en una novela de aprendizaje: si cuando llega a Rusia, Castelnuovo confiesa que "los números me han entrado siempre a duras penas en la cabeza. Había en mí, una resistencia casi orgánica a estudiar el aspecto positivo y práctico de la revolución. Y toda vez que alguien me sacaba cuentas sobre mortalidad o sobre nacimientos, sobre pérdidas o ganancias, embarque sin consignación o mercado a término, yo, no lo escuchaba" (62), después cambia y comienza a interesarse por la economía –"Ahora me gusta operar con cifras", confiesa– para entender finalmente "el grave asunto de la *plusvalía*" (96). Conocer personalmente el régimen revolucionario implica, para Castelnuovo, cambiar, ser otro, transformarse, a través de una causalidad casi mágica, en un ser libre y conciliado con los otros: "El soplo de la libertad, de una libertad nunca vista, comienza a acariciar el cuerpo y el alma del viajero. Y el que hacía tiempo que no sonreía empieza a sonreír, y el que hacía tiempo que no cantaba, se pone a cantar" (57).

Sin embargo, y pese al aprendizaje, Castelnuovo ratifica su carácter de testigo objetivo de la realidad soviética aun cuando uno de los comandantes del Ejército Rojo lo previene sobre el posible efecto de seducción que Víctor Serge podría ejercer sobre él:

> —No se deje influenciar por Víctor Serge —me previno—. Está en la oposición. Le interesa más la interpretación teórica del comunismo que la práctica de su ejecución. Aborrece a la burocracia del partido. Todos sus integrantes son burócratas para él.
> —¿Stalin, también?
> —También. Un burócrata solemne.
> —¿Eso es todo?
> —Hay algo más. Como en su juventud fue anarquista, ahora, y quizás contra su misma voluntad, vuelta a vuelta se le sube de nuevo el anarquista a la cabeza.
> Hizo una pausa y agregó:
> —Le ruego que no le haga caso. Se va a desubicar.
> —Pierda cuidado —le contesté—. Eso no puede suceder, porque no estoy ubicado. (171-72)

No obstante, cuando Castelnuovo regresa a Buenos Aires y comienza a publicar sus crónicas de viaje en el diario comunista *Bandera Roja*, esa no-ubicación comienza a precisarse. En la primera entrega, que se publica en el primer número del diario, el 1 de abril de 1932, Castelnuovo confiesa su trayectoria ideológica para "ubicarse" en otro lugar:

> Yo he actuado algún tiempo en las filas del anarquismo. Di allí lo que pude y trabajé sin sujeción y sin método, a veces, mucho; a veces, poco, y últimamente nada. Confieso que desde que me hice literato me aparté bastante del movimiento obrero. [...] El viaje que hice a Rusia me ha sido sumamente saludable. Tuvo la virtud de volverme otra vez, en cierto modo, a mi punto de partida. Personalmente, creo que me quitó como veinte años de encima. Hay que ver lo que es eso. [...] Modifiqué los términos de mi concepción revolucionaria. Dejé de ser un pensador aristócrata y señorial y me puse, intelectualmente, otra vez mi blusa obrera. Adquirí un sentido de conjunto que antes no poseía y llegué a percibir la revolución social, no como un hecho catastrófico, ni como una conjuración de genios o de generales, sino como un fenómeno histórico que realizará el proletariado cuando llegue a su madurez, la preparación revolucionaria de las masas. [...] El cambio que experimenté se lo debo exclusivamente a Rusia. ("Elias Castelnuovo escribe..." 2)

Desde esta nueva ubicación, Castelnuovo dirige la revista marxista *Actualidad. Económica, política, social...* entre abril y noviembre de 1932, y se incorpora como cronista a *Bandera Roja*, "Diario obrero de la mañana", dirigido por Rodolfo Ghioldi, quien había convocado a varios escritores de izquierda a colaborar en el nuevo diario interesado, como señala José Aricó, en encontrar un lugar vinculado al Partido Comunista para los intelectuales burgueses (14-15). Ghioldi mismo había definido con nitidez los elementos que hacían posible una colaboración como la reclamada: se trataba de intelectuales que, como Castelnuovo y Arlt, creían ser "escritores de izquierda y proletarios, aunque no fuera proletaria su producción literaria" y a los que la dictadura uriburista y "la situación actual en su conjunto impulsan hacia el proletariado" (16). Castelnuovo publica diecisiete entregas de su relato de viajes, entre el 1 de abril y el 4 de julio de 1932, en *Bandera Roja*, dos crónicas en *Actualidad*, y una nota sobre los escritores rusos en el quinto número de la revista *Sur*. Con el material publicado en las crónicas, Castelnuovo edita, con el sello de Actualidad, en 1932, *Yo vi... en Rusia! (Impresiones de un viaje a través de la tierra de los trabajadores)*, que retoma mucho de lo ya publicado y varios capítulos inéditos, y al año siguiente, en editorial Rañó, la segunda parte titulada *Rusia soviética (apuntes de un viajero)*.

A su vez, Castelnuovo participa de la fundación de la Unión de Escritores Proletarios y es secretario general de Teatro Proletario. En 1934, publica *Vidas proletarias (Escenas de la lucha obrera)*, tres obras de teatro pensadas para ser representadas en el Teatro Proletario, muchas de cuyas escenas habían sido ya publicadas en la revista *Actualidad*. Si en el marco de la revista *Actualidad*, Castelnuovo participa de las discusiones sobre el arte revolucionario y el arte proletario, será en la Introducción a *Vidas proletarias* donde escriba su manifiesto estético y político.

III

La revista *Actualidad. Económica, política, social* se publica en varias etapas y con cuatro interrupciones. Su primera etapa, dirigida por Castelnuovo, se extiende desde abril de 1932 hasta febrero de 1933, lapso en el que publican doce números; su segunda etapa consiste en cuatro números publicados entre julio y setiembre de 1933; la tercera etapa consta de siete números editados entre mayo y noviembre de 1934; la cuarta etapa abarca ocho números publicados entre mayo y diciembre de 1935; y por último, la quinta etapa consta de un solo número que abarca enero-abril de 1936. Los primeros proyectos para sacar la revista estuvieron en manos de un grupo de dispersos disidentes del Partido Comunista y de un grupo de intelectuales, liderados por Castelnuovo. Finalmente, el proyecto se fue modificando y la revista que efectivamente salió a la calle fue un vocero oficioso del Partido Comunista (ver Coggiola 15). Su primer director es precisamente Castelnuovo, un escritor ya reconocido por sus pares y por el público que, si bien no es mencionado como director (dato que no figura en la revista), se cuenta entre los colaboradores de su staff de redacción hasta el noveno número de noviembre de 1932.[5]

Desde su primer número, *Actualidad* se define como una revista marxista, y publica artículos sobre los cambios políticos, económicos, sociales y culturales que se desarrollan en la Unión Soviética, notas sobre el movimiento obrero y político nacional e internacional, comentarios sobre la situación política en Oriente, reproducciones de notas y artículos publicados en diarios soviéticos. Asimismo, se publican reseñas de libros temáticamente afines a la revista y comentarios literarios, artísticos, teatrales y cinematográficos. En el tercer número, la revista incorpora el uso de la fotografía tanto en notas locales –por ejemplo, las fotos que registran a Arlt entre los desocupados en Puerto Nuevo, a quienes entrevista para la revista–, como también en artículos que buscan transmitir los adelantos técnicos y sociales de la Unión Soviética.[6] Su programa es realmente ambicioso: publicar la revista *Actualidad* quincenalmente (propósito que no llega a cumplirse), sostener dos colecciones de libros baratos, y editar folletos y pequeños libros sobre marxismo.

En los artículos sobre literatura, pintura y arte publicados en *Actualidad*, se promueve la construcción de un arte proletario en Argentina a través de la incorporación de escritores y artistas obreros, campesinos o estudiantes en sus páginas, con el objetivo de convertir a la revista en "la expresión real de sus vidas, de sus problemas y de sus luchas" en forma literaria y artística. Por lo tanto, se define como una "voz genuinamente proletaria en esta hora decisiva para las clases antagónicas de la sociedad, que vienen librando una lucha cada día más áspera en todos los terrenos" ("Nuestro primer aniversario"). El *Proletkult* postulaba un arte que, a diferencia del arte de agitación o de propaganda, encontrara su sentido revolucionario, antes que en el contenido, en la posición de clase del artista: el poeta –sostenía Bogdanov– "ve el mundo con los ojos de su clase, piensa y siente como lo hace naturalmente su clase según su naturaleza social" (28).

El arte proletario se definía entonces por las condiciones de existencia de la propia clase obrera (su situación en la producción, su tipo de organización, su destino histórico) que diferenciaran su arte del de otras clases sociales. El acento estaba puesto en el punto de vista desde el cual se escribía y no en los datos biográficos del artista:

> El poeta puede no pertenecer económicamente a la clase obrera, pero si se ha familiarizado profundamente con su vida colectiva, si ha penetrado de una manera real y sincera sus aspiraciones, sus ideales, su manera de pensar, si goza con sus alegrías y sufre con sus sufrimientos, en una palabra, si se funde con ella con toda el alma, entonces es capaz de convertirse en el portavoz estético del proletariado, en el organizador de sus fuerzas y de su conciencia bajo una forma poética. (Bogdanov 37)

El modelo de artista proletario propuesto por la revista es Guillermo Facio Hebequer, quien ilustra la tapa y las páginas interiores, y colabora con artículos sobre la producción artística nacional e internacional. En Facio Hebequer se condensan un modelo de artista proletario y un estilo de producción artística ya que fue el primer artista argentino que exhibió sus obras en la Unión Soviética, el primer pintor que expuso en sindicatos, centros y bibliotecas obreras, y el primero en incorporar en sus cuadros el punto de vista proletario ("Guillermo..."). Su participación en publicaciones revolucionarias del país y su actuación en organismos artísticos revolucionarios partían de los presupuestos de que la clase trabajadora es el sujeto de su arte por ser el sujeto de la revolución (y no el lumpen proletariado, materia de sus primeros trabajos donde se centraba en atorrantes, borrachos, delincuentes, prostitutas), y de que la función del arte, más que estética, es política y social: "La razón de ser de un arte determinado" –sostiene Facio Hebequer– "no puede ser nunca la factura artística. Pintar por pintar, aunque se pinte bien, es una de las tantas maneras que asume la inutilidad social para demostrar que hace algo y que para algo sirve" (42).

La militancia de la revista por un arte proletario se tradujo en medidas concretas e institucionales: el impulso a la formación de la Unión de Escritores Proletarios en mayo de 1932, cuyos objetivos principales eran la defensa de la Unión Soviética, la lucha contra la guerra imperialista, y la lucha contra el fascismo y el socialfascismo, la participación en las luchas del proletariado y la militancia por imprimir un carácter social definido a la literatura nacional;[7] la promoción del Teatro Proletario, del que publican su manifiesto de fundación en el cuarto número, y del Teatro Judío, ambas consideradas instituciones fundamentales en la construcción de un arte proletario en Argentina ("Teatro").

En el marco de *Actualidad*, además de las dos crónicas de viaje antes mencionadas, cuentos, artículos de opinión y la columna de pastillas de actualidad titulada "Cemento armado" y firmada con el seudónimo Ronald Chaves, Castelnuovo publica, en dos entregas, *La marcha del hambre (Escenas de la vida proletaria)*, "para ser estrenado próximamente en el Teatro Proletario",[8] una de las obras de teatro que integrarán su libro *Vidas proletarias*, editado en 1934.

En abierta confrontación con el Teatro del Pueblo de Leónidas Barletta, el Teatro Proletario estaba formado por un sector disidente de su compañía inicial, que se separa del Teatro del Pueblo por considerar que carecía de ideología y que era necesario un teatro militante que sirviera a la revolución (ver Larra 69-107). Deudores del modelo teatral de Erwin Piscator, quien había fundado su Teatro Proletario en Berlín de los años veinte, pero, sobre todo, seguidores de las propuestas estético-políticas de Bogdanov, Teatro Proletario inició sus actividades a mediados de julio de 1932 dirigido por Ricardo Passano —quien poco tiempo después dirigiría La Máscara— e integrado por los escritores Elías Castelnuovo, Sara Papier, Emilio Novas, Alfredo Varela; los dibujantes Guillermo Facio Hebequer y Abraham Vigo; un coro organizado y dirigido por el maestro Roberto Kubik; y los intérpretes Yola Grete, Tomás Migliacci, Ricardo Trigo, Rafael Zamudio, Paulina y Sara Marcus, Victoria Papier, entre otros, con la propuesta de "formar un amplio frente con el cual iniciar de inmediato una formidable ofensiva contra el teatro burgués" ("Teatro proletario").

IV

Acorde a su nueva ubicación política y a los artículos de opinión publicados en *Actualidad*, Castelnuovo escribe la Introducción a *Vidas proletarias* que, como antes se señaló, funciona como manifiesto estético y político, y señala el momento de viraje de su producción literaria. En esa Introducción, Castelnuovo realiza una lectura crítica tanto de su propia literatura como de la literatura de su grupo, toma distancia del Naturalismo francés y de la literatura rusa anterior a la revolución, y pondera a la literatura proletaria como modelo estético e ideológico de su generación. Muchos de sus argumentos serán retomados un año más tarde en su libro de ensayos *El arte y las masas*, editado por Claridad, considerado por César Aira el más lúcido esfuerzo de su generación por dotar de una teoría al arte proletario (Aira 138).

En su "autocrítica", Castelnuovo sostiene que la literatura social de los años veinte fracasó por la falta de capacitación política para crear un arte concretamente revolucionario; se trató de un arte que "escribía y pintaba impulsado por un amor innegable hacia las masas desposeídas, pero partiendo de una base política parcial o totalmente equivocada" ("Introducción" 7). Esa falta de formación política se tradujo en la representación de una clase trabajadora derrotada, "apestada por la mugre y embrutecida por el alcohol", en la sola captación de las "llagas fisiológicas" del sufrimiento de los pobres, y principalmente en la no exhibición de la función histórica del proletariado y su independencia como clase. De este modo, fue una literatura que no supo determinar el motivo material de la pobreza, ni pensó salidas revolucionarias, sino que se centró en la representación sentimental de la clase trabajadora, como la clase que más sufría, prefiriendo el estudio del lumpenproletariado —atorrantes, mendigos, prostitutas, neurópatas, asesinos— antes que el estudio de "la masa sana y activa del proletariado y del campesinado" (11).

¿Cómo escribir, entonces? Castelnuovo busca separarse de sus dos modelos más fuertes: el Naturalismo francés y la literatura rusa anterior a la revolución (Dostoievsky, Turguenev y Tolstoy), y propone como modelo la literatura proletaria rusa, aun sabiendo que, en términos estrictos, la literatura proletaria sólo puede ser posible en Rusia porque "mientras ella se encuentra en el período del socialismo en su etapa constructiva, la nuestra se halla recién en la etapa anterior de la lucha final contra el capitalismo". Por lo tanto, mientras que la literatura rusa es constructiva porque está atravesando la etapa de construcción del socialismo, la literatura proletaria argentina, en cambio, "es o debe ser destructiva, en razón que cruza la recta de la destrucción del capital. Toda la literatura rusa, ahora, está absorbida por un solo pensamiento: construcción. La nuestra no puede ser absorbida más que por la idea contraria: destrucción" (19).

Una literatura destructiva, entonces, es la propuesta de Castelnuovo en este prólogo; una literatura que sea destructiva en dos sentidos: hacia atrás, en un movimiento de revisión y corrección de su propia literatura; hacia adelante, como un movimiento que se piensa en estrecha relación a la destrucción de la sociedad capitalista y a la construcción de la dictadura del proletariado.

Vidas proletarias se presenta, de este modo, como texto bisagra, como el punto de partida a partir del cual la literatura de Castelnuovo busca un nuevo rumbo. El libro está compuesto por tres obras de teatro para ser representadas en Teatro Proletario. Las dos primeras, *Vidas proletarias (Escenas de la lucha obrera)* y *La Marcha del Hambre*, se componen de una suma de episodios de relativa autonomía; la tercera, *La 77 Conferencia de la Paz Mundial*, es una sátira sobre los movimientos pacifistas, y consta de un acto único. En la obra *Vidas proletarias* Castelnuovo abandona efectivamente el mundo de los marginales y desarrapados de su producción anterior, y se centra en la representación del mundo obrero,[9] incorporando en la literatura argentina una de las primeras representaciones del militante obrero comunista. En cada una de las cinco escenas que componen la obra, se representan momentos diversos del conflicto obrero. Son, como señala Sarlo, historias de una resistencia que termina en derrota, en las cuales Castelnuovo trabaja con tres niveles de discurso: el pre-político de la violencia anti-patronal, el político de los partidos, y el anti-político de la falta de conciencia proletaria (201).

En los episodios titulados "La huelga" y "El conventillo" se representa la oposición entre los obreros anarquistas y el obrero comunista. En "La huelga", la acción se centra en un grupo de obreros anarquistas en huelga, reunidos al margen de la asamblea del gremio para estudiar "la liquidación física de los crumiros". En el grupo aparece El Negro, un obrero de la Juventud Comunista, quien es el vocero de la línea política del Partido Comunista. El episodio narra el enfrentamiento entre dos modos de pensar la política: mientras los anarquistas apuestan por la salida individual y se proponen matar por mano propia a los "carneros", el comunista busca imprimirle un carácter político a la organización gremial:

> Si no conseguimos la solidaridad de los demás gremios, no vamos a triunfar nunca, porque nuestra fuerza radica, precisamente, en la unión de todos los trabajadores. [...] Separados, la burguesía nos va a derrotar siempre. Juntos, en cambio, le podemos presentar combate. Quiero decir que si distraemos nuestras fuerzas en acciones individuales, exclusivamente, debilitamos el frente de lucha que es lo principal. Un carnero, después de todo, no es más que un obrero no conquistado. (29)

A su vez, en boca del obrero comunista, aparecen representadas las consignas de clase contra clase sostenidas por el Partido Comunista, y el llamado a la conformación del Frente Único de los trabajadores, formado únicamente por las bases de los partidos de izquierda, sin sus dirigencias.[10] El diálogo entre el obrero comunista y los obreros criollos se revela, por momentos, imposible; por ejemplo, después de que El Negro explica que las armas repartidas por el Comité de Huelga son para la autodefensa del gremio, Camilo responde: "¿Autodefensa? ¡Ufa! ¡Hable en criollo! ¡Tá, que me da rabia cuando usan palabras de ricos! ¡Ya estoy podrido! ¡Hay que liquidar a los carneros! ¡Ése, es mi punto de vista!" (28). Esta incomunicación entre un discurso aprendido en los libros y las viejas prácticas criollas, reaparece en el final del episodio: las palabras del obrero comunista no son oídas y Carvajal, un obrero criollo anarquista, apuñala con su cuchillo a El Esquirol, el vecino rompehuelgas, hasta matarlo. En el otro episodio, titulado "El conventillo", reaparece la consigna de que los obreros tienen que unirse para luchar juntos: "Me dijo que teníamos que juntarnos. Los de la FORA y los otros [...] para hacer la revolución. La revolución de los pobres, contra los ricos. ¡Los ricos tienen la culpa! Ellos, ahora, ni comen ni nos dejan comer a nosotros. Hasta que no les saquemos la tierra y las fábricas, y todo, vamos a vivir así" (77).

En "El puerto" y "El molino" se representa, en cambio, el enfrentamiento generacional entre padres obreros, pasivos y conformistas, e hijos jóvenes, también obreros pero vinculados a la juventud comunista. El enfrentamiento tiene dos resoluciones. En "El puerto" el diálogo entre padres e hijos es imposible. Dice el padre, hablando de su hijo Eduardo, que está preso, participando de una huelga de hambre: "Ahora, vuelta a vuelta, está preso. ¡Psé! ¡Yo no lo hice para que se ocupara del sindicato, ni de Rusia, ni de la porra! ¡Yo lo hice para que me ayudara a mí!" (49). Responde su hijo menor: "Nosotros somos de otro tiempo. Antes, los obreros ¿sabés vos? estaban con los ojos cerrados... Ahora ¡cualquier día!... ¡Ahí tenés a Eduardo! ¡Las cosas que dice! ¡Hay que ver cuando habla, cómo lo escuchan!" (52).

En cambio, en "El molino" el padre obrero piensa trabajar aun el día de huelga; escucha las palabras de su hijo, que le dice: "¿Por qué no pensás de verdad y pensás en la vida desgraciada que has llevado? ¿Por qué no pensás que nosotros somos trabajadores, y que somos muchos, y que todos estamos igual por culpa de los que nos explotan? ¿Eh? ¿Por qué no pensás de que si nos aprietan y nos aprietan es porque hay muchos infelices como vos que ni siquiera se dan cuenta que le están chupando la sangre?"(61) y cambia de parecer: adhiere a la huelga y ataca a uno de los "carneros" que quería entrar a trabajar.

Los cuatro episodios culminan con la derrota y la prisión de los obreros comunistas. En el "Epílogo", titulado "La cárcel", reaparecen estos obreros comunistas en el patio de un presidio, donde están a punto de ser deportados a la cárcel de Ushuaia. Las madres, las hermanas y las mujeres de los deportados organizan entonces un acto de protesta frente al presidio. Cuando conducen a los presos hacia el camión que los trasladará al puerto, la policía reprime a las mujeres. Sin embargo, los presos comienzan a cantar "La Internacional"; con los ecos de la canción, termina la obra.

Si en *Vidas proletarias* Castelnuovo ubica la acción de los episodios en los lugares de trabajo (el puerto, el molino), en *La Marcha del Hambre* retoma viejos escenarios de su literatura, donde introduce la figura del militante comunista. La acción transcurre en *los bajos* de Palermo, en un campamento de desocupados, parias y mendigos, donde se mezclan, además de desocupados y atorrantes, las nacionalidades (el alemán, el polaco, los criollos), las religiones y las profesiones, en un corte que busca demostrar que la pobreza responde a la división de clases sociales y no de nacionalidades. Con el paisaje, reaparecen también viejos personajes del mundo de Castelnuovo como, por ejemplo, la figura de El Lechuzón, una vieja "altísima y fantasmal, zarposa y ganchuda", que "traduce como ninguno, mediante su lengua procaz y venenosa, el rencor trágico de las clases pobres contra las clases ricas"(88). En este personaje reaparece, bajo otro nombre, la figura de Trapos, la vieja de "La raza de Caín" de *Malditos*, que lidera a la banda de atorrantes que viven en la quema[11] con la diferencia de que si Trapos sostenía un discurso religioso, El Lechuzón se dejará seducir por el discurso revolucionario: "Decime: ¿es verdá que es contra los ricos? (El otro aprueba con la cabeza) ¡Entonces, no me des más estruciones! ¡Contá conmigo, no más!" (95).

En este universo de parias y desocupados, Castelnuovo incorpora la figura de los jóvenes militantes comunistas, que pretenden organizar una manifestación hacia el Congreso para pedir pan y trabajo, en la que participen obreros y desocupados.[12] Los atorrantes, como en los propósitos enunciados por Castelnuovo, son los que quedan afuera: "Los atorrantes son una cosa y los desocupados, otra. No hay que confundir. Los atorrantes no escriben la historia. Pero los desocupados, en esta época, la ocupan totalmente. Desde el año 29, la historia, a decir verdad, no habla más que de nosotros" (94). Sin embargo, así como los atorrantes reaparecen en la literatura de Castelnuovo, forman parte también de la manifestación que avanza sobre la ciudad. La caravana integrada entonces por parias y desocupados recorre diversos puntos de la ciudad, y se detiene para golpear las puertas de una fábrica cerrada exigiendo trabajo para todos; se frena para pedir pan frente a las puertas cerradas de una iglesia; recorre las calles desiertas hasta llegar al puerto. En cada uno de estos lugares, la caravana es reprimida por la policía con gases lacrimógenos y los militantes comunistas son apresados. En el final, atrincherados nuevamente en *los bajos* de Palermo, la policía rodea con perros el campamento de parias y desocupados, y le prende fuego.

En ambos textos, el mundo obrero que representa Castelnuovo es un mundo de violencia y de derrota. Los comunistas son portadores de un idealismo que no tiene interlocutores posibles y, a la vez, conducen a huelgas que terminan en derrota. Como señala Sarlo, Castelnuovo exagera el carácter clausurado de las condiciones obreras en la Argentina y representa un mundo obrero tan despojado de salidas como el mundo de los marginales. En el mundo de los marginales, esto es, en su literatura de los años veinte, el escepticismo y el anarquismo de Castelnuovo anulaban toda salida revolucionaria porque no había salida para un mundo de locos, degenerados, sifilíticos, leprosos, jorobados, tuberculosos, fetos nacidos de "partos teratológicos", frutos de la unión de un borracho y una prostituta, deformados por la miseria y la ignorancia. En su literatura proletaria de los años treinta, Castelnuovo se aleja del optimismo revolucionario que aparece, por ejemplo en la poesía de Raúl González Tuñón o en la narrativa de Leónidas Barletta, para denunciar los estragos del régimen capitalista y, a su vez, ofrecer un programa político y revolucionario. De alguna manera, su literatura es una puesta en ficción de las consignas del Partido Comunista de esos años: clase contra clase, lucha conjunta con las bases obreras de todos los partidos de izquierda y los sin trabajo, organización obrera de la lucha obrera, exclusión de los intelectuales pequeñoburgueses de los lugares de dirección, creación de un arte proletario en el que participen activamente los obreros. Pero a la vez, es una literatura asediada permanentemente por el desborde narrativo, pues la exageración y la desmesura alejan a la literatura de Castelnuovo de la representación realista. En ese *plus*, en ese estar fuera de cauce, la literatura de Castelnuovo encuentra –pese a Castelnuovo mismo– su particularidad en la literatura argentina.

NOTAS

[1] Si bien Castelnuovo no da el nombre de este escritor en sus relatos de viaje, muy probablemente se refiera a Víctor Serge, a quien sí menciona en sus *Memorias* (165), y sobre quien escribe varios años después en "Algo sobre Víctor Serge". Sobre las razones por las cuales su nombre no es mencionado en el relato de viajes, ver el artículo de Horacio Tarcus.

[2] Como hipótesis, se podría sostener que la fascinación de Castelnuovo por lo monstruoso encuentra, en la impresión de estos textos, un sistema lexical que pasará a sus textos ficcionales. Dice en sus *Memorias*: "Munido de un diccionario de la especialidad, pronto conseguí dominar tan ampliamente su terminología intrínseca. [...] Pasaban las hojas del calendario, no obstante, y yo proseguía impasible componiendo tesis doctorales, que ya me abrumaban por la pesadez de su estilo y el énfasis putrefaciente de su léxico –*equimosis, lipotimía, triponema, humectante, catarrosis*–, sumido siempre en la oscuridad de la bóveda" (78-79).

[3] Justamente, el día mismo que le hice la proposición a Roberto Arlt, fue ejecutado el último anarquista de la vieja guardia, Severino Di Giovanni, a cuya ejecución asistió en calidad de periodista, escribiendo luego una aguafuerte en *El Mundo*.
—¿Ir a Rusia en este momento? ¿Yo? —exclamó él, alarmado, mudando de semblante y retrocediendo como si le propusiese asaltar un banco.
—¿Lo dice en serio?
—En serio, sí.
—¿Con lo que presencié esta madrugada en la Penitenciaría Nacional? ¿Usted sabe lo que es ver colocar a un gigante contra la pared frente a un pelotón de fusileros, eh? ¿Oír después una descarga cerrada y ver caer en seguida sobre el piso, bañado en sangre, al gigante como si fuese un muñeco de trapo? Déjeme. No, no, no. Todavía siento en la cabeza el retumbo de las balas.
—La invitación es sin gastos.
—No. Gracias.
—Con todo pago.
—Le digo que no. Que no.
—Pero ¿y por qué?
—¿Por qué? ¡Porque no quiero morir fusilado! (Castelnuovo, *Memorias* 150)

[4] "Es un poco difícil entrar en Rusia. Sobre todo para quien no tenga ninguna ligazón con el partido comunista. Esto no implica que sea imposible, como suponen muchos. Todo aquel que no haya sido invitado especialmente por el Soviet o que no vaya en calidad de turista (los turistas son llevados y traídos igual que los baúles) necesita, primero, disponer de una recomendación" (14).

[5] El *staff* de colaboradores de la revista *Actualidad* está formado por los argentinos Roberto Arlt, Elías Castelnuovo, Bartolomé Bosio, Ricardo Aranda, Nydia Lamarque, Angélica Mendoza, Aníbal Ponce, Sixto Pondal Ríos, Carlos E. Moog, Ch. Simon, J. Alonso, Carlos Delheye, Luis Guerrero, Ernesto P. Canto, F. Vargas, F. Sikos, P. Alvarez Terán, Jules Panol, Ernesto Brabante, J. J. Cabodi, M. Albert, Aquiles Reni, Esteban Boer, Emma Boer; los norteamericanos John Dos-Passos, Michael Gold, Theodore Dreiser, y varios colaboradores de la Unión Soviética, Alemania, Suiza, España y otros países europeos. Como colaboradores artísticos figuran Facio Hebequer, Abraham Vigo, Dardo, Juan Ramón y Sitolla.

[6] Por ejemplo, publican las fotos tituladas "La edificación del socialismo en la Unión Soviética" que se proponen mostrar "tres aspectos distintos de la nueva vida en la Unión Soviética. Una muestra un Club de los Obreros comunales de Moscú, donde los trabajadores aprovechan las horas de descanso para distraerse y cultivar su inteligencia. En el medio se puede ver una parte de la planta eléctrica de Tiflis, capital de Transcaucasia, con una capacidad de 13.000 kilovatios que puede aumentarse a 38.000. El socialismo ha llevado la electricidad a las más lejanas regiones

asiáticas. Abajo, cierra la página, como un símbolo, una brigada de tractores que trabaja en una sovjose soviética, para sembrar el trigo y la nueva semilla que se esparcirá por el mundo capitalista" (*Actualidad*, 1/3 [junio de 1932] 49).

7   La asamblea constitutiva de la Unión de Escritores Proletarios se reunió en el local de la revista para nombrar una Comisión Provisoria Organizadora formada por Castelnuovo y Arlt, quienes redactaron la declaración y los estatutos con los que se regiría la nueva entidad. El Partido Comunista, vinculado a la nueva agrupación, aprueba la declaración de principios que *Actualidad* transcribe en su tercer número de junio de 1932. Pese al entusiasmo inicial la Unión de Escritores Proletarios funcionó poco; a lo sumo, seis meses. "En ese interín –recuerda Castelnuovo– "el Partido Comunista mandó un representante. Habíamos llamado a reunión y asistieron unos cincuenta escritores, desconocidos en su gran mayoría. Allí habló el representante del partido. Claro, los comunistas manejaban un *lenguaje* que para nosotros era extraño. Hablaban de superestructura y de plusvalía. No entendíamos nada. Arlt me decía: 'Che ¿qué es eso?'. Y entonces me propuso: 'Mirá, lo que tenemos que hacer acá es que nos den un curso'. Estuvimos de acuerdo. Le propusimos al mozo ese del partido que nos diera un curso. Aceptó y nos trajo un papel con un plan donde había cerca de ¡sesenta asignaturas! Nos pareció bien, había historia de los sindicatos, esto, lo otro. Arlt me codeó y me dijo: 'Cuando sepamos esto, todo lo que vamos a saber...' Estaba entusiasmado. Pero todo quedó en nada. La dirección del partido no aceptó el plan. Tuvimos que aprender el marxismo, mal o bien, por nuestra cuenta" (Castelnuovo, *Memorias* 136).

8   Las dos entregas de *La marcha del hambre (Escenas de la vida proletaria)* se publican en *Actualidad*, II época, n° 3, segunda quincena de agosto de 1933, y n° 4, primera quincena de setiembre de 1933.

9   En el texto "¡Agua!", publicado en *Entre los muertos*, aparece una de las pocas representaciones del mundo del trabajo en su narrativa de los años veinte. Los obreros parecían como seres bestiales, sin conciencia de clase ni raciocinio, más cercanos a los animales que a los humanos; si las condiciones de trabajo bajo el régimen capitalista "embrutecen" a los hombres, los obreros son, literalmente, representados como brutos: "Por instantes, los obreros semejan una tropa de ganado, fatigada y sucia, encerrada en un brete que espera la hora de la matanza con los ojos inmóviles y velados ante la inminencia de la muerte. Hay, en el conjunto, la misma resignación trágica y vacuna, el mismo apelotonamiento, la misma caída de orejas y espaldas, idéntico silencio bestial" (11).

10 Dice El Negro: "Los obreros socialistas son obreros también. Los camaleones no son ellos sino sus dirigentes. La masa del partido socialista es revolucionaria. ¡La dirección es la traidora! [...] Una cosa es la masa del partido socialista o de la Confederación amarilla, y otra cosa son los bomberos de la revolución que la dirigen. Por eso, nosotros debemos luchar por el frente único de toda la clase trabajadora" (30).

11 "Existía en esa época una banda de atorrantes que vivían como moscardones alrededor de *la quema*, cuyos componentes acudían en procesión al mediodía y al anochecer, con una latita, a recibir los restos de comida que suministraba la Escuela de Artes. Esta banda subterránea y numerosa era capitaneada por Trapos, una vieja de setenta años, con ojos redondos de lechuza, altísima, fantasmal, a quien debo yo mi educación religiosa. [...] Trapos era una vieja solitaria, ceñuda, inabordable. Siempre estaba descontenta: reñía siempre con los pobres porque eran pobres y maldecía a los ricos porque eran ricos. Tenía tal fama de bicho malagüero que su presencia hacía temblar al vecindario" (16).

12 Dice el militante comunista: "Todos, compañero. Los que trabajan y los que no trabajan. Porque todos pertenecen a la misma clase y sufren todos por una causa igual. La unión de todos los que padecen producirá la explosión [...] ¡Hay que gritar que tenemos hambre! ¡Hay que rugir! ¡Hay que aliarse con los obreros! ¡Hay que formar el frente único de todos los explotados!" (97).

Bibliografía

Altamirano, Carlos y Beatriz Sarlo. "Encuesta a Elías Castelnuovo". *Historia de la literatura argentina. Encuesta a la literatura argentina contemporánea*. Susana Zanetti, directora. Buenos Aires: CEAL, 1982. 337-40.

Aira, César. "Elías Castelnuovo". *Diccionario de autores latinoamericanos*. Buenos Aires: Emecé–Ada Korn, 2005. 138.

Aricó, José. "La polémica Arlt-Ghioldi. Arlt y los comunistas". *La Ciudad Futura* 3 (dic 1986): 14-15.

Astutti, Adriana. "Elías Castelnuovo o las intenciones didácticas en la narrativa de Boedo". *El imperio realista*. María Teresa Gramuglio, ed., tomo 6 de *Historia crítica de la literatura argentina*. Buenos Aires: Emecé, 2002. 417-45.

Bogdanov [Alexandr Alexándrovich Malinovski]. *El arte y la cultura proletaria*. Madrid: Comunicación, 1979.

Castelnuovo, Elías. "Algo sobre Víctor Serge". *Vida y muerte de Trotsky*, de Víctor Serge. Buenos Aires: Indoamérica, 1954. 11-14.

———. *El arte y las masas*. Buenos Aires: Claridad, 1977.

———. "Elías Castelnuovo escribe. Sus impresiones sobre la URSS". *Bandera Roja* (1 abril 1932).

———. *Entre los muertos*. Buenos Aires: Atlas, 1926.

———. "Introducción". *Vidas proletarias. (Escenas de la lucha obrera)*. Por Elías Castelnuovo. Buenos Aires: Victoria, 1934. 7-26.

———. *Malditos*. Buenos Aires: Claridad, 1924.

———. *Memorias*. Buenos Aires: Ediciones Culturales Argentinas, 1974.

———. *Rusia soviética (apuntes de un viajero)*. Buenos Aires: Rañó, 1933.

———. *Vidas proletarias. (Escenas de la lucha obrera)*. Buenos Aires: Victoria, 1934 (Agradezco a Carlos Altamirano la posibilidad de consultar este libro).

———. *Yo vi...! en Rusia (Impresiones de un viaje a través de la tierra de los trabajadores)*. Buenos Aires, Actualidad, 1932.

Coggiola, Osvaldo. *Historia del trotskismo argentino (1929-1960)*. Buenos Aire: CEAL, 1985.

Eipper, John E. *Elías Castelnuovo. La revolución hecha palabra. Biografía, estudio crítico y antología*. Buenos Aires: Editorial Tomás Catari, Colección Rescate, 1995.

"Elías Castelnuovo parte hoy para Rusia". *Claridad* 232 (13 junio 1931): 57.

Eujanian, Alejandro y Alberto Giordano. "Las revistas de izquierda y la función de la literatura: enseñanza y propaganda". *El imperio realista*. María Teresa Gramuglio, ed., tomo 6 de *Historia crítica de la literatura argentina*. Buenos Aires: Emecé, 2002. 395-415.

Facio Hebequer, Guillermo. "Foujita: pintor ideal de una clase". *Actualidad* año I/3 (junio 1932): 42-43.

Ghioldi, Rodolfo. "Sobre el 'bacilo' de Marx". *Bandera Roja* (24 abril 1932): 3.

"Guillermo Facio Hebequer". *Actualidad* 4/2 (junio 1935).

Lafleur, Héctor, Sergio Provenzano y Fernando Alonso. *Las revistas literarias argentinas (1893-1967)*. Buenos Aires: Centro Editor de América Latina, 1968.

Larra, Raúl. *El hombre de la campana. Leónidas Barletta*. Buenos Aires: edición homenaje "Amigos de Aníbal Ponce", 1987.

Montaldo, Graciela. "La disputa por el pueblo: revistas de izquierda". *La cultura de un siglo. América Latina en sus revistas.* Saúl Sosnowski, ed. Buenos Aires: Alianza, 1999. 37-50.

Masiello, Francine. *Lenguaje e ideología. Las escuelas argentinas de vanguardia.* Buenos Aires: Hachette, 1986.

"Nuestro primer aniversario". *Actualidad* 1/12 (febrero 1933).

Portantiero, Juan Carlos. *Realismo y realidad en la narrativa argentina.* Buenos Aires: Procyón, 1961.

Relgis, Eugen. *Georg Fr. Nicolai. Un sabio y un hombre del porvenir.* Buenos Aires: Ediciones Reconstruir, 1949.

Rosa, Nicolás. *La lengua ausente.* Buenos Aires: Biblos, 1997.

Sarlo, Beatriz. *Una modernidad periférica. Buenos Aires, 1920 y 1930.* Buenos Aires: Ediciones Nueva Visión, 1988.

"Teatro". *Actualidad* II época, 4 (primera quincena de setiembre 1933): 43.

"Teatro Proletario". *Actualidad* 1/4 (julio 1932): 45.

Tarcus, Horacio. "Víctor Serge en la Argentina". http://www.fundanin.org/tarcus1.htm (28/10/06)

Yunque, Álvaro. *La literatura social en la Argentina.* Buenos Aires: Claridad, 1941.

Zas, Lubrano. *Palabras con Elías Castelnuovo.* Buenos Aires: Carlos Pérez Editor, 1969.

La guaracha del Macho Camacho: entre lo soez y lo camp, entre lo camp y lo soez

Efraín Barradas
University of Florida

A Andrés Avellaneda, por su aprecio y apoyo a la literatura puertorriqueña

La guaracha del Macho Camacho de Luis Rafael Sánchez tomó a sus lectores por sorpresa cuando apareció hace treinta años, ya que hizo temblar y abrió fisuras en las murallas de nuestra ciudad letrada. No estábamos preparados para entender plenamente la innovadora propuesta que en las páginas de su primera novela hacía el autor, aunque éste nos había ido dando avisos, directos e indirectos, de que se traía entre manos algo nuevo y muy distinto a su obra anterior y a lo que entonces circulaba en las letras boricuas. No me refiero, por supuesto, a los dos capítulos de la obra que se publicaron antes de su aparición en sendas revistas, en *Zona Carga y Descarga* y en *Avance*, ni tampoco hago referencia a un cuento titulado "La guaracha del Macho Camacho y otros sones calenturientos", texto que apareció en la revista peruana *Amaru* cinco años antes de la novela gracias a Mario Vargas Llosa, texto que no circuló ampliamente en la isla. Me refiero, en cambio, a las narraciones que componen *En cuerpo de camisa* (1966), libro que, por su importancia para estudiar la primera novela de Sánchez, he llamado "preludio a la guaracha".

Esos cuentos que anunciaban la novela fueron casi completamente ignorados en el momento de su aparición. Aunque la colección tuvo abundantes lectores –suficientes como para que en cinco años apareciera una segunda edición, algo relativamente inusual en nuestras letras–, sólo una, Luce López Baralt, se dio cuenta de inmediato de que estas narraciones eran de gran importancia porque, entre otras razones, proponían a la vez un cambio drástico y una continuidad en las letras puertorriqueñas. López Baralt centraba esa transformación en lo que ella llamaba "una ironía no amarga sino cervantina" (30) que permeaba todo el texto. Era evidente que desde muy temprano el humor se perfilaba como uno de los rasgos distintivos de la obra de Sánchez. En suma, la agresividad verbal, el marcado neo-barroquismo lingüístico y ese humor duro y provocador que se expresaba por esa "ironía cervantina", confirmaban lo que López Baralt anticipaba en su comentario: el libro perfilaba claramente el futuro camino que la obra de Sánchez iba a seguir.

Pero la propuesta de *En cuerpo de camisa* fue esencialmente ignorada por la crítica y la inmensa mayoría de los lectores prefirieron quedarse con la imagen de Sánchez como un escritor tradicional en nuestro contexto, imagen que quedaba establecida y reafirmada con la lectura de una obra de teatro que publicó dos años después de la aparición de la colección de cuentos, *La pasión según Antígona Pérez* (1968). Esta pieza les servía a los lectores puertorriqueños para colocar al autor cómodamente en un contexto cultural un tanto predecible: era éste un texto nada cómico que nos aseguraba, una vez más, que éramos boricuas, antillanos, caribeños, hispanoamericanos, latinoamericanos, y que la obra misma, de alguna forma, iba a contribuir al alcance de la independencia del país y a la defensa de nuestra cultura o, al menos, que iba a ayudar a mantener viva nuestra forma particular y única de ser al atajar el tan profetizado y temido proceso de asimilación. No cabía duda de que esta pieza teatral era definitivamente el mayor logro de Sánchez en este género y era, además, una excelente criollización de los principios escénicos de Brecht. Pero más que nada, para los lectores de 1976, ésta era un comodín que les facilitaba poder leer *La guaracha del Macho Camacho* sin ver lo verdaderamente innovador en la novela.

Pero no todo el teatro de Sánchez era igual a *Antígona Pérez*. En otras piezas de menor mérito, Sánchez ya había dados indicios de los cambios que poco a poco iban a cobrar forma más definida en su primera novela. Por ejemplo, ya en *La farsa del amor compradito* (1959) el autor parecía evadir nuestra realidad social al adoptar modelos que ofrecía la vieja "commedia dell' arte". Pero la evasión era sólo aparente porque en el fondo adoptaba esos modelos clásicos, como el mismo Sánchez ha aclarado, para "utilizar el sarcasmo, la sátira, el relajo 'gordo' como posible manera de asaltar nuestra realidad nacional" (Cordero Ávila 17). Aunque en el fondo no dejaba a un lado la problemática nacional sino que se acercaba a ella de manera menos predecible y más innovadora, los lectores puertorriqueños, acostumbrados al compromiso político sin mediatización, seguían identificando a Sánchez con *La pasión según Antígona Pérez* y con los artículos que, bajo el título general de "Escrito en puertorriqueño", para entonces y con cierta regularidad publicaba en *Claridad*, periódico independentista y de izquierda. Los lectores, pues, podían hallar evidencia en cierta obra suya que los llevaba a verlo como el típico escritor puertorriqueño del momento: un artista profunda y directamente comprometido con su realidad social.

Pero a la vez y de manera directa, Sánchez había establecido antes de la publicación de su primera novela que no podía aceptar la situación por la que pasaban las letras boricuas, que la visión del escritor y de su oficio que se aceptaba como normativa en el país no le servía para definir su propia concepción de su labor y su definición de la función estética y social de su obra. Por ello, en un foro sobre la condición de la literatura puertorriqueña celebrado en en campus de Río Piedras de la Universidad de Puerto Rico cuatro años antes de la aparición de la novela, ya apuntaba y denunciaba muy directamente que los males centrales de nuestras letras –y de nuestra cultura en general– eran lo que llamaba "independentismo literario" y "pendejismo liricista" ("Foro" 5). Pero a pesar de esas declaraciones directas y de las que indirectamente nos daba a través de algunas de sus obras, preferíamos ignorar esos indicios, preferíamos hacernos de la vista larga ante esas advertencias, y continúabamos viéndolos a él y su obra de la manera a que estábamos acostumbrados a ver y entender las letras nacionales. Por eso mismo era que no estábamos completamente listos para leer *La guaracha del Macho Camacho*, obra que rompía con ese y otros esquemas en nuestras letras.

Una vez que apareció la novela, los críticos que estudiamos la obra de Sánchez nos dimos cuenta que teníamos que volver atrás para buscar, como los lectores de novelas de detectives, las pistas que el autor había ido dejando en sus obras anteriores. Él mismo hacía algo parecido y aún más: no sólo proponía ahora una pre-historia para su obra al ofrecernos una especie de árbol genealógico que lo emparentaba con escritores con quienes quería que se le identificara –sobre todo Emilio S. Belaval, Palés Matos, Cervantes y Valle Inclán– sino que también nos ofrecía ensayos que definían su estética. En otras palabras, tras la aparición de la novela, Sánchez mismo se vio obligado a darnos claves para que entendiéramos mejor de dónde había salido su obra, en términos de sus antecedentes y de su poética. Aunque en toda su producción anterior y porterior a 1976 podemos hallar claves para captar el sentido profundo de *La guaracha del Macho Camacho*, hay dos textos suyos que son particularmente apropiados para entender la novela y la totalidad de su obra. Éstos son "Encuentro con un texto propio" (1981) y "Hacia una poética de lo soez" (1981/1987).

En el primero de éstos, donde describe su propia relectura de *La guaracha...* cinco años después de su aparición, Sánchez confiesa que al volver a ésta intentaba "... hallar –nuevamente– la emoción primera que motoró el proyecto, sin permitir que las consideraciones de los demás pesaran..." ("Encuentro" 22). Aunque el texto nos brinda algunas claves para entender la obra, no deja de ser esencialmente un elegante e ingenioso coqueteo con los lectores y con la crítica. Pero pocas pistas concretas sacamos de esa lectura que no deja, a pesar de ello, de ser de interés para los los lectores de su obra.

Más iluminadora resulta ser una conferencia que Sánchez ofreció en 1987 en varias universidades, pero que aún no ha publicado. Este texto es de importancia, entre otras razones, porque aclara ideas suyas sobre el humor, clave para entender toda su obra. Aquí éste se centra o se transforma en lo que Sánchez denomina lo soez, término que, creo, elabora en gran medida como respuesta a la propuesta de José Luis González quien enmarca la estética de Sánchez y del pintor José Rosa a partir de lo que llama "plebeyismo". Este concepto tiene sus fundamentos en las ideas de Ortega y Gasset, y González lo usa para ofrecer una visión muy positiva de la obra de estos dos artistas. Pero, a pesar de ello, no deja de estar marcado por una cierta visión conservadora y elitista que, de manera indirecta, defiende una estética más refinada y académica que la que estos dos artistas proponen con su vuelta a lo popular y hasta vulgar. Aunque González trata de distanciarse de la ideología de Ortega y emplea un acercamiento marxista al concepto que toma prestado del pensador español y, sobre todo, aunque elogia la obra de Rosa y especialmente la primera novela de Sánchez, el concepto de plebeyismo siempre queda teñido del elitismo orteguiano y de la carga negativa que la palabra misma conlleva. A pesar de ello, González ofrece en su ensayo un acercamiento válido a la obra de estos dos artistas que en algún momento habrá que estudiar como los exponentes en las artes visuales y en las literarias boricuas de posiciones estéticas paralelas. No es casualidad que la portada de una de las ediciones de *La guaracha del Macho Camacho* sea una pieza de Rosa: la afinidad entre ambos artistas es obvia, como González establece claramente. Pero el término "plebeyismo", a pesar de las salvedades hechas en su texto, no deja de ser inapropiado para una apreciación de la obra de estos dos artistas, especialmente para la de Sánchez. Por ello mismo éste identifica y define su propio principio estético no como una defensa del plebeyismo sino como un elogio de lo soez. Al así hacerlo, le da al término una agresividad que le sirve para romper con las ideas de González. Pero su visión de lo soez está, y se puede ver, en toda su obra, aun en textos tempranos. Por ejemplo, ya estaba esbozado el sentido de lo soez en la idea del "relajo gordo" que Sánchez anunciaba en la entrevista de 1980, cuando se refería a sus objetivos en la *Farsa del amor compradito* (1976). Pero sólo es en "Hacia una poética de lo soez" que sus ideas aparecen expresadas de manera coherente, aunque no plenamente sistematizadas. Vale la pena, pues, prestar atención a este texto de 1987 que se puede ver como la pista principal que nos brinda el autor para que entendamos mejor su novela.

En 1981, Sánchez publicó una primera versión de este importante texto bajo el título de "Aproximación mínima a lo soez". Como en tantas otras ocasiones, volvió a elaborar esta versión del texto y ofreció variantes del mismo en una conferencia que dictó en varias universidades estadounidenses y en Puerto Rico en 1987. La última versión de ésta la leyó el 29 de abril de 1987 en el Teatro de la Universidad de Puerto Rico como cierre de la celebración de la "Fiesta de la Lengua". Entonces "Aproximación mínima a lo soez" adquirió un nuevo título más relevante, aunque todavía reflejaba el carácter tentativo de su meditación sobre el tema: "Hacia una poética de lo soez". El texto aun no ha sido publicado y sólo tenemos acceso al mismo por la transcripción de la conferencia recogida como apéndice en una tesis doctoral presentada en la Universidad de Nebraska. Según esta transcripción, Sánchez comenzó su presentación en abril de 1987 en la Universidad de Puerto Rico advirtiendo a sus oyentes que el texto que les leía formaba parte de un libro titulado *Puerto Rico para principiantes*, libro en el cual pensaba recoger ensayos que más tarde aparecen en otros libros suyos y otros que no han visto la luz pública todavía. Frecuentemente, Sánchez va combinando y alterando textos para componer libros que luego configura de manera distinta, o que transforma en nuevas versiones y cuyos títulos cambia. En otras ocasiones esos libros anunciados parecen desaparecer por completo de sus proyectos editoriales. Eso ha ocurrido con este importante texto al que hoy sólo tenemos acceso en la versión primitiva de 1981 y en una transcripción plagadas de errores y recogida como apéndice de una tesis doctoral. Pero esta inaccesibilidad –que espero sea sólo temporal ya que el texto es de verdadera importancia– no le resta méritos ni trascendencia a este ensayo que veo como la clave principal que nos ha dado el autor para entender *La guaracha del Macho Camacho* y casi toda su obra.

Habría que comenzar el estudio de "Hacia una poética de lo soez" por la comparación de las versiones que Sánchez nos ofrece, el ensayo de 1981 y la conferencia de 1987. Sólo apunto que en ambos textos se mantienen como fundamento o principio de sus ideas estéticas los recuerdos de su infancia en Humacao, sobre todo sus contactos tempranos con la radio y el cine. Además habría que señalar que la parte final de la última versión del texto, donde se define directamente lo soez y se explica cómo se convierte en categoría estética que sirve en la literatura como herramienta para la crítica social, queda muy ampliada. Este tipo de comparación de las versiones de sus textos, especialmente de sus ensayos, es tarea ardua que algún día habrá que iniciar. Por el momento dejo a un lado tal labor y centro mi atención en la versión de 1987, por ser más detallada y precisa. Mi propósito es ver qué es lo que entiende Sánchez por lo soez y por qué es una de las categorías estéticas centrales para estudiar su obra.

Desde un comienzo de "Hacia una poética de lo soez", Sánchez se cura en salud al advertir que "toda definición es arbitraria e incompleta" (132). De esta manera aclara que nos dará su propia definición de lo soez, pero ésta no pretende ser válida para todos. Pasa de inmediato a hacer otras dos aclaraciones: primera, para él lo soez queda identificado con el humor; segunda, le interesa sólo esta categoría según se ha practicado en la cultura latinoamericana. Lo que le atrae, dice, es "...la violencia del humor que se practica en nuestro continente, humor que emana por igual de los sándwiches de metafísica y angustia afrancesada que digieren los queridos hermanos argentinos y de los tambores buduístas para acompañar la muerte de los cabros que deleitan a los queridos hermanos haitianos..." (132-133).

Si Alejo Carpentier establecía ambiciosa y audazmente en el prólogo a *El reino de este mundo* (1949) que lo real maravilloso era el elemento definidor de la estética latinoamericana, Sánchez, discípulo aprovechado, se cuida de no caer en los mismos errores de su maestro. Por ello no identifica lo soez con todo lo latinoamericano; aunque establece que hay muchas variantes de lo soez en América Latina, éstas no nos definen pero que sí nos ofrecen campos idóneos para la creación. Por ello establece que "...lo soez estuvo siempre dispuesto y en oferta para un amplísimo sector humano de nuestro continente..." (133). Bajo esta rúbrica se puede incluir múltiples manifestaciones estéticas; cabe hasta "...la cursilería rosácea que reincide en las novelas del argentino Manuel Puig" (133). Así es ya que para Sánchez lo soez es amplio y en él cómodamente conviven lo vulgar, lo agresivo, lo kitsch, lo cursi y –postulo ahora– hasta lo camp. Concluye que "[r]evulsivo, escatológico, incómodo, lo soez ha conquistado el derecho a una poética" (135). Para nuestro autor, ésta desemboca necesariamente en una contradicción o, mejor, en una paradoja. Así es porque el artista que cultiva lo soez es "...ése que humilla y que ama a la misma vez, que encrepa y que bendice a la misma vez, que patea y acaricia con igual desconcertante intensidad, mientras [...] se articula su poética" (135). Dos observaciones finales sobre esta declaración: primero, según él, la poética de lo soez está por construirse (hasta el título mismo del ensayo así lo afirma); segunda, el artista que practica esa estética parece contradecirse por su atracción y rechazo del principio esencial que la constituye.

Esta paradoja es esencial para entender *La guaracha del Macho Camacho*, novela que, en gran medida, está construida a partir de esa relación de aceptación y desprecio, de exaltación y burla, de deleite y repulsión. Por ello los primeros lectores de la novela no sabíamos qué hacer con personajes como la China Hereje y Graciela Alcántara. ¿Se burla de ellos el autor? ¿No hay en la novela una morbosa atracción por la chabacanería de la aspirante a vedette que nació, como el autor, en Humacao? ¿No hay en la obra demasiado regusto en las críticas que se le hacen a la señora burguesa de Garden Hills? Esa paradoja de aceptación y rechazo se puede ver en múltiples pasajes de la novela y es lo que llevaba a José Luis González a postular que la misma suscitaba "...en algunos lectores incautos la desagradable sospecha de que el autor se regodeaba sin perspectiva crítica en un plebeyismo gratuito" (103). Pero esa actitud que González fundamenta en el llamado plebeyismo orteguiano tiene una raíz estética y política más profunda y compleja en lo que Sánchez denomina más acertadamente lo soez.

Como apuntaba, *La guaracha del Macho Camacho* está construida a partir de esa poética. Por ello hay en la obra pasajes casi emblemáticos que sirven para ejemplificar la posición ideológica y estética del autor, porque lo soez, como se verá, combina esos dos elementos. Tomemos un pasaje ejemplar de la obra, la detallada descripción de un vómito del Nene, el niño hidrocefálico de la China Hereje:

> La Madre y Doña Chon miraron el vómito: archipiélago de miserias, islas sanguinolentas. Collares de vómito, vómito como caldo de sopa china, espesos cristales, sopa china de huevo, convención de todos los amarillos en el vómito, amarillos tatuados por jugos

de china, amarillos soliviantados por la transparencia sucia de la baba, cristales espesos por granos de arroz: un vómito como Dios manda. (62)

¿Qué decir de este pasaje? Confieso que cuando lo leí por primera vez, hace ya unos treinta años, me sentí incómodo porque no podía dejar de sentir atracción, deleite, fascinación y hasta el cosquilleo del comienzo de la risa por la descripción de algo vulgar, hasta grotesco, y algo que no dejaba de tener una dura arista de injuria. ¿Cómo entender este pasaje y otros más sobre el Nene y otros personajes de la novela? ¿Cómo aceptar la belleza en lo feo, la estética de lo grotesco, la calidad artística en una descripción dura y burlona de un ser incapacitado o de otros moralmente endebles? Una primera lectura me llevó a intentar leer este pasaje y toda la novela como una escondida alegoría; el "archipiélago de miserias" y las "islas sanguinolentas" sugerían y hasta apoyaban ese tipo de lectura. ¿No se aludía aquí de manera no tan críptica al Caribe y a nuestra Antilla? Pero ese acercamiento es lectura fácil que ha atrapado a numerosos lectores y a más de un crítico de la obra; había que descartarla si se pensaba en la imagen de la literatura que Sánchez ya había propuesto –romper con el "independentismo literario" y el "pendejismo liricista"– y, sobre todo, si se pensaba en su propuesta de una poética de lo soez. ¿Cómo leer, pues, este pasaje y tantos otros de la novela sin caer en la solución fácil de la parábola o la alegoría?

La primera clave para resolver el problema –no la solución al mismo– me la ofreció la brillantez de Susan Sontag en su ya clásico ensayo "Notes on Camp", texto publicado originalmente en 1964 y que leí por primera vez justo cuando leía la novela de Sánchez. En este brillante ensayo que es casi un manifiesto estético y político, Sontag define una categoría artística y moral que es también contradictoria o, al menos, paradójica, como lo soez en Sánchez. Al comienzo de su ensayo seminal se encontraba una declaración escueta y tajante: "Camp is [...] love of the unnatural: of artifice and exaggeration" (277). ¿No sería esta descripción del vómito, descripción que se regodea en el detalle y lo elabora hasta llegar al preciosismo, un ejemplo de lo camp? ¿No serviría este concepto ético y estético como clave para entender la novela de Sánchez? Hay que recordar que mi primera lectura de *La guaracha del Macho Camacho* la hice sin la ventaja de conocer el concepto de lo soez que más tarde el autor expone en su ensayo y en su conferencia. Me tentaba, por ello, esa solución que veía en el texto de Sontag, pero ella misma me advertía que lo camp no servía para aclarar este problemático pasaje, pues, establecía que "...the Camp eye has the power to transform experience. But not everything can be seen as Camp. It's not *all* in the eye of the beholder" (279). ¿Era camp la descripción del vómito del Nene? No, y la razón para esa respuesta negativa me la volvía a ofrecer Sontag cuando dictaminaba sin ambigüedad que "...the Camp sensibility is disengaged, depoliticized–or at least apolitical" (279). Esa descripción del vómito, vista en el contexto de la novela completa, es una denuncia, ambigua pero fuerte, de las condiciones sociales del pueblo. Sontag, pues, no me ayudaba a desentrañar por completo esta paradoja estética que centraba yo como emblema en la descripción neobarroca del vómito de un niño hidrocefálico. Pero, aunque no obtenía una solución fácil y definitiva en "Notes on Camp", sí hallaba allí una forma de acercarme al texto de Sánchez y a su obra en general, aunque fuera por contraste, por anteposición.

Al leer "Hacia una poética de lo soez" pude ver el distanciamiento ideológico, y a la vez la cercanía y los paralelismos entre las ideas y principios de Sánchez y los de Sontag: lo soez, según él, no es lo camp, según ella. Pero lo soez y lo camp comparten y se nutren de la exageración, del gusto por el exceso, por la superficie –advierto que eso no quiere decir necesariamente por lo superficial–, del regusto en lo prohibido o, al menos, por lo no sancionado por la cultura burguesa dominante. Pero lo soez, en la definición de Sánchez, contrario a lo camp en la de Sontag, tiene una profunda finalidad social, cuando no un objetivo francamente político. Por ello, Sánchez establece que "...lo soez es la respuesta de la gente que se atreve a ser profana, descreída, insatisfecha..." (134). Los cultivadores de lo camp también son trasgresores de la conducta normal o establecida. ¿No es ese el caso de Madonna o de La Lupe? ¿O qué decir del estadounidense John Waters y del mexicano Tito Vasconcelos? Lo camp y lo soez trasgreden las normas sociales. Pero la clave para entender la diferencia de los dos principios está en que esa respuesta de la gente que Sánchez dice que se atreve a ser profana, descreída e insatisfecha tiene, consciente o inconscientemente, una finalidad política. Por ello el objetivo último del empleo de lo soez es crear "[l]a incomodidad [que] comienza cuando la zafiedad y la plebeyez borran los límites y trasgreden y vulneran lo que tuvo fama de delicado, de solvente, de fino" (134). Mientras lo camp puede partir de y deleitarse en los mismos objetos que lo soez, aquél puede ser político por su gesto mientras que éste lo es por su intención. Quizás la clave está en la distinción que la misma Sontag hace entre el camp ingenuo y el consciente (284). Pero eso está por investigarse. Lo que sí sé a ciencia cierta es que desde que leí ese pasaje de *La guaracha del Macho Camacho* donde se describe el vómito del Nene sentí la incomodidad que produce lo soez y, a la vez, el regusto que se siente cuando nos enfrentamos a un texto que deslumbra por su estilo, estilo de una consciente cercanía a lo camp.

Esa inquietud que produce el choque paradójico me llevó a releer críticamente los principios estéticos y críticos que me servían de guía en mi exploración de la obra de Sánchez y de otros escritores hispanoamericanos que se atreven a explorar esa zona imprecisa y fluctuante entre la estética y la ética. Por ello, como Carlos Monsiváis, quien dos años después de la aparición del ensayo fundacional de Sontag ya se preguntaba, en un texto sintomáticamente subtitulado "Notas sobre el camp en México", si había tal cosa como un camp mexicano, me he tenido que preguntar una y otra vez si existe un camp latinoamericano. Esa pregunta me ha llevado a leer y releer en busca de una respuesta a esa pregunta páginas magistrales de Sánchez y también de Manuel Puig, de Pedro Lemebel, de Néstor Perlongher, de Carmelita Tropicana.

¿Existe un camp latinoamericano? Sí existe, pero esa página donde se describe el vómito del Nene no forma parte de su canon. Eso está claro porque a pesar del preciosismo literario, del regusto por la lengua y la erudición, preciosismo y regusto que le dan al pasaje un aire de jugueteo neobarroco a primera vista superficial, hay en el pasaje una profunda intención moral. Pero, ¿qué decir de otras páginas de la misma novela y de páginas y páginas de *La importancia de llamarse Daniel Santos* (1988) donde tan honesta y directamente se juega con la atracción y repulsión hacia el macho y el machismo a pesar de los malabares del estilo?

No intento aquí ofrecer una solución al problema de la existencia de un camp latinoamericano sino meramente plantearlo y apuntar algunas de las dificultades a las que nos enfrentamos al tratar de explorar el tema. Pero hay que advertirle a cualquier incauto que quiera solucionar este conflicto estético de forma rápida, pero falsamente salomónica, que la solución fácil de decir que lo soez no es camp porque es político nos deja todavía sin una respuesta segura ya que siempre volveremos a leer páginas de Sánchez y de otros escritores latinoamericanos que quedan esclarecidas a la luz de las ideas de Sontag y los otros estudiosos de lo camp. Por ello postulo una solución temporal y aclaro que al hacerlo soy consciente de la provisionalidad e incomodidad de la misma. Postulo que existe un camp latinoamericano, pero esa categoría estética según la practican nuestros artistas rompe con una de las normas del decálogo establecido para este principio según ha sido codificado fuera de América Latina. Así es porque nuestro camp puede ser político. No me cabe duda de que lo soez, según lo define Sánchez, es político, pero también es un juego estético, un deleite en lo morboso, un rescate de lo vulgar, un exceso de superficies verbales, un interés por lo aparentemente superfluo, por el exceso, por lo neobarroco, y así también es lo camp.

Quizás lo que ocurre es que Sánchez y los otros escritores que cultivan un camp latinoamericano están dispuestos a aceptar otra paradoja en la que no pensaron ni Sontag ni muchos de los otros estudiosos de lo camp según se practica en Inglaterra y en los Estados Unidos. Tal paradoja es sencilla pero incómoda para los que quieran atenerse a las definiciones tradicionales de estas dos categorías: lo soez es estético y lo camp es político. Por ello es que creo que *La guaracha del Macho Camacho* es una invitación a entrar en un ámbito literario que va de lo camp a lo soez y de lo soez a lo camp.

¿No residirá en ese vaivén el ritmo innovador de *La guaracha*?

BIBLIOGRAFÍA

Barradas, Efraín. "Preludio a *La guaracha*". *Para leer en puertorriqueño: Acercamiento a la obra de Luis Rafael Sánchez*. Río Piedras: Editorial Cultural, 1981. 65-79.

Cordero Ávila, J. "Wico en la intimidad (Entrevista)". *El Nuevo Día* (San Juan, 23 marzo 1980): 17.

González, José Luis. "Plebeyismo y arte en el Puerto Rico de hoy". *El país de cuatro pisos y otros ensayos*. Río Piedras: Ediciones Huracán, 1980. 91-104.

López Baralt, Luce. "De Luis Rafael Sánchez, *En cuerpo de camisa*". *El Mundo* (San Juan, 5 agosto 1967): 30.

Monsiváis, Carlos. "'El hastío es pavo real que se aburre de luz en la tarde' (Notas del Camp en México)". *Días de guardar*. México: Biblioteca Era, 1980. 171-92.

Sánchez, Luis Rafael. *La pasión según Antígona Pérez*. San Juan: Ediciones Lugar, 1968.

_____ *La farsa del amor compradito*. Río Piedras: Editorial Cultural, 1976.

_____ *La guaracha del Macho Camacho*. Buenos Aires: Ediciones de la Flor, 1976.

_____ "Reencuentro con un texto propio". *Sin Nombre* 12/1 (1981): 21-26.

_____ "Aproximación mínima a lo soez". *Literature and Popular Culture in the Hispanic World*. Rose S. Minc, comp. Montclair, NJ: Montclair State University e Hispamérica, 1981. 9-14.

_____ *La importancia de llamarse Daniel Santos*. Hanover, NH: Ediciones del Norte, 1988.

_____ "Hacia una poética de lo soez". *Poética de lo soez: Luis Rafael Sánchez: Identidad y cultura en América Latina y en el Caribe*. Julio César Sánchez Rondón. Lincoln: Universidad de Nebraska, 2006. 123-35.

Sánchez, Luis Rafael, Francisco Manrique Cabrera, Ángel Rama y Arcadio Díaz Quiñones. "Foro: Crisis y transformación de la literatura puertorriqueña". *Zona Carga y Descarga* 1/1 (San Juan, septiembre-octubre 1972): 5-9.

Sontag, Susan. "Notes on 'Camp'". *Against Interpretation and Other Essays*. Nueva York: Dell, 1970. 277-93.

Lo real sin identidades. Violencia política y memoria en *Nadie nada nunca*, *Glosa* y *Lo imborrable* de Juan José Saer

MIGUEL DALMARONI
CONICET, Universidad Nacional de La Plata

> A veces, a fin de rebatir una sola frase es necesario contar toda una vida[...]. Si se pudiera dar un nombre a todo lo que sucede, sobrarían las historias. Tal y como son aquí las cosas, la vida suele superar a nuestro vocabulario. Falta una palabra, y entonces hay que relatar una historia.
> John Berger

> ... es muy posible que de las textualizaciones que llamamos literatura dependa la comprensión de los hechos que denominamos historia.
> Andrés Avellaneda

LA VIOLENCIA, LO SOCIAL MISMO

La literatura hostiga "el cuerpo duro de los hechos" bajo la forma de un rechazo de la reproducción, una divergencia de las totalidades que la civilización nos entrega ya habladas, una turbación de lo articulado (Avellaneda, "Lecturas..." 141). Es su modo no de salir de lo real, sino de aplicarse a lo real y devolvérnoslo. Contra la tersa evidencia de lo dicho, el arte busca una palabra que todavía desconoce, el nombre imposible de una experiencia que se resiste aunque la cultura nos la sustraiga: "la poesía" —escribió María Negroni— "es una epistemología del no saber" (1). Quisiera apelar a la resonancia de figuras como ésas para considerar aquí dos proposiciones acerca de la narrativa de Juan José Saer (1937-2005): en primer lugar, creo que la escritura saeriana compone una respuesta *directa* y prolongada a la experiencia de la violencia política en la Argentina, una respuesta que pone en fuga la representación de lo sabido pero que la incluye; en segundo lugar, en esa réplica se lee, además, una concepción *heterocrónica* de la memoria, conjetural y siempre en proceso pero definida.

Por esquemática que resulte así formulada, creo que la primera proposición estaría dando cuenta de un cierto giro en las lecturas críticas sobre la obra del escritor santafesino. En efecto, desde hace algunos años, se comienza a advertir que el tratamiento de la historia política en la narrativa de Saer se comprende a medias si se procura encuadrarlo sin más en las estrategias narrativas que la crítica describió como marca de época en las novelas argentinas escritas o publicadas durante la dictadura o al filo de su declinación: la oblicuidad y lo fragmentario, la alusión, la elusión, puestos a menudo al servicio de la alegoricidad como estratagema para referir de un modo anti-realista el horror histórico. Durante años se subrayó la idea según la cual las ficciones de la dictadura refractaban la experiencia del terrorismo de Estado y sus efectos mediante reescrituras, citas, montaje, parodia, ciframiento más o menos alegórico, trabajo textual con lo no dicho, con el vacío, el silencio, lo incompleto o la destotalización del sentido y de la representación; se razonaba que esos relatos refuncionalizaban así, en un contexto marcado por la censura y por la represión física y cultural, las poéticas experimentalistas o antirrealistas emergentes entre los sesenta y los setenta pero ahora con un propósito de, digamos, protesta soterrada contra las formas impuestas de la experiencia histórica.[1] Creo que en la narrativa de Saer, los procedimientos de ese tipo pueden producir de modo colateral tales efectos, pero que su dirección y su sentido son otros.

Una proposición como ésta debe ser contrastada en primer lugar con *Nadie nada nunca*, la novela que Saer publicó en 1980 y que, por tanto, escribió durante los años más atroces de la dictadura. Por supuesto que la narrativa de Saer ya estaba fragmentada: en *Cicatrices* (1969), las esquirlas de una traducción imposible de *The Picture of Dorian Gray* de Oscar Wilde, y las últimas palabras del cuarto de los narradores —"Los pedazos. No se pueden juntar"— señalan la estructura de la novela como una acumulación de fragmentos de tiempo, acopio de subjetividades en descomposición en torno de un 1° de mayo saturado del sentido social que la Historia —en este caso el peronismo— había querido conferirle y que el presente narrado le niega. En *Nadie nada nunca*, un episodio perceptual inexplicable divide en dos la vida de uno de los personajes, el bañero: en medio del río, mientras se propone batir su propio récord como campeón provincial de permanencia en el agua, el mundo visible se descompone de pronto ante sus ojos en una infinidad de partículas minúsculas separadas por una delgada pero irreductible nada oscura. Precisamente debido a esa ascesis deportiva extrema, el bañero ha sido despojado del artificio cultural de la totalización, y ya no puede darse mundo ni realidad con las *manchas* que le entregan sus sentidos; sólo tiene ante sí fragmentos de materia muda, negación de las relaciones que el lenguaje y sus universales postulan entre las cosas, entre el sujeto y sus percepciones: se hunde (120-25).

El episodio, en fin, no parece abrirse a una lectura muy diferente de la que se ofrece, por ejemplo, en "La mayor", cuando la descomposición del mundo amenaza a Tomatis desde las manchas de una reproducción de *Campo de trigo de los cuervos* de Van Gogh colgada en su cuarto; para que lo haga, es necesario que la lectura postule una homología alegórica o figural entre la experiencia del bañero y los hechos de violencia que narra la novela; el relato no impide pero tampoco invita especialmente a adoptar esa homología. Fragmentariedad, repeticiones, inconclusión, intentos sucesivos de representar lo real que tanto la escritura como lo narrado siempre devuelven al fracaso y a la incertidumbre parecen una marca saeriana: descompuesto en recuerdos nunca fiables o en *perceptos* desintegrados, lo material "canta" en el relato su tenaz indeterminación (Saer, *El concepto de ficción* 173-76). Como cuando los predica de los poemas más extensos de Juan L. Ortiz, "fragmentario" e "inconcluso" son para Saer calificativos que corresponden a las mejores obras literarias y a los escritores más admirables. A propósito de Cervantes, Sterne, Flaubert, o Kafka, los ensayos de Saer repiten elogios de la "dificultad de avanzar", y toda su obra impugna la racionalidad causalista, que identifica en términos ideológicos con la "opresión" y en el plano estético con la "progresión" narrativa y con el género que la consagra, la novela (*La narración-objeto* 41; *Trabajos* 237-38).

Y aún así, por supuesto que es posible proponer, como para el caso de la experiencia del bañero, que sobre todo en *Nadie nada nunca* la fragmentariedad saeriana se resignifica como un modo *oblicuo* de configurar la experiencia dictatorial y *aludirla* de manera figurativa o metafórica antes que de manera narrativa. Incluso seis años después, en *Glosa* (1986), que narra los estragos del horror del exterminio en varios personajes de la saga, el anatema de Washington Noriega contra el género novela se anuda con la figura del genocidio mediante el procedimiento de sustitución del presente por un suceso de la historia argentina más o menos remoto que, a causa sobre todo de su uso masivo en *Respiración artificial* (1980) de Ricardo Piglia, se consideró característico de la narrativa argentina de los años del Proceso:

> Dice que una vez un autor de cuentos fantásticos que lo vino a visitar de Buenos Aires le preguntó si nunca pensaba escribir una novela. Dice que Washington puso cara de espanto, como si el otro lo estuviese amenazando. Y dice que después de un momento le contestó: yo, como Heráclito de Efeso y el general Mitre en el Paraguay, no *iñá* dejar más que fragmentos. (*Glosa* 54)

La conjunción de los dos símiles que usa el personaje superpone e insinúa dos lecturas posibles del motivo "fragmentos" –digamos, una filosófica y otra histórica–, y por lo tanto cita los dos epígrafes que encabezaban *Nadie nada nunca*: el de Marcel Schwob –"Ils avaient donné au jour le nom de *torture*, et inversement la torture, c'etait le jour"–, y el de Heráclito –"... ha sido, es y será un fuego vivo, incesante, que se enciende y se apaga sin desmesura..."– (9).

Es cierto también que en *Nadie nada nunca* los discursos que sostienen un relato lineal de los hechos que se fía de su propio *realismo* y de su integridad son los del pueblero que le cuenta las versiones orales y los rumores al bañero, los de la prensa y los de la mediación irónica o cínica de Tomatis, los del estilo indirecto libre.

Ahora bien: no es menos cierto, aun así, que en la ficción *sucede en efecto* que alguien, posiblemente los "guerrilleros" o "los muchachos", comete una matanza de caballos en cadena –o aprovecha la matanza iniciada por no se sabe quién– para anticipar que finalmente se hará lo mismo con un sanguinario torturador policial, "el Caballo Leyva" (217, 194).[2] Por supuesto, en la escritura de esos sucesos la novela está lejos de ser llana y verista, y sus encadenamientos figurales con lo pulsional –como se ha señalado– son muchos y complejos;[3] pero que el narrador, los personajes o los lectores terminemos el libro sin poder fiarnos del todo de ese relato de los hechos y sin saber en efecto buena parte de lo sucedido no es algo que nos aleje demasiado de los códigos narrativos de, por ejemplo, la novela policial contemporánea.

Al respecto, es posible aprovechar una tesis ya clásica de Avellaneda en una dirección que no es, en principio, la que él prefiere y destaca: en efecto, "el enigma preside el sistema retórico" de relatos como *Nadie nada nunca*, pero no sólo porque lo explícito –el asesinato de los caballos– se conecte con "otro orden" de referencias –el "presente indecible" de los secuestros, las torturas y las desapariciones– sino también porque lo explícito refiere a ese mismo orden y no únicamente a otro ("Recordando..." 123). La clase de incertidumbre que Saer construye allí no autoriza a exagerar entonces una oblicuidad alegórica o, menos, antirrealista. Lo que más bien se configura en *Nadie nada nunca* es una crítica impugnatoria de lo social, que es empujado a la incertidumbre porque sucede: las más severas diluciones del realismo (que en Saer son efecto de su *hiperrealismo extremista*) descalabran los procedimientos realistas a los que en efecto están sujetadas las creencias o el habla de casi todos los personajes de la ficción; la incierta apatía del Gato y su compulsión a fusionarse con la pura materia viva del bayo amarillo, contrastan con el grotesco esquematismo simbolista que, parece, podríamos atribuir a "los guerrilleros"; las voces problemáticas que no pueden nadar ni narrar alcanzan su espesor en su contrapunto con los narradores *candorosos* que reproducen los mandatos de la nitidez comunicativa; la descomposición trabaja porque desnarra y niega un mundo compuesto. Pero no por eso es necesario postular, entonces, que *en verdad* en la historia narrada no acontece lo que se cree o se sospecha que en efecto sucede. Por supuesto, los segmentos diluyentes dan el tema musical de la prosa –la repetición con variaciones de un relato en que *nadie* asegura la fiabilidad de lo decible– y entonces sugieren que los otros fragmentos, sometidos a una narratividad convencional, son ideológicos; pero no por eso son figurales, ni –en el nivel de lo narrado– meras invenciones fantasmáticas de la subjetividad, puesto que ofrecen a la vez, como alternativa nunca decidible pero firme, la de una lectura *realista* que no es la única pero no está eludida: como en la experiencia histórica más corriente del horror de los setenta, lo que estaría sucediendo apenas se entrevé, es siempre nocturno y clandestino, y lo que se sabe de los hechos –luego– fragmentario, mediado, conjetural y hasta fantaseado (o, en la versión del comisario torturador, fraguado). Jorgelina Corbatta ha advertido que en la novela "Las posibles explicaciones de las muertes [de los caballos] *transparentan* las homólogas durante el genocidio militar" (102, énfasis nuestro).

No se trata entonces de que en Saer no se narren sucesos ficcionales que remiten *directamente* a hechos, climas, temores o sentires históricamente situables. Se trata más bien de notar que cuando su narrativa representa cualquiera de las formas de lo social, es decir cualquiera de los lenguajes culturales disponibles que veneran la certidumbre, configura lo social como la ceguera más trágica: la que, candorosa o descarada, dominada o dominante, sea que narre o que asesine, se hace pasar por razón, transparencia y sentido. Al respecto, la mordacidad que *Nadie nada nunca* destina ambiguamente a los "guerrilleros" –ese gusto pueril por la literalización de la homonimia entre los caballos y el Caballo Leyva– es una crítica de la pedagogía como reproducción de lo dominante, es decir una crítica de la identidad y de los discursos de la identidad como la lógica de un intercambio impuesto que se autolegitima como natural. En Saer, las prosas de la comunicación social y la mala literatura son parientas. El relato que "el hombre del sombrero de paja" le hace al bañero –un "largo monólogo", en contraste con los puntos de vista multiplicados del texto de Saer– es una novela realista en el peor sentido del término, algo así como una descendencia oral de la epopeya: propone un sentido de los hechos y pide el asentimiento gregario inmediato (115; 113-14, 117).

En *Glosa*, el relato de la fiesta que Botón le ha hecho al Matemático mientras cruzaban en balsa a Paraná, cumple, entre otros, un papel semejante. La mala literatura, que imita y reproduce esos intercambios, es uno de los negocios de ese mundo social rechazado con furia invariable, adornianamente aborrecido: un mundo dominado por la lógica omnipresente de la mercancía. Amancebar arte y sociedad –es decir literatura con sociabilidad y figuración, con comercio y utilidades, con identidades y certidumbres– es una contradicción escandalosa1, que reduce al narrador a un mero traficante de influencias y al arte, luego, a una reproducción de las identidades, es decir a una forma de la complicidad con la opresión. El hombre del sombrero de paja o Botón son casos bienintencionados que matizan pero no rebajan los tonos del problema, porque encarnan algo así como "el habla de la ideología". Pero Saer ha sabido también excluir las medias tintas, sobre todo cuando esa voz de la sujeción se hace pasar por arte: Tomatis tiene muchos motivos –algunos canallescos– para impugnar de manera injuriosa la fiabilidad del relato de Botón pero, como fuese, *debe* hacerlo porque en la constelación saeriana Tomatis es el que sabe que no sabe, el que ignora menos que el resto, el poeta: está enterado de la ceguera, la propia y la ajena. En sus antípodas, las figuras de artista impugnadas en los relatos de Saer son siempre pedagógicas (los criollistas de enésima generación, el Filocles que recomienda "claridad y sencillez" para asegurarse un "público numeroso") pero los peores, los más pedagógicos, son cómplices directos del Estado genocida y de los *media* (Lafforgue 43-4). Antes de morir en un accidente automovilístico, el deleznable Walter Bueno de *Lo imborrable* (1993) ha acariciado el mayor éxito mercantil con su novela *best-seller* "*La brisa en el trigo*", una grotesca parodia de *La maestra normal* de Manuel Gálvez (pero que Bueno ha copiado, pueril y literal, de su propia vida); el mamarracho, cuya prosa torpe y adocenada quiere conmover –pretende Bueno– al "hombre común", le abre las puertas de la televisión y lo sienta en la mesa del general Negri, otro exterminador sanguinario. La novela es el relato de Tomatis acerca de los primeros días de su recuperación tras el pozo depresivo que lo afectaba en *Glosa* y del que va logrando emerger a fuerza de higiene, abstinencia de alcohol y escritura de sonetos. Durante el curso entero de la novela, el narrador lanza todo el tiempo y a propósito de cualquier banalidad cotidiana, como un automatismo coloquial, una apuesta repetida que parece el desafío suicida del delirio militarista: "Que me cuelguen si...", "que me maten si...", "que me fusilen si..." (la gramática de la frase es parienta cercana de una consigna tipo del nacionalismo armado: "Patria o muerte", "Perón o muerte") (18, 31, 37). Lo más íntimo de la vida de Tomatis –nos entera su propia voz– ha sido violentado definitivamente por la dictadura: se ha divorciado y sufre una depresión severa *porque* hace siete meses su esposa no ha querido refugiar en su casa a "la Tacuara", una joven revolucionaria, vecina de años, ahora desaparecida. Así, igual que el Ángel Leto guerrillero carga la pastilla de veneno en *Glosa*, el habla del narrador protagonista de *Lo imborrable* lleva todo el tiempo encima esas muletillas: "que me cuelguen con un gancho del prepucio y me hagan girar si...", "Que me la corten en rebanadas si..." (52, 56, 59, 63 y sigs). El que corta literalmente al ras los genitales masculinos o los pechos de sus víctimas femeninas es el totalitario general Negri. Pero Negri no es una anomalía atroz, un emblema del Mal, ajeno a la condición humana, sino más bien el caso extremo de aquello que la cultura es capaz de hacer de cualquiera de nosotros, un horizonte exorbitado de cumplimiento de eso que el *best-sellerista* y la civilización identifican como "hombre común":

> No tengo, a decir verdad, nada contra el hombre común, salvo que si uno escarba un poco en él siempre acaba descubriendo el estercolero [...]. Lo que el hombre común guarda del modo más oscuro y cuidadoso [...] hay que sacarlo a la luz del día y ponerlo sobre el tapete para que, de manejo sombrío se vuelva, bien a la vista, evidencia cegadora. (*Lo imborrable* 26-27)

Aunque –por supuesto– la sofística de sus narradores de "comedia" nos ponga siempre ante una fiabilidad problemática, Saer creyó que el arte podía atisbar ese descubrimiento, cuya consecuencia política razonaba bajo la figura de un oxímoron: una identidad así *desnudada* y entonces sí "común" en su vacío de "atributos", emparejada con un igualitarismo radical.[4] Adentrando la lengua poética del narrar en el "sedimento oscuro" de un mundo que se miente nítido en su racionalidad, las ficciones de Saer escarban en busca de ese "hombre no cultural", el mismo que los colastiné de *El entenado* se atreven a mirar a los ojos durante su cíclico regreso igualitario a un estado sin ideologías, sin las patrañas urdidas por la prosa de una razón de Estado (*Cuentos completos* 12-5; "La cuestión de la prosa" 57-8).

Por supuesto, en *Lo imborrable* la violencia del terrorismo de Estado parece *más* narrada o lo está de un modo menos fragmentario que en *Nadie nada nunca*, y es inevitable y probablemente sensato vincular esa diferencia con las fechas de publicación: ésta en 1980, aquélla en 1993. Pero conviene advertir que esa distinción nos devuelve al terreno de los recursos del "realismo" en un sentido como el que le dio Eric Auerbach, por ejemplo, cuando leyó los procedimientos de subjetivación de la estructura narrativa en Virginia Woolf como un modo de "representación de la realidad", en ese caso de una cierta realidad de la experiencia de la subjetividad en la Europa de entreguerras (*Mimesis* 496-521). Los puntos de vista que se combinan y entrecruzan en el curso de *Nadie nada nunca* incluyen la narratividad lineal y maniquea de la cultura dominante, y a la vez la desautorizan enredándola en una multiplicidad de voces que se le fugan y, sobre todo, que representan ciertos *estados* y límites históricos de subjetividad: la latencia de una amenaza confusa, la intriga policial clandestinizada. Pero eso forma parte menos de una estrategia de ciframiento más o menos destinada a eludir la censura o la inferencia recta de referencias al presente histórico (propósito difícil de atribuir a una novela en que se habla de los "guerrilleros", de un jefe policial torturador y de la ocupación militar del espacio público), que de la *mimesis* de la novela, de su destreza para situarnos imaginariamente en una *atmósfera* que remite a la que podemos ubicar en un espacio y un tiempo históricos más o menos precisos. La efectuación artística más perturbadora de la novela no está ahí, pero ése es su punto de partida. Florencia Garramuño ha advertido con razón que si en Saer lo real se vuelve irrepresentable, eso se debe menos a un cataclismo sufrido por la representación que al salto catastrófico que ha dado la experiencia contemporánea: las narraciones de Saer problematizan la forma de narrar la experiencia porque problematizan la experiencia misma; porque la experiencia, antes que las formas de narrar, es lo que se ha vuelto traumático al extremo. La violencia, y en particular la violencia política sobre los cuerpos ejercida a escala genocida, forma parte de esa extremidad o está en su ápice, pero lo perturbador es que no la inaugura: "el hombre común" *ya es* atroz. Los relatos de Saer, por supuesto, nombran ese extremo –el terrorismo– con la flexión literal de que disponemos para afirmar su naturaleza de sucesos –como lo hacen con la "condición mortal", con la palpitación de un caballo o con cualquier otra parcela del mundo–, no porque se desplacen al performativo político o moral del testimonio o la denuncia, sino porque la tarea del poeta consiste en "escarbar" y tomar "el riesgo de poner al desnudo, desnudándose a sí mismo, aspectos insospechados de la condición humana y de la relación del hombre con el mundo" (*El concepto de ficción* 273).[5] La poética de Saer no busca indagar la irrealidad de lo que nos pasa sino la irrealidad de lo que *sabemos* real, la irrealidad de lo que se nos da de ver y de creer. En el límite entre lo sabido-hablado y el espesor *todavía* mudo de lo que pasa, se abre la brecha para perseguir esa experiencia real que la cultura prefiere ignorar, es decir una brecha para la poesía: epistemología del no saber o, en términos del propio Saer, "antropología especulativa". En este sentido, y como lo han hecho otras lecturas críticas (Sarlo; Abbate), Garramuño recupera para Saer un par de nociones asociadas que lo alejan de una entrega a la mera experimentalidad –sea vanguardista o *post*– y que, como se verá, están en el corazón de su concepción artística de la memoria: búsqueda (palabra que forma parte del diccionario recurrente de Saer para describir su trabajo) y responsabilidad. "Tal y como son aquí las cosas –ha escrito John Berger–, la vida suele superar a nuestro vocabulario. Falta una palabra, y entonces hay que relatar una historia".

La identidad, el ángel del olvido

Saer supo definir la función del narrador como la búsqueda de una escritura capaz de reconocer y hacer reconocer "que no puede saberse, del acontecer, nada" (*El concepto de ficción* 150). Tanto a nivel gnoseológico como ontológico, se trata no de un caso de nihilismo o de antirrealismo, sino de un programa destinado a producir configuraciones artísticas que, por su capacidad para prestar una adhesión radical al materialismo filosófico menos complaciente y al modernismo estético más negativista, efectúen la corporización copiosa e incesante de *lo real*.[6] El conjunto entero de nuestras representaciones y, luego, el sujeto mismo tal como *nos* lo ha amasado la Historia, serían –sospecha Saer– construcciones arbitrarias de la "opresión" que es preciso, por tanto, abandonar: no la experiencia sino "todo *lo que creemos saber* ha de ser, probablemente, falso" (*El concepto de ficción* 150, énfasis nuestro). Al mismo tiempo, los narradores o los personajes de Saer no sienten "nada", vacían lo narrado cuanto más se empeñan en perseguirlo por el ejercicio variado e insistente del narrar, descomponen los sentidos mediante los que la cultura impone totalidades o articula relaciones entre sujeto y experiencia, precisamente a través de un trabajo de la escritura entregado de modo incesante a la exploración minuciosa de esos lazos.

En "La mayor", el autoparódico y repetido intento del poeta por recuperar el espesor de la experiencia mediante la repetición del experimento proustiano de la memoria sensorial, no le dice ni le hace sentir "nada", "pero nada, lo que se dice nada" (11, 14); en "A medio borrar", a Pichón Garay la inminencia de su partida hacia París –es decir, hacia el mayor punto de saturación cultural– no le dice ni le hace sentir "nada" (50-1, 68).[7] Saer conecta esa búsqueda con un llamado al ascetismo del narrador, un estado de "desnudez" que resulta de extremar el "despojamiento", para dejar al artista en un "terreno barrido y limpio", la "intemperie" que hace posible la narración y en la cual también "el escritor no es nada, nadie" (*El concepto de ficción* 18). Pero a su vez, y según lo razona el propio Saer, esa negación radical produce el reemplazo de lo dado por una experiencia neta, es decir *actual*: "Los dioses, en efecto, condenan el ascetismo. De todas las conductas posibles, el ascetismo es la más subversiva. [...] El narrador ha de vaciarse, desnudarse, para que de la selva mineral de lo dado algo, imprevisible, vivo, se actualice" (Lafforgue 42). Esa ascesis, así, tiene su correlato nada *ascético* en la consecuencia de la tenacidad con que narradores y personajes se aplican a lo real, a partir de cuyo barrido la escritura *puebla* y carga una nada que, ya por completo ajena a las alucinaciones de "la realidad" que creíamos conocer, se querrá no vacía sino espesa.

Es por eso que sólo en un sentido procedimental de la palabra, y como distinción analítica y parcial, el *método* narrativo saeriano puede reducirse a la idea de repetición. La noción es eficaz, por supuesto, para describir el *momento* negativista o destructivista de la escritura saeriana; la historia literaria y la de la poesía en particular conocen desde siempre lo que luego se asociaría al descubrimiento freudiano: el riesgo denegatorio de la iteración, la intimidad de la repetición de lo mismo con su propia imposibilidad, esto es el repetir como dramatización no deliberada del devenir y negación consecuente del ser y de la identidad. Pero en Saer la repetición es más bien una de las técnicas de un proceso más complejo: un comenzar y recomenzar incesantes que producen, en términos negativos, un efecto de "antidiscurso" –el idioma ya no discurre en sus carriles, y a la vez deja de correr en línea–, y en términos positivos una *materiación* poética, como la que algunas tradiciones –por ejemplo la del haiku– y el propio Saer atribuyen precisamente a la poesía en su relación con la materialidad de la música (y aquí hay que pensar más en la simultaneidad de la armonía que en la sucesión melódica, y en la sonoridad del poema como objeto visual).[8] Vaciar la identidad –descomponer, desfigurar, poner en estado de incertidumbre sin retorno "todo lo que creemos saber", sospechar sin tregua de lo que se repite y *repetirlo* entonces hasta dejarlo enteramente "pulido", en estado de "materia pura que ha expelido de sí toda leyenda"– es menos el propósito final del arte que la primera batalla de su búsqueda y su ascética condición *sine qua non*, "para que de la selva mineral de lo dado algo, imprevisible, vivo, se actualice". *Materiación*, entonces, como presentificación.

Al respecto, son claves los momentos tanto ficcionales como ensayísticos en los que Saer apela al símil pictórico, a la obra de pintores o a la invención narrativa de artistas plásticos para describir esta poética de indagación pertinaz de lo real que, aplicada una y mil veces al "sentimiento de irrealidad o de vértigo" que produce el espesor infinito de las imágenes del recuerdo, agrega al mundo una *materia* narrativa, una "narración-objeto" capaz de irradiar la "delicia" de una incertidumbre tangible, como el "residuo de oro" que resulta de un "trabajo alquímico": "Más que con el realismo de la fotografía, creo que el procedimiento se emparenta con el de ciertos pintores que emplean capas sucesivas de pintura de diferente densidad para obtener una superficie rugosa, como si le tuviesen miedo a la extrema delgadez de la superficie plana" (Lafforgue 18).

Conviene leer el título de *Glosa* según esa figura del trabajo del pintor, que por el mismo movimiento no sólo produce la negación de lo que repite sino que también materializa una presencia inesperada. Saer describía así el procedimiento de composición del libro:

> Y mi última novela […] tiene un título que es "Glosa". En él está ya implícita la significación de "glosa", un género poético muy preciso y muy codificado. Y la novela, de algún modo, con cinco versos que aparecen como epígrafe, opera un sistema de reincorporación del sentido de ese poema diseminado en la novela. Del mismo modo a aquel con que opera la glosa, es decir una cuarteta que después es retomada en décimas, uno de cuyos versos, el último, es la repetición de cada uno de los versos de la cuarteta. (Piglia y Saer 8-9)

En efecto, la glosa es un tipo de composición poética que *obliga* a la repetición: la cuarteta a la que se refiere Saer es lo que en retórica se llama el "pie forzado" de la glosa, su punto de retorno prefijado, sabido de antemano. Por supuesto, el dispositivo remite a decisiones constructivas semejantes en libros anteriores. En *El limonero real* (1974) las anáforas narrativas con que el relato comienza y vuelve a comenzar varias veces, proyectan un incesante devenir espiralado: "Amanece/Y ya está con los ojos abiertos" es la primera y última frase, retomada al comienzo de cada uno de los ocho segmentos de la novela, que narran siempre *la misma* escueta serie de sucesos. En *Nadie nada nunca* el recurso aúna de modo más explícito el efecto de su actuación repetida con su tema, esa especie de crítica filosófica de la identidad de lo real como ideología, por alusión aquí al intertexto bíblico: "No hay, al principio, nada. Nada" (11, 17, 59, 91, 136, 181, 211, 222). Estos inicios, además de negar "lo genesíaco" y señalar "el relajamiento del orden causal del relato clásico" –como ha propuesto Jorge Monteleone– reescriben *nada* de un modo incesante porque ya no pueden suponer una "realidad" sabida y dicha de antemano (156).

Ahora bien, en *Glosa*, la palabra del título se densifica en varias capas de sentido superpuestas que *la pintan* una y otra vez para terminar negando la delgada nitidez de superficie con que el lenguaje impone "irrealidad": hay un sentido candoroso de "glosa", puesto sobre todo en boca del Matemático; uno irónico, y finalmente un sentido trágico de la palabra, estos dos últimos en boca de Tomatis. El sentido irónico funciona como una crítica de lo social todavía sociable, destinada al comercio con los otros, y reside en una forma particular de la glosa como comentario: la que consiste en poner sobrenombres. Curiosamente, la retórica da también al pie forzado de la glosa el nombre de "mote", que quiere decir simplemente palabra pero también apodo, sobrenombre o pseudónimo.[9] Se recordará a propósito que muchos de los personajes de Saer llevan sólo sobrenombre o son siempre mentados por su apodo –los mellizos Garay, el Gato y Pichón, entre los principales–; pero hay algunos sobrenombres con que la ficción imita el mecanismo social corriente de apodar: como en el caso del "Caballo" Leyva, colocar el mote es poner a la vista –casi siempre por sustitución metafórica– lo que el nombre, en cambio, está destinado a esconder o, mejor, a ignorar (en el caso de Leyva, la conducta brutal o bestial, una significación que por otra parte tanto *Nadie nada nunca* como *Glosa* diseminan en varios sentidos). Si los nombres, como sabe el poeta, no dicen nada, es preciso glosarlos para, a la vez que vaciar las identidades, poner en evidencia al menos algo.[10] Por supuesto, de todos estos juegos del poeta con la identidad ajena el más importante es el que toca a "el Matemático", que aparece siempre bajo ese apodo que le ha puesto Tomatis: nunca sabremos cómo se llama, porque es sólo bajo esa glosa que se lo menta.

A la vez, el título de la novela alude a las glosas que en la secuencia de lo narrado rodean un vacío con el candor de la creencia en que es posible narrar y saber (porque "glosa" significa también misterio o secreto: entre fiebre y geometría, las glosas se empeñarán inútilmente en descifrarlo). La novela narra la conversación que mantienen Ángel Leto y el Matemático mientras caminan juntos por el centro de la ciudad; han descubierto a poco de andar que ninguno de los dos ha estado en la fiesta con que el resto de sus amigos celebró el sexagésimo quinto cumpleaños del poeta Washington Noriega.[11] Leto no sabe nada, pero el Matemático conoce algunos pormenores por el relato –la glosa– que le ha hecho Botón, uno de los invitados de aquella noche, y se dedica entonces a conjeturar una narración coherente de lo que parece el nudo del suceso: el supuesto "tropiezo" de un caballo –*otro* más– habría dado lugar a una conversación más o menos sofista y etílica sobre las relaciones entre el error y el instinto animal y, por tanto, sobre la tópica oposición entre libertad y necesidad; la controversia habría concluido con una demorada pero decisiva intervención de Washington, de cuyo contenido la glosa del Matemático –"siempre según Botón"– retiene sobre todo el ejemplo anecdótico e irónico propuesto por el venerado poeta: el comportamiento disímil de tres mosquitos que lo asediaran una noche en la soledad de su estudio. Por supuesto, el Matemático se engaña: toda la conversación, la caminata y la novela se sostienen en su creencia de que la conclusión filosófica de Washington sobre el problema –en caso de que hubiese existido– es el pie forzado de las glosas sucesivas y reiteradas. En un alto en la caminata se encuentran con Tomatis, quien entrevé que la "condición mortal" nos iguala de ese modo tan rotundo que ninguna identidad debería cegar. Tomatis es por eso capaz de una profecía que entrega de un modo discreto, con falsa modestia, a los otros dos; en efecto, el teórico científico ("el Matemático") y el futuro guerrillero –que no necesita apodo porque, si seguimos una conjetura etimológica de Premat, se llama ángel de la muerte (75)– son los primeros y únicos destinatarios de la glosa trágica, "un comunicado" que Tomatis, según les anuncia con ironía, ha escrito esa mañana: "En uno que se moría/mi propia muerte no vi/pero en fiebre y geometría/se me fue pasando el día/y ahora me velan a mí" (11, 131-32).

Ese momento de la novela es clave, y lo es en relación con la tragedia que se avecina, la de la violencia política, porque es allí, en medio de la caminata y no sobre el final, que el relato comienza a separar drásticamente los itinerarios de los dos amigos. En la última página de la novela –ante el espectáculo "de espanto y de confusión" que da una bandada de pájaros extraviada en erigir a "sus dioses"– el narrador anota que Leto "está empezando a derribar los suyos" (282). Sin embargo, ya sabemos que Leto está indefectiblemente preso más bien de otros fantasmas que no podrá derribar y que lo ensordecen, los de la historia familiar que hace girar toda su vida en torno del suicidio de su padre. En efecto, cuando Tomatis lee el poema "Leto no lo ha escuchado" porque los recuerdos familiares que lo persiguen lo han distraído por completo. "Hay cosas que se me escaparon", pretexta cuando pide al poeta que lo lea nuevamente. Tomatis concede y lo hace: repite –ya por tercera vez en la novela, que la tiene de epígrafe– la estrofa (131-32). Pero si hacemos caso de las resonancias clásicas de la etimología –que en Saer remiten a su sostenido interés en la literatura griega– Leto no es sólo el ángel de la muerte sino también, obsedido y cegado por la comedia del suicidio paterno, el que parece haber bebido de las aguas del Letheo: Ángel del Olvido.[12]

Dieciocho años después, ya comandante revolucionario entregado sin repliegues a la fiebre gélida de la acción directa, Leto verá cómo Tomatis se despierta sólo un instante del sopor alcohólico y depresivo que lo ahoga hace meses para comprobar el cumplimiento inminente de aquel vaticinio que su amigo no ha podido escuchar y que la insistencia obsesiva de sus recuerdos le ha hecho olvidar. La novela nos permite saber con precisión que corre 1978;[13] sentados uno frente al otro en la pieza de la terraza mientras Leto lo visita por última vez, Tomatis se ilumina de modo repentino y le pregunta, lacónico y directo, por "la pastilla de veneno que, por razones de seguridad –según nos ha enterado antes un remedo del narrador–, los jefes de su movimiento distribuyen a la tropa para que, si los sorprende, como dicen, el enemigo, no comprometan, durante las sesiones de tortura, el conjunto de la organización" (154). Tomatis observa la pastilla y profiere una comprobación *matemática*, como un entimema o una variación coloquial y amarga del *quod erat demonstrandum* sin la premisa mediadora que es, al mismo tiempo, una última pincelada insistente de la misma glosa: "Exacto, exacto" (275).

El Matemático, en cambio, se *repetirá* desde ese día capas y capas del poema hasta volverlo "superficie rugosa". Tras escuchar la recitación, le ha pedido a Tomatis una copia del texto. La ha guardado en su billetera, y poco después comenzará a entrever que es allí, en las "irradiaciones" de esa "materia combustible" y no en lo que escondieran "los mosquitos de Washington" (que Leto, en cambio, sí recordará de por vida) donde está el mote: el reconocimiento de la nadería del yo (159).[14] Contra todas las evidencias de su ciega sensatez iluminista, el geómetra lo llevará para siempre consigo, en su memoria los versos y en un pliegue de su billetera la hoja de papel donde van mecanografiados: ajada y vuelta ya no "mensaje" sino "objeto" (148), lo veremos desplegarla una vez más, dieciocho años después, de vuelta de París a Estocolmo, donde ha debido exiliarse tras el asesinato de su esposa trotzkista por las hordas represivas. Porque tras algunos meses de haber escuchado el poema de boca de su autor, el Matemático será asaltado por una percepción insuprimible que ya no lo abandonará: la hoja guardaba una relación secreta con fragmentos del universo, y desprenderse de ella podía "contribuir a exterminar[los]", mientras que conservarla acaso significase "preservarlos de la destrucción" (150 y 151).

Por la repetición de la glosa, por la densificación "monocorde" del mismo estribillo en capas superpuestas, el arte de Saer –como la voz de Tomatis que el Matemático ha podido atender– descompone las distinciones de la identidad y a la vez compone ese "fragmento sonoro de esencia paradójica [...] que al mismo tiempo pertenece y no pertenece al universo físico" (132): la poesía, presencia inesperada cuya "frecuentación nos produce" –ha escrito Saer– una cierta "reconciliación con el mundo" porque, como en la glosa de Tomatis, revela que la "condición mortal" nos iguala radicalmente al desatarnos de cualquier otra ilusión de identidad (Saer, "Una deuda en el tiempo" 43).[15] Por supuesto, al respecto no parece casual que en un relato de *Lugar* (2000), el Matemático, es decir el que ante las "irradiaciones" del arte ha sabido sobreponerse a las determinaciones *racionales* de su yo, sea el destinatario de las cartas en que Tomatis le explica, como en una variación remota de la glosa, la teoría de su tío el farmacéutico quien, escarbando en el fondo de sí mismo, pulía todo rasgo identitario en busca de "el hombre no cultural", la "franja incierta", previa al "yo" y a la "repetición del modelo" (*Cuentos completos* 12 y 13).[16]

En este sentido, los destinos divergentes de Leto y el Matemático insinúan sin dudas un juicio acerca de la violencia política. Leto, fijado en la identidad heredada de la comedia paterna como en un libreto fatídico, "se ha visto obligado" a morder la pastilla de veneno. El Matemático, en cambio, que "no aprobaba del todo la lucha armada", se ha conducido a lo largo de esos años como un sujeto ético inclaudicable, entre otras cosas porque ha desafiado deliberadamente su herencia familiar de "niño rico" y porque no ha perdido "el criterio de realidad que la acción desdibujaba" (*Glosa* 156); en términos políticos, Leto es un partícipe que se suicida, el Matemático un intelectual crítico que es obligado a "desaparecer" en el exilio.[17] Es preciso tener presente todo lo definido que resulta ese juicio de la novela si se quiere advertir que, al mismo tiempo, en *Glosa* hay más que una crítica política de la política, más que una crítica política de la revolución armada, porque lo que insinúa la novela es *un fuera de sí* de la política. La escena no podría ser más contrastiva, y Saer subraya eso por el humor trágico: Tomatis, a quien suponemos hundido en la irrealidad del embotamiento –televisivo, narcótico, alcohólico– se hace presente sin embargo un instante frente al combatiente atado con fidelidad imperturbable a la férrea disciplina guerrillera que lo ha sumido en la apariencia de realidad más irreal. De pronto, en ese fragmento de tiempo fugacísimo y preciso –suspendido en el pozo siniestro de "los tiempos que corren", los del terror–, Tomatis saca a la ficción de la matriz del contrapunto porque dice y repite no lo peor ni necesariamente lo indecible sino, más bien, lo extremo y lo máximo, un *superlativo* inapelable: "exacto". ¿Qué quiere decir la novela ahí, qué quiere decirle el muerto en vida al guerrillero? Por un lado, el poeta ha entrevisto el futuro del otro y lo confirma ahora de un modo inequívoco. Pero a la vez, los espectadores de la escena nunca sabremos por completo de qué se predica ese calificativo, cuál sería el conjunto entero de sus implícitos, sobre cuántas cosas y dimensiones de la experiencia recae, o –menos– qué prescripciones podrían desprenderse de ella, porque en semejante situación Tomatis dice "exacto, exacto" y sólo eso: sin anular la nitidez de sentencia con que carga y seguirá reverberando la palabra, la ha dejado allí pulida, *materizada*. Cuando parece que se nos ha puesto a las puertas de una gramática de la identidad por oposición, estamos fuera de ella y sólo sabemos que la literatura nos impide cerrarla y cegarla.

FICCIÓN DE LA MEMORIA, EXPERIENCIA

No es necesario abundar en que Saer no es un escritor "realista" en el sentido estrecho que una historiografía literaria rigurosa reservaría para ese calificativo. Hay que advertir, en cambio, que *Glosa* es una novela *realista* en el sentido filosófico del término; mejor, es una ficción que sostiene y se sostiene en un realismo filosófico conjetural. Se ha advertido que una clave del libro está en el narrador, porque entre ademanes taimadamente coloquiales y vertiginosas anticipaciones narradas en futuro, el narrador de *Glosa* sabe, sabe más o sabe mucho más de lo que podía esperar cierto lector saeriano en los 80. ¿Qué sabe el narrador de *Glosa*? Para empezar por lo más impactante, el *final* no narrado de *Nadie nada nunca*: el Gato y Elisa "han sido secuestrados por el ejército y desde entonces no se tuvo más noticias de ellos" (154). Pero no sólo eso. También dieciocho años después de la mañana soleada en que camina junto a Leto, el Matemático se encontrará con Pichón Garay en París: han formado parte de un grupo de exiliados para reclamar por los detenidos-desaparecidos ante los diputados socialistas de l'Assemblée Nationale, pero luego se han apartado del resto de la delegación para, también ellos, caminar juntos. La conversación está hecha de recuerdos, y Pichón está seguro de recordar que el Matemático estuvo entre los asistentes al cumpleaños de Washington Noriega una noche de 1961 en Colastiné. Pichón, de hecho, *recuerda* al Matemático en la fiesta y no puede "sacarlo" más que "temporariamente" de ese recuerdo (160-64). Con el Matemático, también el que narra y el que lee sabemos, así, que nuestros recuerdos suelen, para ser fieles al presente, traicionar al pasado, que nuestros recuerdos presentes son indefectiblemente *nuestro* pasado, pero que no por eso son *el pasado*, ni que pueda decirse nomás que no ha habido pasado. Con prudencia irónica podríamos, parece, dar por cierto por lo menos algo: "hay que rendirse ante la evidencia, no me invitaron", piensa Leto; "y yo en Francfort", se repite el Matemático, por más que años después Pichón no pueda representárselo ausente de la fiesta aunque quiera. La postulación de que en efecto algo (en lugar de nada o de cualquier cosa de todas las posibles) habría sucedido aquella noche es, por supuesto, conjetural pero sin dudas, por lo menos, el resultado de una coincidencia intersubjetiva. Porque no estamos sólo ante un desacuerdo entre dos personajes: junto con el Matemático, también el narrador sabe que los recuerdos de Pichón son el collage de un deseo echado hacia atrás. El relato insinúa que para la memoria de Pichón es imperioso poner al Matemático en la fiesta, porque necesita confirmar el presente con recuerdos: han debido estar allá juntos, en aquel pasado mítico, del mismo modo que lo están hoy en las calles de París denunciando a los exterminadores y pidiendo por el Gato, por Elisa y por el resto de los miles de desaparecidos; se han apartado del resto y caminan juntos porque –*quieren* los recuerdos de Pichón– han estado cenando juntos una noche de 1961, celebrando el cumpleaños del mismo maestro ejemplar. El Matemático sacude la cabeza porque recuerda bien no haber estado, haber sido excluido precisamente de aquel pasado que daría al presente un sentido que lo hubiese salvado –pretende la leyenda– del transcurrir, de la no permanencia, de la condición mortal.

Pero, por su parte, Pichón también sabe ya, y del modo más trágico, que los recuerdos necesitan ser corregidos, es decir que si difieren y la diferencia persiste, es que sólo uno de los dos está en lo cierto. ¿Cómo imaginar, si no, sólo fiado de sus recuerdos, al doble de sí mismo, a su hermano mellizo, el Gato, en condición de *desaparecido*? (el error en el que vienen cayendo los otros desde siempre ahora se ha vuelto, frente al espejo, la presentificación insoslayable del horror: a primera vista –cuando lo ven *aparecer*– tomar a Pichón Garay por su hermano). En *Glosa*, lo cierto puede no ser lo que el presente preferiría, desea, espera e incluso lo que –sin "rendirse ante la evidencia"– el presente es capaz de recordar para confirmarse en algo. Según *Glosa*, las creencias incorregibles hacen de la dicha engaño y pueden ennegrecer aún más nuestra ceguera en lugar de igualarnos en una solidaridad irónica, sin complacencias. Pero, a la vez, la presencia del Matemático en la fiesta, eso que –descubre Pichón– su memoria agrega al pasado, conserva una intensidad irreductible que perturba la certidumbre de lo evidente.

Hace décadas Raymond Williams, mediante la noción de "tradición selectiva", Georges Didi-Huberman más recientemente a través de las figuras del "anacronismo" y la "heterocronía", contribuyeron a consolidar una teoría materialista de la memoria que se quiere genuinamente historicista porque procura barrer con la ilusión unidireccional y cronicista de una historicidad lineal: el anacronismo –lo que el presente atribuye al pasado, lo que del pasado se inmiscuye en el presente– es la sustancia de nuestra condición histórica. Su memoria de los *drippings* de Jackson Pollock –cuenta Didi-Hubermann– le permitió, "en un momento anacrónico casi aberrante", ver lo que los historiadores habían ignorado por siglos en un fresco de Fra Angelico del siglo XV "acribillado por manchas erráticas": el pigmento había sido "arrojado a distancia, como lluvia, en fracción de instantes", pero la historia del arte había perpetuado esa parcela del mural "como una constelación de estrellas fijas". No es necesario derrapar en un subjetivismo anti-historicista, ni confundir a Fra Angelico con un precursor de la pintura abstracta del siglo XX, sino advertir –como lo hacen estas teorías y la poética de Saer– que *no hay, no ha habido* presente sin memoria, experiencia sin esa "fecundidad del anacronismo" que es preciso no suprimir ni falsear sino, cada vez, hacer explícita, considerar como el nudo de nuestra relación con la temporalidad, y aprovechar para darnos un conocimiento menos ciego y menos plano de *lo que nos pasa* y del modo en que lo componemos (Didi-Huberman 24, 23, 11-12). Hemos aprendido que nuestra memoria presente siempre querrá un cierto pasado, parecen decirse los sobrevivientes de *Glosa*. Pero también que esas ficciones anacrónicas iluminan el significado del pasado precisamente en el momento en que advertimos que lo distorsionan, porque son la configuración retrospectiva de un deseo imborrable; hemos aprendido que mientras no demos a lo imborrable el crédito de lo incorregible, las composiciones ficcionales de nuestro recuerdo pueden servirnos como un material para otorgar consistencia autoirónica a una mirada, a una política o a una práctica del presente.

NOTAS

[1] Los trabajos de Andrés Avellaneda citados en la bibliografía fueron decisivos para la construcción y el debate de esa perspectiva. Véanse también Balderston et al.; Sosnowski; Dalmaroni *La palabra justa*; y Gramuglio "Políticas del decir y formas de la ficción".

[2] "Los muchachos" fue desde los inicios del peronismo un equivalente de los peronistas (la canción oficial del partido de Perón se titula "Los muchachos peronistas"), pero durante la primera mitad de los años 70, en discursos relativos a la política "los muchachos" era un eufemismo más o menos irónico por los guerrilleros peronistas de la agrupación "Montoneros" y a veces por la Juventud Peronista más o menos vinculada a Montoneros u otros grupos armados similares.

[3] Véase especialmente Premat.

[4] La posición explícita de Saer respecto de ese igualitarismo radical puede verse en varios textos y entrevistas, especialmente la última respuesta de la que concedió a Guillermo Saavedra en 1986, y en la que Saer habla de su "democratismo ontológico" y afirma que "La realidad es democrática".

[5] El propio Saer señalaba en 1993: "Creo que la dictadura, históricamente, es una situación límite, como la guerra de Troya. Es un símbolo de lo que es nuestra sociedad, un arquetipo de la violencia social" (Speranza 156).

[6] Por eso la fórmula del "efecto de irreal" que propuso Alberto Giordano en un ensayo ya clásico describe impecablemente lo que aquí presentamos analíticamente como la primera secuencia del *método* poético de Saer.

[7] David Oubiña propone, sobre todo en torno del primero de esos relatos, una lectura de la obra de Saer como "arte extremo".

[8] María Teresa Gramuglio ha analizado con agudeza este aspecto de la poética saeriana en torno del concepto de "espacialización" ("Una imagen obstinada del mundo").

[9] Una exposición sintética de las nociones de glosa, mote y pie forzado puede verse en Marchese y Forradellas (188). Para un seguimiento de la glosa durante la historia de la lírica castellana véase Navarro Tomás, Tomás.

[10] El mecanismo también está en otros nombres o apellidos que la narración misma da a veces a los personajes: "Bueno" y "Negri" son los nombres pueril y oscuro del horror en *Lo imborrable*; en *La ocasión*, "Bianco" es un nombre de dudosa u oscura procedencia.

[11] Sobre la cuestión de la ausencia y del vacío en *Glosa* trata el artículo de Sandra Contreras. Entre otros aspectos que aquí no abordamos, Contreras repara en la posibilidad de una lectura cómica del poema de Tomatis.

[12] En griego, *letho* es olvidar, y también ser olvidado o ignorado (tanto el Matemático como Leto se sienten excluidos de diversos mundos, pero mientras el primero no habría podido estar en la fiesta porque se hallaba de viaje por Europa, el segundo se repite que evidentemente no lo invitaron). Por otra parte, como se sabe, la historia de la caminata narrada en *Glosa* es, entre otras cosas, una parodia de *El banquete* de Platón.

[13] El Matemático se ha encontrado con Pichón en París "dieciocho años" después de aquel día de la caminata con Leto en octubre de 1961, es decir en 1979. "El año anterior, en mayo" ha muerto Washington Noriega, y "en junio, el Gato y Elisa" son secuestrados por el ejército, "para los mismo días" en que Leto "se ha visto obligado" a suicidarse (*Glosa* 152 y 154).

[14] También puede leerse que el mote no está en los mosquitos sino en Washington mismo, del que la novela nos hace saber que morirá en mayo de 1978, la misma época en que tanto Leto como El Matemático ya han comenzado a ser asediados por la muerte. Se recordará que, enajenado, ante la requisitoria del Matemático por las sentencias de Washigton de aquella noche, Tomatis repite a los gritos que lo dicho por Noriega *"¡Dice de él! ¡Dice de él!"* y no acerca de asunto filosófico alguno (145).

[15] En la novela, el episodio de la hoja con el poema de Tomatis guardada para siempre en la billetera se conecta directamente con un sueño del Matemático también relativo al carácter ilusorio de la identidad y a la efimeridad del yo (*Glosa* 165-170).

[16] En *Glosa*, ese horizonte de la búsqueda se alcanza a tocar, fugaz pero materialmente, en los drippings de Rita Fonseca cuya contemplación extasiada interrumpe la caminata de los dos amigos. Sobre la importancia de la pintura y los pintores en esta novela y en la obra de Saer en general véase Dalmaroni 2006.

[17] La postura política de Saer respecto del terrorismo de Estado y en contra de su justificación por las acciones insurreccionales de los grupos armados puede verse en su drástica descalificación de las deleznables declaraciones de Mario Vargas Llosa en contra de la aplicación de justicia y condena legal contra los genocidas de las dictaduras del Cono Sur (Saer, "Mas allá del error").

Bibliografía

Abbate, Florencia. "La historia en las ficciones de Juan José Saer". *El entenado. Glosa.* Juan José Saer. París: Archivos. Edición crítica a cargo de Julio Premat, en prensa.

Avellaneda, Andrés. "Lecturas de la historia y lecturas de la literatura en la narrativa argentina de la década del ochenta". *Memoria colectiva y políticas del olvido. Argentina y Uruguay, 1970-1990.* Adriana Bergero y Fernando Reati, comps. Rosario: Beatriz Viterbo Editora, 1997. 141-84.

_____ "Realismo, antirrealismo, territorios canónicos. Argentina literaria después de los militares". *Fascismo y experiencia literaria: reflexiones para una recanonización.* Hernán Vidal, ed. Minneapolis: Institute for the Study of Ideologies and Literature, 1985. 578-88.

_____ "Recordando con ira: estrategias ideológicas y ficcionales argentinas a fin de siglo". *Revista Iberoamericana* 69/202 (enero-marzo 2003): 119-35.

Auerbach, Eric. *Mimesis. La representación de la realidad en la literatura occidental.* México: FCE, 1950.

Balderston, Daniel et al. *Ficción y política. La narrativa argentina durante el proceso militar.* Buenos Aires: Alianza, 1987.

Contreras, Sandra. "*Glosa*, un atisbo de fiesta". *Paradoxa. Literatura/Filosofía* 6/6 (1991): 43-52.

Corbatta, Jorgelina. *Juan José Saer: arte poética y práctica literaria.* Buenos Aires: Corregidor, 2005.

Dalmaroni, Miguel. "Notas de un profano en pintura. A propósito de *La grande* de Saer". *Otra parte* 10 (Buenos Aires, primavera 2006), en prensa.

_____ *La palabra justa. Literatura, crítica y memoria en la Argentina (1960-2002).* Santiago de Chile: RIL-Melusina Editorial, 2004.

Didi-Huberman, Georges. *Ante el tiempo. Historia del arte y anacronismo de las imágenes.* Buenos Aires: Adriana Hidalgo Editora, 2005.

Garramuño, Florencia. "Las ruinas y el fragmento. Experiencia y narración en *El entenado* y *Glosa*". *El entenado. Glosa.* Juan José Saer. París: Archivos. Edición crítica a cargo de Julio Premat, en prensa.

Giordano, Alberto. "El efecto de irreal". *Discusión. Suplemento de crítica literaria de la Revista de Letras* 1/1 (abril 1989): 27-36.

Gramuglio, María Teresa. "Una imagen obstinada del mundo". *El entenado. Glosa.* Juan José Saer. París: Archivos. Edición crítica a cargo de Julio Premat, en prensa.

―――― "Políticas del decir y formas de la ficción. Novelas de la dictadura militar". *Punto de vista* 25/74 (Buenos Aires, dic. 2002): 9-14.

Lafforgue, Jorge (ed.). *Juan José Saer por Juan José Saer.* Buenos Aires: Celtia, 1986.

Marchese, Angelo y Joaquín Forradillas. *Diccionario de retórica, crítica y terminología literaria.* Barcelona: Ariel, 1986.

Monteleone, Jorge. "Eclipse de sentido: de *Nadie nada nunca* a *El entenado* de Juan José Saer". *La novela argentina de los 80.* Rolland Spiller, ed. Frankfurt am Main: Vervuert Verlag, 1991. 153-75.

Navarro Tomás, Tomás. *Métrica española.* Barcelona: Editorial Labor, 1995.

Negroni, María. "Comentarios iluminados. Juan Gelman sobre Teresa de Jesús", inédito.

Oubiña, David. *El silencio y sus bordes (discursos extremos en la literatura y el cine argentinos entre los 60 y los 70).* Buenos Aires: Siglo XXI, en prensa.

Piglia, Ricardo. *Respiración artificial.* Buenos Aires: Pomaire, 1980.

―――― y Juan José Saer. *Diálogo Piglia-Saer. Por un relato futuro.* Santa Fe: Universidad Nacional del Litoral, 1990.

Premat, Julio. *La dicha de Saturno. Escritura y melancolía en la obra de Juan José Saer.* Buenos Aires: Beatriz Viterbo Editora, 2002.

Saavedra, Guillermo. "Juan José Saer: el arte de narrar la incertidumbre". *La curiosidad impertinente. Entrevistas con narradores argentinos.* Rosario: Beatriz Viterbo Editora, 1993. 173-86.

Saer, Juan José. *Cicatrices.* Buenos Aires: Sudamericana, 1969.

―――― *El concepto de ficción.* Buenos Aires: Ariel, 1997.

―――― *Cuentos completos.* Buenos Aires: Seix Barral, 2001.

―――― "Una deuda en el tiempo". *La trama bajo las apariencias. La pintura de Fernando Espino.* Hugo Gola, J. J. Saer, Hugo Padeletti. México: Artes de México, 2000. 27-49.

―――― *Glosa.* Buenos Aires: Alianza, 1986.

―――― *Lo imborrable.* Buenos Aires: Alianza, 1993.

―――― *El limonero real.* Barcelona: Planeta, 1974.

―――― "Mas allá del error". *Página 12* (28 mayo 1995): 16-17.

―――― "La mayor"; "A medio borrar". *La mayor.* Buenos Aires: Centro Editor de América Latina, 1976 (1ª edición: Barcelona: Planeta, 1976).

―――― *Nadie nada nunca* [1980]. Buenos Aires: Seix Barral, 2000.

―――― *La narración-objeto.* Buenos Aires: Seix Barral, 1999.

―――― *Trabajos.* Buenos Aires: Seix Barral, 2005.

Sarlo, Beatriz. "La política, la devastación". *El entenado. Glosa.* Juan José Saer. Paris: Archivos. Edición crítica a cargo de Julio Premat, en prensa.

Sosnowski, Saúl, comp. *Represión y reconstrucción de una cultura: el caso argentino.* Buenos Aires: Eudeba, 1988.

Speranza, Graciela. *Primera persona. Conversaciones con quince narradores argentinos.* Buenos Aires: Norma, 1995.
Williams, Raymond. *The Country and the City.* Londres: Chatto & Windus, 1973.
_____ *The Long Revolution.* Londres: Chatto & Windus, 1961.

El imaginario del poema: Marosa di Giorgio[1]

ALICIA GENOVESE
Universidad Argentina John F. Kennedy

Considerar el poema como construcción verbal, como maquinaria verbal que pone a funcionar el lenguaje forzándolo más allá de sus límites, considerar la poesía como laboratorio de la lengua, donde su especificidad es el trabajo sobre el código, considerar la poesía como desvío o anomalía del lenguaje, son ideas que han actuado productivamente como principios para el análisis poético, pero que llevadas a un extremo lo han vaciado en un formalismo inadecuado. Son ideas instrumentales que tienen utilidad para una primera aproximación al poema y en el momento en que se enfrenta una cierta inscripción social de la poesía. Aquella que la circunscribe al imperio de los sentimientos, a una emocionalidad que no supera los lugares comunes o a una fuente de misterios frente a los cuales no cabe ninguna posibilidad de acercamiento reflexivo. Por el contrario, esta inscripción da lugar a un impresionismo crítico que coloca su lectura fuera de cualquier consideración objetiva de análisis. Así las cosas, una vez que la modernidad, desde el formalismo al posestructuralismo, subrayó la descripción de procedimientos, el aspecto combinatorio y lúdico del poema, la dinámica de su sintaxis, todo aquello que constituye su performatividad lingüística se ha vuelto algo extensamente aceptado. Al mismo tiempo, muchas veces se produce una pérdida, un vaciamiento, una reducción formal del poema y con ella la necesidad de incluir otros aspectos valorativos que se agreguen a la lectura de la construcción. Leer un texto, un poema, como una gran obra arquitectónica milimetrada y aislada lleva a una fetichización que lo aleja de su situación enunciativa.

En un sentido opuesto, resulta un camino incierto y regresivo el considerar un poema como un puro flujo verbal, en esa muchas veces imprecisa fluidez de la posmodernidad, con ese temor a las apoyaturas identificadoras o a los anclajes que pueden enlazarlo con otros textos dentro de una serie. Puede llevar a que la lectura, es decir la subjetividad del crítico, vea en el texto casi cualquier cosa al cegarlo de referentes o de un soporte de realidad. El texto puede convertirse en simple fetiche de un lector narcisista, que sobrevalora o minimiza los textos un tanto arbitrariamente.

Ubicar la poesía desde su escritura implicaría devolverla a su situación de enunciación, considerar al poema como espacio de construcción de sentido, como lugar de reunión de un sujeto interrogante en busca de un objeto impreciso (el enunciado). El hacer, la praxis del poema vista desde su enunciación se convierte en un estado de ausencia de certeza similar al de un *big bang* donde la energía subjetiva se va anclando, a través del lenguaje, en distintos referentes y va creando los propios, va delineando su propio imaginario. Ubicar el poema en una doble perspectiva –como construcción verbal y como configuración imaginaria, entendida ésta como el universo significativo que una obra construye– impediría reducirlo a una descripción formal. La construcción verbal y la configuración imaginaria son dos aspectos que se hallan absolutamente imbricados, se van conformando en la cinta de Moebius que la escritura recorre y donde no hay una distinción entre el afuera y el adentro, entre una exterioridad de las formas y una interioridad de las connotaciones, sino que ambas trabajan en simultáneo, sincronizadas por la subjetividad de quien escribe.

Ciertos pensadores contemporáneos vienen prestando particular atención a las nociones de subjetividad. Paolo Virno habla de un "sujeto anfibio" retomando las reflexiones del filósofo Gilbert Simondon sobre los procesos de individuación, y de los estudios de Lev Vygotski sobre el papel del lenguaje en la constitución psíquica. Dice Virno que en el sujeto pugna una proporción irreductible de realidad pre-individual que cohabita con el sujeto individualizado y culturalizado formando un precipitado inestable. Los tres aspectos pre-individuales que puntualiza son el fondo biológico de la percepción, es decir lo instintivo, el lenguaje y la cultura entendida como intelecto general histórico.[2] La lengua materna como elemento pre-individual y social actúa, junto al fondo biológico y al saber heredado, como un líquido amniótico envolvente e indiferenciado. La subjetividad es vista como un espacio de conflicto donde la singularización del sujeto se basa en sus acciones y los actos lingüísticos serían acciones privilegiadas en la constitución del yo consciente. Las reflexiones de Virno sobre la subjetividad pueden llevar a entender de manera más compleja la praxis poética como práctica lingüística dentro de un proceso de subjetivación.

Si se ubica la escritura dentro de un proceso subjetivo, el yo de enunciación poética, sumergido en el momento de su hacer puede ser considerado también como un "sujeto anfibio" que se retrotrae de su yo individuado, de su yo consciente, ubicado cultural e históricamente, portador de los enunciados aceptados y de los saberes transmitidos. El yo de enunciación poética es un yo ensimismado, cuestionador, que se desplaza en un contacto más "primario" con el lenguaje hacia una zona previa a su individuación, hacia un *apeiron o* zona indiferenciada, hacia un fondo más ligado a lo instintivo que constituye la materia replegada del mundo. Este desplazamiento "primario" implica también un regreso, cuando el poema se convierte en "discurso secundario". Bajtín ubica dentro de los discursos secundarios a aquellos que como el discurso literario requieren una mayor elaboración. La escena de la escritura podría verse así, como una praxis en la que el yo consciente se retrotrae de sí mismo y busca nuevamente singularizarse, rodeado y atravesado por el líquido amniótico de la lengua materna y de las improntas culturales en ella inscriptas. En esa interacción de retraimiento primario y elaboración secundaria, podría situarse el hacer de la escritura poética que plasma en un texto una dimensión imaginaria.

"Y sobre todo mirar con inocencia. Como si nada pasara", dice Pizarnik en uno de sus breves poemas, donde un yo replegado intenta acercarse a una zona de turbación, de temblor o temor; un yo intenta volverse hacia lo otro (Pizarnik 41). Esa búsqueda desde lo inicial o lo elemental, ese volver a mirar sin la carga de lo que ya ha sido visto o enunciado, ese regreso asombrado a lo conocido sin pérdida de naturaleza, identifica la escritura de poesía con el intento, a través del lenguaje, de nuevas conexiones con la propia intimidad y con el mundo; esa búsqueda impide que la poesía pueda ser confinada asépticamente a la búsqueda de un objeto estético. Su hacer la convierte, al mismo tiempo, en parte de un proceso subjetivo donde el yo se desplaza de lo sabido hacia un no saber, un movimiento que retrotrae el yo hacia una zona previa a su individuación.

Giorgio Agamben, cuando reivindica el rol de *Genios*, dice que el genio "destruye la pretensión del Yo de bastarse a sí mismo" (10). Para Agamben el genio de cada individuo actúa de modo caprichoso; el Yo o la conciencia dialogan con el genio en la intimidad de una zona de no-conocimiento y el estilo de un autor sería como esa "mueca de Genius", esa "marca sobre el rostro del Yo" (16). La crítica literaria durante toda una larga época de formalismo y estructuralismo privilegió, en su lectura, el diseño compositivo de los textos literarios, y con ellas la conciencia y el principio de realidad impuesto por el Yo. Retomar estas ideas para ponerlas en relación con la poesía sería volver a reconocer como ineludible el sustrato subjetivo, ese diálogo con lo aparentemente inmotivado por el que se conforma la escritura.

Habría que considerar además el concepto de imaginario, que habitualmente es aplicado en un sentido social como esa serie de significaciones que constituyen en las sociedades un imaginario colectivo anónimo. En los términos usados por Virno podría entenderse ese imaginario como un pre-individual que actúa como fondo cultural e histórico, a través de los discursos, los valores y las prácticas sociales. Pero el imaginario de los textos literarios, si bien puede interconectarse con alguna forma de imaginario colectivo, necesita además la mueca de genius que menciona Agamben, su propio gesto, su trazo individualizador.

Decía Edward Said que "escribir puede considerarse como el escenario en el que metodológicamente tiene lugar la interacción de presencia y ausencia" donde la presencia se conecta a la representación y la ausencia "al simbolismo, a la connotación, a la unidad inconsciente subyacente" (179). Considerar la configuración imaginaria sería incluir toda esa serie de significaciones que atraviesan una obra y sobre las cuales se generan los textos. A veces puede ser un mismo escenario, un lugar de origen o un paisaje adoptado, una iconografía, un conjunto de elementos que pueden aparecer juntos o disgregados en diferentes textos del mismo autor, pero que actúan dentro de una serie contigua o conectada. Lo imaginario de un texto puede rastrearse a través de todos esos significados que a modo de isotopías, de reiteraciones, le van dando contorno al deseo y a las búsquedas significativas de un autor, que por otra parte nunca es un sujeto tan aislado.

Determinadas producciones poéticas no presentan grandes despliegues experimentales; su escritura tiene una apariencia de linealidad que puede ser identificada con una escritura prosaica. Sin embargo, ponen en escena un imaginario particular y original que produce un efecto de lectura impensable desde la mera construcción. En esta perspectiva puede situarse la poesía de Marosa di Giorgio.

Nacida y criada en Salto, Uruguay, en la década del 30, la vida en las chacras, en las quintas del interior de su país, ha dado origen a su mundo literario. Vivir en esta chacra es "vivir en la Prehistoria" (26), le dice la madre a su hija en uno de los relatos breves de *Rosa mística*, y la alusión de algún modo ubica el espacio y el tiempo donde Marosa concibe el escenario de sus textos, lleno de prodigios. Dentro de él, la atmósfera feérica se mezcla con peones de campo, con olorosos jazmines, con gallinas y cerdos. El elemento maravilloso proporcionado, en parte, por las posibilidades de una tradición cultural convive con los elementos materiales de un mundo y un paisaje reconocible. El universo de la autora uruguaya aparece en su obra autoabastecido con sus propios referentes: hongos, uvas, rosas o flores rarísimas, organdí, perlas, diademas. Palabras que han ido constituyendo su repertorio y su iconografía, su originalidad. Se han señalado muchas influencias en su obra y pueden seguir mencionándose desde los cuentos de Andersen hasta Lautrémont pasando por el acervo cultural de los druidas de origen celta. En la lectura todo eso se percibe y, a la vez, resuena lejano. La influencia es parte de una mezcla donde tiende a borrarse la marca de origen, presentizada y encarnada en su escritura a través de una puesta subjetiva que atraviesa los referentes convirtiéndolos en propios.

El mundo de Marosa di Giorgio es un mundo de colegialas y jóvenes aniñadas, como de otra época, como provenientes de esa prehistoria que ella menciona, donde el ritmo está marcado por el gran acontecimiento de las nupcias, la virginidad, los requerimientos sexuales y el contacto directo con la naturaleza, la proveedora de maravillas y crudezas. La obra de di Giorgio toma muy frecuentemente, en esas pequeñas escenas y breves relatos de sus textos, la perspectiva de las niñas o adolescentes, cuando el entorno se transforma junto con sus cuerpos, cuando el mundo se vuelve a mirar con la lente del erotismo recién descubierto y de los sorprendentes cambios corporales propios que a su vez producen un giro en el comportamiento de los otros. La explicación sobre lo visto y experimentado, desde esta mirada descargada de conceptos culturales sobre la sexualidad, por ejemplo, desde esta voz adolescente, de ningún modo aniñada, se constituye en un imaginario metafórico. Frutas y animales participan de lo sorpresivo, higos que se abren, mariposas o murciélagos que aletean, se vuelven términos metafóricos; corporizaciones del deseo, de los órganos sexuales, el cuerpo mismo instrumento del deseo. El aspecto más revulsivo de su literatura se halla en los innumerables matices extraños e insistentes que toma el erotismo. Como una constante en la obra de Marosa di Giorgio, el erotismo se muestra dentro del mundo fantástico que la autora ha ido creando desde sus primeros libros y donde lo natural es sobrenatural, donde todo puede metamorfosearse en otra cosa y seguir siendo lo que era. El erotismo siempre se despliega con su maravilla carnal y su temblor pecaminoso, como recién salido de la mirada adolescente.

Desde los primeros hasta los últimos libros recopilados en *Los papeles salvajes* (1989) la sensualidad recorre ese mundo agreste de Marosa di Giorgio, lejos de las aristas urbanas. "Relatos eróticos" subtitula di Giorgio los textos de *Rosa mística* (2003), como antes ocurrió con *Misales* (1993) y *Camino de las pedrerías* (1997). El erotismo que en este último tramo de su obra se subraya con un trazo de evidencia, ha estado de manera más elusiva siempre presente.

Dice Marosa di Giorgio en un poema de *Clavel y tenebrario*, uno de los pocos poemas en el que ensaya el corte de verso:

> Jazmín del Cabo,
> otra vez
> quiero verte
> como en la niñez,
> con tu modo solitario, único,
> tu óvalo resplandeciente,
> tu color a marfil y a talco,
> que te abras de nuevo
> sobre la medianoche de un casamiento,
> cuando nadie lo espere,

> como una bendición
> con algo de malo;
> no sé qué tenías,
> que me quedaba inmóvil,
> como hipnotizada
> y embarazada;
> supliste a todos los varones
> con tu formidable sexualidad plateada.
>
> (*Los papeles salvajes* I: 243)

En el territorio Marosa es habitual que el mundo masculino se transfigure, particularmente a través de determinados animales (lobo, buey, murciélago, caballo). Los cruces son constantes. Se puede citar como ejemplo un relato –uno de sus textos más impactantes–, incluido en *La falena*, en que un novio-lobo come partes del cuerpo de la joven. Allí se relata en tercera persona la aparición del lobo desde el día en que la niña nace: "cuando nació apareció el lobo"(*Los papeles salvajes* II: 203); el lobo es una presencia amenazante que presagia sucesos siniestros ya desde su extraña descripción: "hocico picudo y en la pelambre, las espinas de escarcha (...) asomaban sus orejas puntiagudas entre las cosas". Al mediar la narración se ubica el clímax de una manera que es habitual en los cuentos tradicionales. En el texto de Marosa di Giorgio será "una noche extraordinaria" (203) en la que el lobo "se presenta como novio" (203). La protagonista había presentido que eso sucedería y asiste a sus nupcias como quien acepta su destino: "Sólo la sonrisa leve que había visto a las amigas en las bodas" (204). Pero lo que se relata seguidamente es una escena de devoración: "Él le sacó una mano, y la otra mano; un pie, el otro pie; la contempló un instante así. Luego le sacó la cabeza; los ojos (puso uno a cada lado); le sacó las costillas y todo" (204).

Finalmente, también devora la sangre "con rapidez, maestría y gran virilidad". Así termina el relato, en la consumación de un matrimonio acechado por el símil de la violación. A través del relato, hay una mirada descarnada hacia ese acto de entrega carnal y aceptación pasiva, una mirada que podría entenderse como crítica a través de su crudeza. La mujer es devorada por la figura masculina asociada aquí al lobo como animal predador y también, simbólicamente, a lo que representa dentro de la inscripción cultural que le ha dado el cuento maravilloso para niños o niñas. Baste recordar "Caperucita roja" para ubicar al lobo como figura emblemática.

Puesta en la continuidad literaria que le es más próxima, esta obra dialoga estrechamente con la de esa otra gran poeta uruguaya que fue Delmira Agustini; quizás no hubiera podido hacerse sin el exceso erótico que Agustini ponía a jugar en su poesía. Vía Agustini, el mundo de di Giorgio se relaciona con las pedrerías y el exotismo del Modernismo hispanoamericano, lo que algunos críticos han llamado la utilería modernista: piedras preciosas, jardines poblados de lagos y de cisnes, sedas y chifones. La diferencia es que en Marosa lo exótico se muestra como natural, o bien no hay tal exotismo. La naturaleza se sobrenaturaliza con una visión pagana y ancestral, animista, que a veces es decorado, cuidadoso maquillaje, y otras es lírica pura.

Su poesía crea un mundo personal, autosuficiente, sostenido durante toda su obra donde con mínimos desvíos sintácticos y lexicales crea una lengua excesiva o hace de la lengua un exceso. Decía Deleuze, a partir de una idea de Proust, que la literatura traza en la lengua "una especie de lengua extranjera, que no es otra lengua, ni un habla regional recuperada, sino un devenir-otro de la lengua" (11). En di Giorgio esa extranjería estaría dada por la producción de un mundo que sólo ella habita. Sólo ella puede crear ese hábitat literario combinando esos objetos algunas veces exóticos, otras absolutamente pedestres, pero que sólo ella escucha y ve de la manera que le es propia. Hay en su poesía un léxico constituido por nombres de flores como bromelias o diamelas al lado de otros más comunes; hay nombres que aluden a joyas o a piedras preciosas superpuestos a un léxico de elementos populares. Un mundo desfamiliarizado por los ojos de una niña que todo lo mira a través de los engarces maravillosos que pueden engendrar los cuentos de hadas o el cuento de tipo tradicional. Los textos se hallan atravesados por una sexualidad y un erotismo muchas veces brutal que se mezcla con los más disímiles referentes.

Es casi imposible anular la convivencia entre poesía y prosa por la que trasuntan sus textos con total libertad, se diría despreocupados de límites genéricos. Así como marcaba algunos de sus libros con el subtítulo de "relatos eróticos", en su último libro *La flor de lis* la casi dedicatoria de la primera página dice: "Poemas de amor a Mario". Más allá de esta ambivalencia, se puede ubicar una escritura forjada en el hacer que es propio de la poesía. Por un lado, es muy difícil hablar de narradores en estos textos; es el mismo yo de enunciación que reaparece una y otra vez, prácticamente sin diferencias. Por otro lado, la alianza con el texto poético se da a través del ritmo. Se marca con suaves crescendos, con ciertos aceleramientos. Alejada de las simetrías de la rima y del verso medido, alejada incluso del verso libre, su escritura, sin embargo, se entrega incondicional al ritmo; sólo desde allí puede entenderse algunas veces su puntuación y su sintaxis. Una oración comenzada con "y", una secuencia que enumera con punto y seguido y no con comas, para no mencionar las frases que no utilizan verbo conjugado. La escritura de Marosa di Giorgio confía en su ritmo más que en la puntuación preceptiva, adecuando lo escrito al fluir subjetivo del lenguaje, pero lo hace sin violencia, con una relativa excentricidad.

El cruce de fronteras genéricas en la poesía moderna ha quedado instalado desde los *Pequeños poemas en prosa* de Baudelaire, quien a su vez se basó en los breves textos en prosa de Aloysius Bertrand. Pero cuando se habla de prosa poética generalmente no se aclara demasiado de qué se trata; por esa razón definir una escritura como prosa poética puede resultar minimizador, o en todo caso poco descriptivo. Para arriesgar un resumen, se podría decir que estos relatos fueron puestos a funcionar por una concepción poética de la escritura que exige un diálogo subjetivo y que logra una puesta de la subjetividad a través de un imaginario impregnado de erotismo. En esa concepción poética, además, el ritmo es una matriz y ejercita su hacer en una búsqueda de sentido que puede hacer desaparecer verbos y comas, torciendo relativamente el lenguaje, sin que esa torcedura se apropie del texto. A pesar de los elementos fantásticos que pone a funcionar y de la influencia notoria del cuento maravilloso tradicional, la enunciación de sus textos está más relacionada con el hacer poético que con la ficción narrativa. Esto puede verse muy claramente en que los narradores no son importantes, como así tampoco las tramas ni la creación de personajes; lo que sí importa es ese yo de enunciación que erotiza el mundo, a través de un universo poblado con referentes materiales y literarios pero convertidos en propios.

A través de los textos de Marosa di Giorgio es interesante ver cómo cierta poesía sitúa sus búsquedas y su aventura más acentuadamente en una proyección imaginaria, menos identificada con las transgresiones lingüísticas y más a tono con procedimientos constructivos sobrios e impecables desde el punto de vista de su eficacia. Desde esta perspectiva habría que relativizar la idea que llevó a entender la lengua poética como anomalía, como "desvío",[3] y a valorizarla casi exclusivamente de acuerdo con esa desviación. Sobre este presupuesto se desarrollaba el trabajo de Jean Cohen, por ejemplo. Ocurre que la alteración gramatical, un recurso habitual dentro de esa caja de resonancias rítmicas que es el poema, puede ser mínima o casi imperceptible en determinados textos que, en cambio, ejercen una poderosa atracción desde el efecto de extrañamiento producido por un entrecruzamiento inesperado de sentidos.

NOTAS

[1] ¿Cómo se reconoce a un maestro? Diría que no en el momento de recibir sus enseñanzas, sino después, cuando se repite el gesto de su silenciosa exigencia. Cuando en la anotación al margen de un texto propio reaparece como en un palimpsesto, otra indicación, ya imprecisa, pero clara en modo de tensar el sentido. A mi maestro, Andrés Avellaneda.

[2] Virno llega a esta idea de subjetividad buscando encontrar aquello común a la multitud, entendida como red intersubjetiva, como red de individuos múltiples que comparten una zona indiferenciada previa a la individuación. Sobre este concepto ver el capítulo VII "Multitud y principio de individuación" en *Cuando el verbo se hace carne* y el capítulo III "La multitud como subjetividad" en *Gramática de la multitud*.

[3] Jean Cohen, por ejemplo, para definir la poesía habla de la "violación sistemática del código del lenguaje", "una forma de patología del lenguaje" (50). Mantenía un punto de vista estructural estricto que llevaba también a definiciones por la negativa: "el verso es la antifrase" (71).

BIBLIOGRAFÍA

Agamben, Giorgio. "Genius". *Profanaciones*. Buenos Aires: Adriana Hidalgo, 2005. 7-17.
Bajtín, Mijaíl. "El problema de los géneros discursivos". *Estética de la creación verbal*. México: Siglo XXI, 1982. 248-93.
Cohen, Jean. *Estructura del lenguaje poético*. Madrid: Gredos, 1970.
Deleuze, Gilles. *Crítica y clínica*. Barcelona: Anagrama, 1996.
Giorgio, Marosa di. *Camino de las pedrerías*. Buenos Aires: Planeta, 1997.
_____ *La flor de lis*. Buenos Aires: Cuenco del Plata, 2004.
_____ *Misales*. Montevideo: Cal y Canto, 1993.
_____ *Los papeles salvajes*. 2 tomos. Buenos Aires: Adriana Hidalgo, 2000.
_____ *Rosa Mística*. Buenos Aires: Interzona, 2003.
Pizarnik, Alejandra. *Extracción de la piedra de locura*. Buenos Aires: Sudamericana, 1968.
Said, Edward. *El mundo, el texto y el crítico*. Buenos Aires: Debate, 2004.
Virno, Paolo. *Cuando el verbo se hace carne*. Buenos Aires: Cactus, 2004.
_____ *Gramática de la multitud*. Buenos Aires: Colihue, 2002.

Fragmentación del cuerpo: la escritura y la memoria en *The Little School* y *Pasos bajo el agua**

MARTA ZULEMA BERMÚDEZ
Mercer College

La labor de Andrés Avellaneda, la cual tuve oportunidad de conocer durante mi posgrado, posteriormente tuvo la particularidad de informar, "abrirme los ojos" a la desinformación sistemática a la que se sometió al pueblo argentino durante la mayor parte del siglo XX y parte del XXI. El rigor académico y la persistente pesquisa de Andrés por los archivos de la censura oficial argentina,[1] logró darme la pauta de la diabólica conspiración llevada a cabo entre el Estado-nación, la oligarquía, el intelectual orgánico y las fuerzas armadas. La coerción maquinada por dichos grupos colaboradores logró la implícita complicidad de miles de ciudadanos que se dejaron oprimir y dejaron que reprimieran varias generaciones que tuvieron la vana pretensión de un discurso político como el que habría programado el contrato social que fundara la República.[2] ¿Cómo llegar a comprender a mis conciudadanos? ¿Cómo llegar a perdonarlos? Gracias al descubrimiento de la maquinación pude llegar de vuelta a mi país y estar en paz con la realidad y con los muertos.

Esta comparación de testimonios carcelarios de dos sobrevivientes detenidas: una ex presa política y una desaparecida de la época del Proceso (1976-1983), "Fragmentación del cuerpo: La escritura y la memoria" es un artículo de varios que fueron inspirados por la tarea de deconstrucción de la impunidad por Andrés Avellaneda.

Elie Weisel en *Todos los torrentes van a la mar*, medita acerca de su experiencia vital de la siguiente manera: "No estoy obsesionado con la muerte sino con los muertos, con las víctimas. Me pregunto constantemente si no los traiciono, ya sea por hablar o por no hablar lo suficiente". A pesar de que el escribir, el labrar un espacio para eternizar la palabra, implica un desafío al silencio, en algunos textos se pueden apreciar, en especial los del denominado "género" testimonio, rupturas, vacíos, elipsis, que remiten al olvido (silenciamiento) impuesto por la oficialidad. La oposición al olvido es en sí la que motiva la escritura testimonial como arma de resistencia por eso los recursos que implican la censura. El contexto que encuadra este estudio es el de la dictadura argentina: 1976-1983. Este ensayo es, en realidad, una continuación y un comienzo a mi propia labor de reconstruir la memoria de una pesadilla de la cual pareciera que los argentinos nunca llegamos a despertar.[3]

En este caso se observa la experiencia dantesca sufrida en carne propia por dos escritoras, una víctima de la desaparición y la otra de la captura política:[4] Alicia Partnoy, autora de *La escuelita* (2006) y Alicia Kozameh, autora de *Pasos bajo el agua* (1987). En este trabajo, me gustaría explorar varios puntos de contacto, así como las divergencias entre los textos, como el fenómeno de la incursión de "lo literario", el tema de la solidaridad, de lo sensorial, y de la fragmentación, tanto corporal como textual y lingüística, en dos ejemplos de un género discursivo donde la totalidad no existe, y el final queda abierto a la dialogización con otros testimonios de la misma barbarie que los motivó.

En el caso de las escritoras argentinas sobrevivientes de la captura política de los "años negros", como popularmente se denomina a la dictadura, casi todas escriben su propia experiencia, poseen una formación intelectual, y no necesitan la participación de un mediador solidario. Casi todas las sobrevivientes que escriben la experiencia del terror en la Argentina, pertenecen a la misma cultura y clase media que algunos sectores del poder. Sin embargo, en su situación de ciudadanas argentinas bajo un régimen totalitario, éstas representan la subalternidad, especialmente por el hecho de ser mujeres en una situación de impotencia ante el gobierno *de facto*.[5] Estas sobrevivientes pertenecen a una sociedad cuyos derechos constitucionales fueron confiscados por el aparato político-militar, que diseñó su propia historia excluyendo de manera violenta a los grupos para quienes estaban destinados dichos derechos: los ciudadanos. Por eso, no es infrecuente que en esa necesidad imperiosa del poder de marcar los límites de la exclusión (mediante desapariciones, torturas, violaciones, asesinatos), se sometan no sólo a obreros y a campesinos, sino también, como en el caso del Cono Sur, a un amplio sector de la pequeña y alta burguesía contestataria, la misma que aparece en los testimonios de Partnoy y en el de Kozameh, respectivamente.

Es interesante apreciar los rasgos biográficos comunes entre estas dos mujeres, en la medida en que sean pertinentes a la elaboración de sus testimonios. Un aspecto que singularmente las hermana, es el hecho de que ambas autoras pertenecen a la generación que, durante su niñez, presenció el silenciamiento del peronismo por la irónicamente denominada "Revolución Libertadora" de 1955. Durante el segundo mandato del presidente Juan Domingo Perón, hubo un golpe militar, liderado por el almirante Isaac Rojas y el general Pedro Eugenio Aramburu, que obligó al mandatario a exiliarse en España, es a este golpe que se le llamó "La Libertadora" (Rock 262-319). Este asalto a la democracia (calificación que merece ese golpe, haya sido Perón o no un buen presidente) creó en el pueblo el mito de la victimización de un líder que favorecía a la masa. Dicho golpe militar además silenció, en el transcurso, el diálogo político. O sea, que a partir de ese evento, el pueblo argentino fue negado de su derecho de participación en la política, con los aplausos de la oligarquía, la Iglesia y la burguesía que pudo beneficiarse del gobierno de turno.

Ambas escritoras, Kozameh y Partnoy, vivieron en su niñez el estupor y la indignación de la oligarquía y la burguesía argentinas ante las medidas "niveladoras" de clase que realizó el gobierno justicialista. A su vez, experimentaron la censura, la represión del partido y de sus seguidores en los dieciocho años durante los cuales Juan Domingo Perón estuvo en el exilio. La generación de las testimoniantes es la que, debido a ese discurso de reprobación y silenciamiento, idealizó y mitificó al peronismo, como reacción perfectamente lógica ante el discurso del silencio. El mito de Perón paralelo a la represión antiperonista, y la falta de diálogo político en general acabaron por provocar la desconfianza y el descontento en la juventud que se crió con la "Libertadora". El triunfo de la Revolución en Cuba en 1959 se percibió como una esperanza. Aunque en el caso de Kozameh, que militó en el E.R.P., la idealización de Perón no fue un factor personal, sino que simplemente, contribuyó al descontento político que la unió a Alicia Partnoy y a sus coetáneos. El discurso de equivocaciones ideológicas de parte del pueblo es perfectamente entendible si se explora el tema de la manipulación del discurso público a través de la censura y el juego entre lo que se dice, lo que no se dice y lo que se insinúa, como analiza Avellaneda en sus estudios de 1985-93.

Alicia Kozameh, nacida en 1953, fue secuestrada el 24 de septiembre de 1975, poco antes del golpe. Kozameh fue conducida a la alcaldía de Mujeres de la Jefatura de Policía de Rosario, lugar que no dejaría hasta el 24 de diciembre de 1978 para ser transportada a Buenos Aires a la cárcel de Villa Devoto. Alicia Partnoy, nacida en 1955, fue desaparecida el 12 de enero de 1977 en Bahía Blanca y llevada al campo de concentración "La Escuelita";[6] luego fue transportada a otra prisión de donde no saldría hasta la navidad de 1979. Ambas autoras viajaron a los Estados Unidos, Kozameh en abril de 1980, después de dos años y cuatro meses de "libertad vigilada", y Partnoy en 1979, apenas salida de la cárcel. Las dos autoras regresaron a la Argentina en 1984 para declarar y prestar testimonio en los juicios contra los militares que nunca llegarían a ver la justicia. Las dos volvieron a Estados Unidos para radicarse en este país, debido a que la vida en la Argentina de la impunidad y el olvido ya no podía tener sentido para ninguna de ellas.

Como es de suponer, hay puntos de intersección en los dos testimonios. Comparten por ejemplo la necesidad de mostrar al mundo la otra cara de la tranquilidad burguesa, mediante estrategias perpetradas por el terror organizado. Esta función del discurso se pudo haber presentado en un lenguaje referencial, objetivo, directo, documentado, irrebatible. Sin embargo las dos autoras optaron por contar a partir de un relato donde predomina el lenguaje literario, convirtiéndose así en representantes ejemplares de su comunidad en su triple connotación de testigos, actrices y juezas (Jara 4). Divido el estudio en tres partes. La primera se concentrará en la estructuración literaria, donde se podrá apreciar la organización textual de los testimonios. Luego me concentraré en la función de los títulos, la explicitación de sus programas literarios o la falta de ésta, la reescritura de la historia silenciada sobre la negación de la historia oficial, los diferentes niveles de comunicación (la importancia de lo sensorial) que se dan en "el Sótano" y en la "Escuelita":[7] lugares donde se cometen impunemente los peores atropellos contra la dignidad humana. Aquellos lugares cuya existencia fue pertinazmente negada por la Junta Militar Argentina incluso después de la confesión y declaraciones del oficial de la Marina Francisco Scilingo en España y en la Argentina, recogidas por el periodista Horacio Verbitsky en *El vuelo*, de 1995. Más tarde volveré al tema de la fragmentación, que es de suma importancia en la composición de estos textos.

Ambas autoras otorgan implícitamente a su relato un carácter metonímico de comunidad, elemento que se hace explícito debido al uso de estrategias como la de otorgarle la voz a otros narradores (incluyéndose a ella misma en el caso de Partnoy). Estos narradores son los compañeros que fueran apresados junto con ella y que para el momento de la enunciación habían desaparecido, ya para siempre. Kozameh, a su vez, propone a Sara como poseedora del punto de vista narrativo. O sea: una narradora básica que narra en tercera persona y que en muchas ocasiones le cede la voz a Sara, la protagonista testimoniante. Ambos recursos son préstamos de la narratología clásica y otorgan a los textos un indiscutible valor literario, pero también una innegable función política: socializar el sufrimiento individual y externalizarlo en el discurso de aquellos reducidos al silencio por el régimen militar. Al leer los relatos de las dos Alicias, no queda duda en el destinatario de que ellas fueron (y siguen siendo) parte integral de la realidad narrada a pesar de las múltiples estrategias literarias utilizadas en sus creaciones.

Frente a la explicitud testimonial de títulos como *Me llamo Rigoberta Menchú y así me nació la conciencia*, o *Saturnino Huillca: Habla un campesino peruano*, o *Si me permiten hablar*, de Domitila Barrios de Chúngara, los elegidos por Alicia Partnoy y Alicia Kozameh parecen no demostrar interés en presentarse de inmediato como un testimonio. Esta estrategia no significa que no exijan de su público un lector solidario,[8] sino que reclaman del lector, una reelaboración interpretativa, es decir una descodificación literaria, voluntariamente ausente en los otros títulos mencionados.

El título de Partnoy es significativo de inmediato para el lector solidario argentino: *La escuelita*. Primero porque el eufemismo de "la escuelita" es detectado como uno de los tantos espacios utilizados por el sector represor para controlar la subversión en espacios donde se educaban a los hijos que se habían 'portado mal'.[9] Además, durante el juicio a los militares, los testimonios orales de las víctimas colmaron los periódicos argentinos, para nuevamente ser silenciados después de las infames leyes de Punto Final y Obediencia Debida, las cuales asegurarían la total impunidad de los represores hasta muy recientemente. Sin embargo, *The Little School* fue publicada en los Estados Unidos para un lector solidario extranjero, a quien, para iniciar la lectura testimonial, le es necesario abrir el libro y leer el texto lingüístico al igual que los mensajes no verbales: dibujos, planos, viñetas, los cuales le dan al diseño de la carátula el sentido que se propone. Todos estos signos se unen para otorgar significado y resolver el sentido final del eufemismo "La escuelita".

El choque para el que lee será el enterarse cuáles son los "métodos pedagógicos" utilizados por los "docentes". Un hecho que queda grabado en la mente del lector es que no sólo la Escuelita existió, sino que miles de campos de concentración existieron por toda la Argentina durante el momento de la narración. Además que el relato refuta la manera flagrante con que los militares desmintieron la existencia de esos campos y de los desaparecidos. Para la Junta, la existencia de esas cárceles encubiertas y los desaparecidos no fueron más que *cuentos*, patrañas inventadas por los "subversivos" y sus madres para desacreditar al régimen. Pero, si en el futuro quedara alguna duda del discurso diabólico y el cinismo oficial, el epígrafe de Partnoy sirve para comprobarlo: La cita siguiente del Documento Final de La Junta Militar sobre la Guerra Contra la Subversión y el Terrorismo:

> ...También se habla de personas "desaparecidas" que aún siguen arrestadas por el gobierno argentino en lugares ignorados de nuestro país. Todo esto no es más que un subterfugio declarado con propósitos políticos, ya que ni existen los campos de detención clandestinos en la República, ni hay personas en detención clandestina en ninguna institución penal. (4)

Además, la connotación de "mentira" o "patraña" no es la única que se le puede adjudicar a la palabra *tales* (cuentos) de la primera versión en inglés, sino que también es obvia la connotación literaria reforzada por la presencia del complemento "of disappearance". "Cuentos de desaparecidos", diríamos en castellano, para referirnos a una variante consagrada de los cuentos de terror que abundaron en la narrativa romántica del siglo XIX. Claro que para un lector informado, cómplice, no se trata de los fantasmas clásicos que pueblan las novelas de misterio, sino de aquellos seres humanos que sufrieron el rapto clandestino, convirtiéndose en los sujetos fantasmagóricos de una novela infinitamente más terrorífica y cruel que la ficción: la posmodernidad latinoamericana, en este caso la argentina.

El título del texto de Kozameh es definitivamente literario y podría ser el de una novela o el de un poemario.[10] Apunta a una instancia concreta en la historia relatada: los pasos de una mujer que sale de la cárcel luego de casi cuarenta meses de encierro y sufre, camino al micro militar, la desfamiliarización frente al cielo nocturno y comprende que hay una distancia que lo aleja de la nocturnidad del encierro:

> En el momento de defenderme de esa libertad que se me caía encima no pensé, no dije nada. Quizás se me ocurrió que, en todo caso, estaba viva, y que otra alternativa para ese instante era la lluvia. Nada que no se le pudiera ocurrir a otro. Cruzar con la lluvia el espacio entre el portón de la cárcel y el micro del ejército. Tres pasos bajo el agua: bueno para un título, si escribiendo [sic] algo (7).[11]

Claro que la hablante, ahora en primera persona, es Sara. Pero sabemos que se trata del *alter ego* de la autora, la personaje de una experiencia que conocemos como real, ya que nos lo ha hecho saber en las primeras páginas del libro.

Otro aspecto donde se evidencia la irrupción de lo literario, lo encontramos en la notoria diferencia de lenguaje empleado en las introducciones, escritas por las autoras mismas, y los relatos que conforman ambos textos. La voluntaria diferencia, que podría verse como un efecto producido por las distintas hablantes, revela la necesidad de acudir a otro tipo de discurso cuya eficacia haga más visible sus propósitos. En ambos casos estos son muy claros y específicos: para Alicia Partnoy se trata de rendir tributo a una generación de argentinos en su esfuerzo por traer cambio social y justicia, también de conmemorar a las víctimas de la represión en América Latina y, sobre todo, de denunciar la existencia de lugares siniestros como "La Escuelita", donde se les enseña a los presos a perder la memoria de ellos mismos (8). Toda la "Introducción" está redactada en un lenguaje denotativo "casi judicial" (Bermúdez, *The Little School...* 9) propio del documento o registro. Salvo por la palabra *tales*, mencionada en el título en inglés, nada nos dice la autora del carácter literario de su testimonio.

Alicia Kozameh, en cambio, sí parece preocupada por señalar dicho carácter. De hecho, en su escueta introducción califica a sus textos de "relatos" y hace, al igual que Partnoy, explícitos sus propósitos: "estos relatos fueron escritos para que los episodios de los que me ocupo sean conocidos". Y añade reveladoramente: "Les he dado forma literaria porque me gusta, disfruto trabajar aprendiendo la literatura" (6), pues el referente real pudo haberse descrito con otras "formas" que no fueran necesariamente las literarias, lo que nos hace concluir que la literatura es, para Kozameh, una opción. Opción a la que considera definitivamente más eficaz como modo de testimoniar.

Al texto escrito en *La escuelita* hay que agregarle el valor testimonial de los dibujos de la madre de Partnoy y el de las viñetas que presiden cada uno de los relatos, lo que es intrínseco al significado total del texto.[12] Es necesario señalar como ya lo hice en un artículo anterior, el nexo entre la imagen visual con la palabra poética, que también funciona como estrategia articuladora. Los versos de Luis Paredes, Blas Otero, Leonel Rugama y Mario Benedetti se hacen presentes en el texto visual y se integran a él por absorción, formando parte del discurso testimonial a modo de mosaico desarticulado por la fragmentación producto de la disociación de la realidad carcelaria.

La estructura del libro de Alicia Kozameh es algo distinta. Comienza con un prólogo telegráfico firmado con sus iniciales, otro mecanismo de despersonalización, luego la dedicatoria al compañero de esa coyuntura, el novelista David Viñas, y nueve relatos integrados al igual que los de Partnoy. Hay, sin embargo, dos diferencias notables. La primera, es el efecto de circularidad de los relatos de Kozameh: el primero se titula "A modo de regreso I" y narra el proceso de desfamiliarización de Sara cuando llega a su casa luego de haber pasado tres años y tres meses en la cárcel; el último, titulado "A modo de regreso II", narra su salida del sótano, empalmando temporalmente con el primer relato, lo cual representaría una continuación natural. La segunda diferencia, como mencioné, es la caracterización de Sara como *alter ego* de la autora y la presencia de una narradora básica que muchas veces le cede la voz.

Aquí también hay dibujos que se integran al relato, pero no a modo de viñetas como en el texto de Partnoy, sino como ilustraciones testimoniales, ya que fueron hechos por la autora en los cuadernos que la acompañaron durante su estadía en la cárcel. Hay un aspecto particular de la escritura de Kozameh que es interesante: las breves frases en cursiva que la autora consigna entre relato y relato. A primera vista parecen indicios del texto siguiente, pero la recurrencia de ciertas palabras y la presencia de paralelismos y repeticiones parecerían esconder otro mensaje. Son un total de nueve[13] y cada una ocupa una página en blanco. Así se leen en secuencia continua:

> Me detengo. Camino, me detengo.
> Otros caminan.
> Los zapatos caminan solos.
> Las cartas vuelan.
> Las ratas caminan y nadan.
> La muerte marca el paso: camina.
> Los ojos van: caminan.
> Las cartas vuelan.
> Camino. Me detengo: camino.

Se puede leer como un poema, de hecho lo es, y brinda a los relatos un carácter especial: el de explayar en prosa la experiencia que resume, por anticipado, cada verso. Podría ser que este poema haya nacido con el título del volumen, o sea el trayecto del portón de la cárcel al micro del ejército. La desmembración versal del poema, cuya circularidad se hace evidente si confrontamos el primer verso con el último, podría funcionar como el articulador no visible de los relatos, erigiéndose en el vector integrador de los mismos. Este sistema cifrado, que entrelaza hábilmente dos géneros discursivos, no sólo potencia el mensaje, sino que revela por parte de la autora un sofisticado manejo de la "forma" literaria.

Las acciones relatadas en ambos libros transcurren en su mayoría en dos lugares diseñados para borrar la memoria, "La Escuelita" y "El Sótano". Al igual que las testimoniantes, estos lugares no son los únicos y tienen una función metonímica respecto a los miles que abundan en América Latina, lugares secretos y apartados donde se cometen las más grandes atrocidades en nombre de la Familia, Dios, y la Patria. Es allí donde la tortura se convierte en el "doble de la paz burguesa" (Jara 11), es decir, en la violencia necesaria para la existencia de una tranquilidad social que muchas veces ignora, o no quiere darse cuenta de su altísimo costo humano. Las autoras hacen hincapié en los verdugos y su responsabilidad personal. Partnoy los describe metódicamente, a pesar de la venda en los ojos. Sin embargo, ¿son ellos los únicos responsables? O, ¿hay toda una maquinaria social que los hace necesarios? Eduardo Galeano dice al respecto:

> ¿Quiénes torturan? ¿Cinco sádicos, diez tarados, quince casos clínicos? Torturan los buenos padres de familia. Los oficiales cumplen su horario y después ven televisión junto a sus hijos. Lo que es eficaz es bueno, enseña la máquina. La tortura es eficaz: arranca información, rompe conciencias, difunde el miedo. Nace y desarrolla una complicidad de misa negra. Quien no torture será torturado. La máquina no acepta inocentes ni testigos. ¿Quién puede conservar las manos limpias? El pequeño engranaje vomita la primera vez. La segunda vez aprieta los dientes. A la tercera se acostumbra y cumple con su deber. Pasa el tiempo y la ruedecita del engranaje habla el lenguaje de la máquina: capucha, plantón, picana, submarino, cepo, caballete. La máquina exige disciplina. Los más dotados terminan por encontrarle el gustito. Sí son enfermos los torturadores, ¿qué decir del sistema que los hace necesarios? (12)

Amparados por el aislamiento de estos lugares (aislamiento reforzado por la venda en "La Escuelita", y en el caso del "Sótano", por la lámina de hierro que separaba a las "subversivas" del pabellón de guardia) los torturadores llevaban a cabo sus funciones procurando silenciar toda posibilidad de comunicación entre los presos. Apartados del mundo, ignorantes de su propio paradero, desvinculados de sus amistades y familiares, quienes a su vez ignoraban su paradero, era natural que los presos políticos desarrollaran sistemas de comunicación alternativa en varios niveles: 1) con los compañeros; 2) con los torturadores; 3) consigo mismos, y cuando fuese posible, 4) con el espacio exterior.

A lo largo de sus relatos, Partnoy y Kozameh insisten, de un modo conmovedor, en la necesidad de la comunicación como imperativa y vital solidaridad entre los compañeros de prisión. El aislamiento creaba un espacio especial y muy particular dentro de la cárcel, "un Estado dentro del Estado" (Samojedny 33). Por estar completamente aislada la prisión del resto de la sociedad argentina, la comunicación y la solidaridad creaban normas y modos especiales de comunicación entre los detenidos. El régimen carcelario tenía como meta destruir las relaciones de los presos entre sí y con sus familias. Además, las autoridades carcelarias prohibían a los detenidos la comunicación entre ellos (véanse Zamorano y Samojedny). Por lo tanto, el espacio de la cárcel recreaba su propia situación familiar a partir de la solidaridad, los lazos que los presos desarrollaron, los cuales se describen más allá del espacio carcelario como "lazos familiares". "Los presos se vieron obligados a compartir sus vidas con todos los otros presos, más allá de diferencias ideológicas o de clase" (Filc 164). Dentro de la reclusión, no se logra, sin embargo, evitar la creación de un código comunicativo que mantuvo viva la solidaridad. En *La Escuelita*, por ejemplo, la red comunicativa se vuelve más densa a medida que se aumentan las estrategias de silenciamiento. Dicha red comunicativa convierte al pequeño infierno en un microcosmos donde la solidaridad se convierte en la única herramienta para la supervivencia. En el siguiente fragmento, llamado "La primera noche del Benja", se distinguen las estrategias:

> *Tengo el pedazo de queso y también un pancito que guardé para mañana... Si los corto chiquititos, entre los dedos del pie...está la frazada, no se van a dar cuenta. Lástima que no guardé el dulce! Lástima que no guardé el dulce!*

—Benja, Comiste?
—No.
—Tomá, masticá con cuidado para que no te vean

Unos diez viajes, el próximo es el último. Ya está: El pancito entre el dedo gordo y el segundo, estiro con cuidado la pierna y llego hasta sus manos. Dobla la cabeza sobre las manos y mastica con cuidado; ya le avisé que no tengo más. (38)

El libro está lleno de ejemplos como el citado. Por eso al final la lista de *dramatis personae* no hace sino reforzar la familiaridad del lector con los personajes como La Vasca, Graciela, Patichoti o el citado Benja. La lista nos recuerda, además, que se trata de seres reales como tantos otros cuyo paradero y situación aún se ignoran.

El caso del "Sótano" es diferente, pues se trata de una cárcel donde se comparten pabellones con presas comunes.[14] Además, todas las presas son mujeres, lo que presta a que la división entre "políticas" y "comunes" sea percibida por estas últimas como una división social. Cuando Sara llega al "Sótano" y conoce a Adriana, una presa común acusada de practicar abortos y traficar con niños, ésta le señala a dos mujeres y le dice:

Y aquellas que no se acercan, las ves?, son prostitutas. Esas no se integran nunca. Sienten que las comunes como nosotras somos clase alta. Nos tienen bronca. Me imagino lo que sentirás vos ante nosotras. Todas las políticas son profesionales y estudiantes, de familias de ricos. O casi todas, no? (14)

Sin embargo, la solidaridad funciona a pesar de las diferencias de clase e ideología. Gracias a Adriana, Sara puede recibir los primeros mensajes de reconocimiento de sus compañeras, ocultos en el interior de una plancha. Al igual que el libro de Partnoy, el de Kozameh incluye pasajes donde la solidaridad es el único refugio ante las condiciones inhumanas que les imponen los guardias. En el relato "Como en la guerra. En la guerra", por ejemplo, asistimos al sistema de organización de las madres para alimentar a sus recién nacidos en los turnos de noche, creando un sistema "familiar" de apoyo. En el titulado "Del diario de Sara", se percibe cómo las compañeras sufren en carne propia la enfermedad de Patricia del Campo (en la realidad Patricia Pais) y la negligencia de los guardias, la cual, al final, la llevará a la muerte.

La comunicación del preso consigo mismo es un fenómeno corriente en las personas aisladas, en las cuales el desdoblamiento se hace sumamente dramático. El ser deviene su propio interlocutor, generando un sistema comunicativo que puede comenzar como autoanálisis y culminar, en los casos de más extrema desesperación, en la esquizofrenia. Es interesante observar que en Kozameh y Partnoy, al contar con una experiencia creativa, de escritura literaria, se habitúan al aislamiento y al autoanálisis requerido por el lenguaje poético. Por eso mismo, los momentos más difíciles del cautiverio se poetizan, a veces como una forma de protesta, a veces como revelación de ciertos aspectos de la personalidad o del aspecto físico, y a veces con humor. Por ejemplo en *La escuelita*, Partnoy se reconcilia con su nariz, en "Mi nariz", (con el mismo argumento que antes la rechazaba, ya que la percibía como de tamaño excesivo para su rostro). En la prisión, da gracias a su nariz que le permite mirar por debajo de la venda. Al igual en "La cajita de fósforos" (74), donde confiesa haber conservado su diente en la pequeña caja de fósforos. En su breve conversación con la Vasca:

—Alicia...me llamó la Vasquita una mañana en que "el Pato" estaba cambiándole las vendas de los ojos a los "cumpas" de la otra pieza—.
—Sí...
—¿Cómo estás?
—Bien, ¿y vos?
—Bien, ¿y tu diente?
—Descansando...
—¿Cómo descansando?
—Sí, me dieron una cajita para que pase la noche.
—¡Je! Estás hecha.
—Recursos que una tiene... (74)

Dicho fenómeno ocurre también en la viñeta titulada "Sesión de Belleza" durante la cual leemos los pensamientos de Alicia mientras le ordenan bañarse y afeitarse las piernas. A través de su meditación, el lector se entera de la desaparición de Vasquita, a la cual la hicieron depilarse antes de llevarla a matar, y los cuestionamientos de la misma Alicia, quien se pregunta si ella tendrá el mismo destino:

Hoy no se asoma nadie a mirar. Bajo el agua, revivo. ¿Quién me guardará en su casa? Porque estos tipos son capaces de largarme en la calle y tener todo arreglado para que otros vengan a reventarme. Cuando me trajeron me querían hacer creer que los militares me habían dejado en la calle y que ellos me habían agarrado. Estaré con los ojos vendados, pero no tengo nada de imbécil. Pensé. ¿Cuándo? Seguro que me van a llevar pronto, si no me van a crecer de nuevo los pelos. Sonrío y cierro la canilla. (100)

En su condición de desaparecida, Alicia Partnoy se encontraba imposibilitada de conectarse con el exterior. Sin embargo, el mismo aislamiento le exacerba el recuerdo, al cual se le puede otorgar una virtualidad cinematográfica. Así, Alicia recurre a la telepatía para comunicarse:

Hice un tercer intento esta tarde. Utilicé otro método. Reconstruí en mi imaginación la casa de la calle Uruguay, mi mamá y sus cuadros en el galponcito, papá preparando el té en la cocina, mi hermano doblado sobre un libro...el sol...los árboles del patio. "Estoy bien", repetí mentalmente. "Estoy viva. Estoy viva. Todavía estoy viva. Estoy bien". Apreté los párpados con fuerza, los puños, las mandíbulas..." Estoy bien. (43)

Sólo mediante la imaginación es posible la comunicación para Alicia y será así que se enterará, y tendrá la certeza de la muerte de uno de sus abuelos.

Alicia Kozameh es dueña de un discurso más psicoanalítico y, por lo tanto, reflexivo. La presencia de los cuadernos y su lucha por registrar en ellos el discurso de su experiencia, confirman la existencia de un proceso por el cual los apuntes y borradores hechos en la cárcel fueron sometidos a la "literaturalización" que los hizo testimonialmente más eficaces. Este proceso hace pensar que los cuadernos son el *Ur text* sobre el cual cartas y páginas de un diario (que no se muestra en su totalidad sino como fragmento) refuerzan la voluntad de la autora por registrar, mediante todos los recursos posibles, los episodios sufridos para colaborar con la conservación de la memoria que los militares pretendieron, inútilmente, borrar.

Ahora voy a detenerme brevemente, en el fenómeno de la fragmentación en los dos relatos. Dentro de las rupturas que marcan las narraciones, será necesario trabajar varios aspectos que se repiten en los dos testimonios. El primero es la estructura: la narración está dividida en fragmentos titulados, ninguno de ellos aparentemente interdependiente. Al igual que secuencias cinematográficas no editadas, aparecen los capítulos dentro del texto, y cada uno se abre y se cierra en sí mismo. Los otros aspectos están relacionados con el contenido. Los he dividido en tres partes fundamentales: la fragmentación del cuerpo, de la escritura, y de la memoria. En lo que se refiere al cuerpo, es importante tomar en cuenta la función de los sentidos: los que prevalecen en los momentos más intensos de la narración, aquellos que han dejado de cumplir sus funciones fundamentales a causa de la tortura y de la represión.

Elaine Scarry, en su estudio *The Body in Pain*, habla de las dificultades de expresar el dolor físico, y dice que no es extraño que a veces sea otro sujeto, no víctima del dolor, el que hable sobre los que sí lo sufren. En el caso de Partnoy y de Kozameh, que como en el de otros relatos testimoniales, vemos un sentido colectivo del sufrimiento, y lo que menos les interesa es focalizar la atención en su propia experiencia. De hecho, como se ha visto, éstas se enfocarán en el dolor colectivo. Cuando se refieren a su propio dolor, aparecen puntos suspensivos o vocablos que cortan el relato, o sea que fragmentan el discurso (y el cuerpo). El dolor deviene en fragmentación corporal y, a la vez, fragmentación del relato. La tortura física que produce a su vez un quiebre sicológico se manifiesta en los quiebres de la narrativa.

Las elipsis, las repeticiones, las alusiones metaliterarias que revelan la imposibilidad de escribir, son características comunes a ambos textos, y en ocasiones, causan la ruptura del discurrir de la(s) historia(s). En la medida en que los relatos no cumplen con una función monológica, dado que diferentes tonos discursivos se apropian de las voces narrativas, se halla que algunos de los personajes que se convierten en narradores expresan el aislamiento, las experiencias de desasosiego e impotencia de un modo fragmentado. Por último, creo que las brechas discursivas necesitan atención especial, debido a que son éstas las que denuncian las lagunas de la memoria. La imposibilidad de evocar rostros, episodios del pasado, detalles, emociones, es una de las frustraciones más dolorosas que impulsan al sujeto a la escritura. La memoria deviene entonces un rompecabezas, un mosaico, a los que le hacen falta piezas fundamentales para su montaje. En ocasiones, las piezas encuentran su lugar en otro momento de la enunciación, completando así un retazo de recuerdo, aunque es más frecuente percibir que lo común sean vacíos que no consiguen ser llenados. En este sentido se puede observar cómo la imaginación cumple como instrumento de fusión con las memorias, en una continua intromisión de la ficción en la esfera de lo 'real' y viceversa.

Debido a que estos dos textos testimoniales fueron escritos por mujeres es importante detenerse en la función del género en la configuración del discurso. En "Hipótesis para una escritura diferente", Marta Traba alude a "ese sistema expresivo propio" que empiezan a crear las mujeres en su escritura:

> Es más importante advertir que dichos textos no se preocupan por desalojar lo literal/material, no quieren salir de ahí, sino que al contrario, prefieren residir en ese mismo espacio que es un poco confuso y bastante espontáneo, pensando desde adentro las situaciones imaginarias que no se deciden a desprenderse de las experiencias vividas. (19)

Tanto la experiencia de la desaparición en *La escuelita*, como la del encarcelamiento político en *Pasos bajo el agua* se narran desde adentro, sin deslindarse de la parte emocional, lo cual le brinda el sello de la disposición discursiva fragmentada a la historia, y sin un hilo cronológico, lineal, sino más bien caótico, como debió haberse percibido la experiencia. La intención es contar la verdad, transmitirla, y probar de modos diferentes que lo contado es real. En "Las tretas del débil", Josefina Ludmer insiste en que "los géneros menores (cartas, autobiografías, diarios), escrituras límites entre lo literario y lo no literario, son un campo preferido de la literatura femenina" (54). Se debería agregar el testimonio a la lista, como otra forma de escritura que cae en esa línea fronteriza que separa lo literario de lo histórico, o lo no literario. De hecho, ambas escritoras toman como estrategias de narración las mismas formas textuales descritas por Ludmer como los diarios, las cartas, los epígrafes, fragmentos de poesías, fragmentos de discursos, dibujos, planos, todo objeto que se preste tanto a indagar en la memoria de las narradoras, como en la del lector/a solidario/a.

Retomo dos conceptos que trabaja Ludmer y que se prestan al estudio, no sólo de los testimonios sino de toda la coyuntura histórica que los inspira: lo privado y lo público. La distinción es imprescindible. La experiencia del encierro, de la privación de los derechos fundamentales del ser humano, interrumpe y causa una flagrante ruptura en la línea que separa lo privado de lo público. Por lo pronto, la invasión del hogar (espacio privado de la familia) para raptar al sujeto y llevarlo a otro espacio, el público, que no es el propio, y que no es benigno en su naturaleza, sino que es para aislarlo de la familia, de su grupo de apoyo, y que constituye en sí una violación. Aquí se comienza a distinguir una de las primeras rupturas relacionadas íntimamente con el cuerpo. A este aspecto se refiere Scarry en su análisis:

> The prisoner is forced to attend to the most intimate and interior facts of his body (pain, hunger, nausea, sexuality, excretion) at a time when there is no benign privacy, for he is under continual surveillance and there is no benign public, for there is no human contact, but instead only an ugly inverting of the two [El prisionero es forzado a atender a los hechos más íntimos de su cuerpo (el dolor, el hambre, la nausea, la sexualidad, la evacuación) en el momento en que no hay una privacidad benigna, porque se encuentra bajo una continua vigilancia y no existe el público benigno, porque no hay contacto humano sino, al contrario, sólo una fea inversión de los dos]. (54, la traducción es mía)

La inversión de los espacios *público* y *privado*, lleva a la disolución de ambos, dejando de ser posible hablar de espacios que den lugar a actividades compartidas o no compartidas. El hecho de que los actos privados empiecen a formar parte de la esfera pública provoca quiebres significativos en el organismo. El cuerpo de la mujer en ambos textos se fragmenta, y los ciclos normales se rompen dando lugar a estados de enfermedad. La menstruación desaparece, la digestión deja de funcionar normalmente, y el cuerpo deja de distinguirse como cuerpo en la medida en que se le imponen límites y barreras a sus procesos cotidianos.

En cuanto a los sentidos es interesante ver cómo el olfato y el tacto cumplen las labores que le han sido arrebatadas a la vista. En *La escuelita*, los desaparecidos son privados de la posibilidad de ver, son vendados y su mundo se convierte en uno blanco y negro. Sin embargo, algunos prisioneros cuentan con la posibilidad de mantener una línea de luz a través de sus vendas. Esa línea convierte al mundo visual en un mundo fragmentado: no hay cuerpos, espacios u objetos completos. Hay pedazos, que ofrecen una perspectiva diferente de la realidad. "A pesar de eso el miedo le abrió un enorme hueco en el estómago, cuando bajó el escalón de la sala de 'a máquina' y vio un pedazo de la cama metálica de esas que se usan para la tortura" (Partnoy 22). Ese fragmento, que logra percibir a través de la vista, es el que le produce pánico, el que desintegra su capacidad de soportar esta terrible realidad. Vemos que, en cierto modo, la vista en este texto es el sentido a través del cual se captan los mecanismos del terror. El poder mirar fragmentariamente a los compañeros no es la experiencia que más reconforta al prisionero, sino más bien la posibilidad de tocarlos, de sentirlos cerca, o de tener la fortuna de poder ponerse algunas de las prendas que antes le pertenecieron a su compañera/o. Las descripciones de los compañeros, o de los guardias siempre aluden a partes, nunca a características que puedan referir a un ser total: "Movían sus brazos hacia afuera de las camas, conversaban levemente de una a la otra, giraban las cabezas hacia un costado y otro; o mantenían clavadas contra el techo unas miradas gruesas, invadidas de alguna forma de espanto" (Kozameh 29).

En Partnoy, los sonidos, los olores, el contacto físico, sostienen el hilo narrativo siempre que hay descripciones, recuerdos, diálogos. En Kozameh, se puede hablar de la vista en dos sentidos diferentes. El hecho de que la prisionera pueda ver todo lo que sucede a su alrededor en la cárcel le causa sentimientos contradictorios. Por ejemplo, si no fuera porque las compañeras de Sara, las presas políticas que estaban en otro pabellón, la habían visto mientras le tomaban fotos cuando llegó a la prisión, los detalles no habrían sido detectados por el personaje. A veces se describen como masas de sonidos, y otras, aunque se haga el intento, no es posible incorporar los sonidos: "Y de inmediato sonó una música que Sara quiso incorporar pero que se le quedó definitivamente afuera" (30).

Hay sentidos que cuentan con la posibilidad de salir de los límites del cuerpo humano y transportarse física o mentalmente al espacio de lo externo. Estos sentidos, como el olfato, el oído, y el tacto son más útiles para estos personajes condenados al encierro. Scarry se refiere a dos de estos sentidos, comparándolos con el dolor y resaltando la imposibilidad de hablar de este último: "Hearing and touch are objects outside the boundaries of the body, as desire is desire of x, fear is fear of y, hunger is hunger for z; but pain is not 'of' or 'for' anything, it is itself alone" [El oído y el tacto son objetos fuera de los límites del cuerpo, como es el deseo el deseo de x, el miedo es el miedo de y, el hambre es el hambre por z, pero el dolor no es 'de' o 'para' nada, es en sí, por sí sólo] (161).

Al enfrentarnos a los textos testimoniales, vamos predispuestos a presenciar momentos intensos de dolor físico y emocional. Es así como nos puede resultar extraño el vacío discursivo presente en los momentos posteriores a la tortura. Notamos en algunas instancias del texto de Partnoy cómo se fractura el discurso en el momento en que el sujeto menciona su dolor. El dolor es un sentimiento imposible de compartir, porque tener dolor implica tener certeza, pero oír o leer sobre el dolor implica incertidumbre. A pesar de esto, la literatura testimonial ha comenzado fragmentariamente a comunicar el estado de dolor con una intención política muy específica: remover conciencias (o concientizar) para que se denuncien el olvido y la impunidad.

En términos teórico-académicos, y dentro de los estudios sicológicos, se ha declarado la incapacidad de hablar del lenguaje del dolor, ya que este fenómeno se resiste a una materialización verbal. En el caso del testimonio, hablar del dolor es imperativo, ya que la posibilidad de expresarlo influye en la facilidad o dificultad de lograr el resultado político:

> It is not simply accurate but tautological to observe that given any two phenomena, the one that is more visible will receive more attention [...] . Pain enters into our midsts as at once something that cannot be denied and something that cannot be confirmed [No es simplemente correcto sino tautológico observar que dados dos fenómenos, el más visible recibirá mayor atención [...]. El dolor entra en nuestro entorno como algo que no puede ser negado ni tampoco puede ser confirmado].
> (Scany 13; la traducción es mía)

En *Pasos bajo el agua*, sabemos por las prisioneras comunes que las detenidas que reciben el peor trato y las torturas son las políticas, pero no hay una sola que se apropie de la voz narrativa y nos hable directamente de su dolor. En *La escuelita*, hay un momento en el que la narradora cuenta cómo los guardias la golpean por no obedecer la orden de pegarle a un compañero: "Casi no me dolía. Recordé que a Hugo lo habían torturado más que a mí... No iba a hacerle daño a un compañero" (32).

La fragmentación en la escritura se puede detectar en varias y diversas instancias. En Kozameh, los rasgos de la narración quebrada son más evidentes que en Partnoy, tal vez porque la primera nos brinda un texto producido en el mismo momento de la experiencia. Por la misma razón, las observaciones metaliterarias cierran algunos de los episodios al confesar la imposibilidad de escribir. La culpa y el arrepentimiento por no haber escrito suficiente es también un vehículo para la autora; "como que es una porquería no tener nada que decir" (70). Cuando muere Gloria, una de las compañeras en la prisión, la narradora retorna a la alusión metaliteraria: "Unos pocos días atrás me lamentaba de no tener nada que decir 'qué porquería' había anotado: 'nada que decir'. O algo por el estilo" (74). Partnoy en el capítulo titulado "Poesía" también se refiere a la imposibilidad de escribir y busca razones para justificar su silencio: "Me consuelo pensando que (mi razón por no escribir) es porque no tengo ni lápiz ni papel. En realidad es esa especie de anestesia que siento adentro (89).

La narradora en *Pasos bajo el agua* reflexiona a menudo sobre aspectos que no tienen importancia, y esto generalmente sucede cuando se hace preguntas y no las puede responder: "Adónde irán. Cuántas veces habrán subido el mismo micro durante mi ausencia. Otra vez las cifras. Además qué importa" (12). Los signos de puntuación tampoco tienen significado dentro de la introspección metaliteraria. Uno de los capítulos es una carta con una posdata que dice: "En mi próxima carta voy a intentar no rejuntar signos de puntuación. Creo que no sirven para nada" (98). En el mismo texto las frases relámpago interrumpen la voz narrativa en tercera persona, para insertar una línea cargada de emoción, en primera persona: "La pared se desmorona contra la nuca de Sara, qué querrán, romper qué, se viene abajo la casa entera, *no puedo respirar*" (21; el énfasis es mío). En el intento de responder, su intención queda frustrada, la reflexión se remata con una frase que reivindica el proceso de la escritura:

> Esto que estoy haciendo es ineficaz. Estoy intentando describir un momento de ese calibre. Casi absurdo. Posible pero absurdo. Y esto último también es una aclaración estéril: Yo creo en la palabra. Con fervor. Para tantos que no pueden ni imaginar

ciertas realidades, que han pasado por zonas tan alejadas de la empiria, o que no han pasado por ninguna zona, no hay más recurso que la palabra escuchada, leída. Imágenes o no imágenes, siempre la palabra. (102)

Esta reflexión resume todo el sentido de estos textos testimoniales. Más allá de la imposibilidad de poner experiencias de sufrimiento en palabras, logrando que ellas representen esta realidad inimaginable, es la recepción del lector la que lo va descodificando, y así sólo sea en un fragmento, la palabra llena las lagunas de silencio que dejara la historia del Estado-Nación.

La memoria es el último aspecto que se relaciona a la fragmentación. En el aislamiento, la separación forzada, los desaparecidos en "La Escuelita" y las prisioneras del "Sótano" se esfuerzan constantemente por traer a sus memorias imágenes, episodios del pasado para reconfortarse, para establecer cierto tipo de comunicación con sus seres queridos, y para no enloquecer. Sin embargo, la memoria traiciona la intención del sujeto, y los rostros no llegan; los lugares, las situaciones, permanecen incompletas.

"Rompecabezas" es precisamente el título del fragmento en el que la narradora trata de evocar la imagen de su hija, Ruth. Su imagen es un rompecabezas de piezas que logra conectar para formar un retrato completo de la niña: "Hace un rato que estoy tratando de recordar cómo se ve la cara de Ruth. Me acuerdo de sus ojos grandotes, de su naricita casi inexistente, de la forma exacta de su boca... Cuando trato de ponerlo todo en conjunto, algo falta. No me puedo acordar del rostro de mi hija" (65). La fragmentación se percibe de dos formas diferentes. La primera, como lo vimos en el ejemplo anterior, por no poder juntar los fragmentos, aunque se recuerden todos, y formar una totalidad. Y la segunda porque le faltan piezas al rompecabezas del recuerdo, y la imagen nunca llega a completarse. En *Pasos* se verifica el segundo caso de fragmentación de la memoria: "Estuve haciendo serios esfuerzos por recordar algunos episodios. No hubo caso. Es como si me instalara una sábana entre los ojos y el cerebro. La razón de la desmemoria está ahí: en los colores, en las formas, la mayor o menor nitidez, los ritmos. La capacidad letal de los acontecimientos" (52). Después de hacer grandes esfuerzos por recordar aspectos difusos, logra ver algunos colores, pero termina con una observación que aclara la imposibilidad de llenar algunos baches "Pero hay fuertes huecos irrecuperables" (52).

Las autoras, Alicia Kozameh y Alicia Partnoy fueron privadas del derecho más preciado de todo ser humano: la libertad. En el espacio del encierro, los verdugos inician la tortura al fragmentar a los prisioneros, al separarlos de sus seres queridos, de su cotidianeidad; luego fragmentaron sus cuerpos a partir del tormento físico y sicológico. Ninguno de esos métodos, sin embargo, afectó la posibilidad de expresión que nos llega a los lectores y en los espacios en blanco se lee lo único que mantuvo a estas dos testimoniantes ligadas a la vida: la memoria. Por fortuna, las rupturas sufridas inspiraron a las autoras al acto de escribir, en lugar de dejar su padecer en el silencio. Ante la inpunidad y el olvido, la escritura testimonial permite que hoy se logren reconstruir las horripilantes experiencias de las víctimas del terrorismo de Estado. El género testimonial convierte en memoria alternativa la negación que fuera forjada por el discurso de la censura y la represión en esos años negros del Proceso de Reconstrucción Nacional Argentino, 1976-1983.

Notas

* Aprovecho esta oportunidad que me presentó Saúl Sosnowski para incluir este ensayo sobre dos testimonios argentinos en esta colección que rinde homenaje a la labor de mi estimado y respetado, amigo, colega y profesor: Andrés Avellaneda. Andrés no fue mi profesor dentro del aula pero sí puedo dar "testimonio" de que sus ensayos, sus conferencias y sus charlas fueron verdaderas lecciones para mí, tanto en mi labor docente como en la de investigadora y crítica. Salí muy joven de la Argentina y por razones ajenas a mí. ¿Cómo podía yo discernir la realidad que obligaba a mis padres a emigrar del país a los doce años? Sin embargo, la tragedia que embargó a otros miles de jóvenes que no tuvieron esa oportunidad que me dieron mis padres, sigue atormentándome hasta llegar a enmarcar casi toda mi investigación académica y mi docencia en la imperante necesidad de construir una memoria alternativa a la que se configura a través del discurso historiográfico oficial en América Latina.

1. En el prólogo a *Cultura, autoritarismo y cultura: Argentina 1960-1983/1*, Avellaneda define el discurso sistematizado de la censura oficial estableciendo "un corpus documental o conjunto de mensajes a partir de decretos, leyes, fallos judiciales, disposiciones y declaraciones de gobernantes y funcionarios sobre el papel que le cabe al Estado en el control de la cultura, tal como, total o fragmentariamente están reproducidos en el Boletín Oficial de la Nación y en el Boletín Municipal de la Ciudad de Buenos Aires; en los periódicos *La Nación*, y *La Prensa*, y en otras fuentes de periodismo escritas y publicadas en la ciudad de Buenos Aires como *Clarín, Convicción, Tiempo Argentino*, etc. *La Nación*, y *La Prensa* han sido las fuentes periodísticas más utilizadas porque ambos periódicos, tanto por su tradicionalidad como por su afianzamiento histórico garantizan un segmento bastante homogéneo de reproducción. La circulación de estos periódicos y el espacio que dedican durante el período aquí analizado a la información sobre la legislación y los actos de gobierno que afectan la producción cultural, garantizan además la internalización del discurso de la censura en gran parte de los sectores dedicados a la producción, difusión y control de la cultura" (8). También menciona que incluye "en menor cantidad otras fuentes...al alcance del público lector...pero a pesar de ser parcial es altamente representativo por lo iterativo y redundante de sus manifestaciones....Por esto mismo no se encontrará en el *corpus* una lista compleja de todos los libros, películas canciones, piezas teatrales, programas de radiodifusión, revistas, periódicos...prohibidos o cercenados a lo largo de 1960-83" (8-9).

2. Aquí el uso de "contrato social" se remite a la ideología liberal de los "padres fundadores" de la nación como República Argentina basando sus premisas en las ideas de la Ilustración francesa, lideradas por Jean Jacques Rousseau en su *Contrato social o Du Contrat Social, Principes droit politique* de 1772 y fundamentadas en las premisas republicanas de los líderes estadounidenses, entre ellos Thomas Jefferson y Benjamin Franklin. Cada república tiene como garantía constitucional, un contrato con su pueblo. En cada uno de los golpes militares, la suspensión de la Constitución Argentina, la del derecho al *Habeas Corpus*, y la corrupción son violaciones flagrantes (rupturas) de ese contrato social con los ciudadanos de la Republica Argentina.

3. Aquí me refiero a la impunidad y a la labor oficial de desmemorizar la historia del infame Proceso de Reconstrucción Nacional. Véase la investigación de Avellaneda en "Realismo, antirrealismo..." En la actual coyuntura, continuamos viviendo la resaca del Proceso, o sea la crisis económica que se originó hace treinta años y, a pesar de la política oficial del Presidente Néstor Kirchner de terminar con la impunidad, y condenar a los genocidas, la desaparición sigue siendo el arma del terrorismo contra la justicia. El testigo decisivo en la condena de Miguel Angel Etchecolaz, Jorge Julio López, desapareció inmediatamente después de su testimonio: "La abogada de López, Guadalupe Godoy, insistió en que su defendido 'fue víctima de un secuestro de sectores de la Policía Bonaerense', supuestamente por haber declarado contra Etchecolatz, condenado la semana última a cadena perpetua, por crímenes cometidos en la última dictadura". En el mismo artículo, "La 'mano de obra desocupada' sigue ocupada" de Adolfo Pérez Esquivel, el autor apuntó a los policías "sin gorra" como autores de un posible

secuestro. *Página 12*, 25 de septiembre de 2006. "Miguel Angel Etchecolatz se había convertido, entre los criminales de la dictadura, en la figura que encarnaba, con sus provocaciones mediáticas y no mediáticas, la confianza de los represores en la protección incondicional del Estado. La condena a perpetua que recibió el martes pasado por sus crímenes bajo la dictadura, puso de manifiesto su descomunal error". Cristóbal, Olga. "El gobierno no quiere encontrar a López a dos meses de su desaparición". *Prensa Obrera* 972 (16/11/2006).

[4] Aunque a primera vista no parece haber mucha diferencia, la hubo: un preso político estaba documentado y era más difícil "desdocumentar" su muerte, aunque en medio de la demencia del mesianismo militar, era poca garantía. La "desaparición" como táctica del terror es aún más diabólica; en esa situación, la impunidad era garantizada, poquísimas víctimas sobrevivieron para contar su experiencia. Alicia Partnoy publicó *The Little School...* en 1986 en los EE.UU., en inglés; recientemente Editorial La Bohemia publicó el original en castellano por primera vez en la Argentina. Partnoy presentó su libro en Bahía Blanca, su ciudad natal y en el senado de la Nación en octubre del 2006. Kozameh publicó su testimonio en inglés posteriormente a su primera edición en castellano: *Steps Under Water A Novel*. Berkeley: University of California Press, 1996. En este estudio uso (edición en castellano) *La escuelita*, Buenos Aires: La Bohemia 2006. En el caso de Alicia Kozameh, me remito solamente a la primera edición, *Pasos Bajo el agua* (1987). Mis razones por quedarme en el primer texto de Kozameh publicado en español son puramente personales e ideológicas. En 1994, durante el trabajo de la autora y su traductora, tuve ocasión de visitar a Kozameh en Los Angeles. La autora me informó de sus intenciones de publicar su testimonio como novela y que en la versión inglesa iba a cambiar su "intención" testimonial debido a circunstancias personales y coyunturales. En el caso de Partnoy, la situación es distinta ya que la función del original y la del texto en inglés eran las mismas. En el caso del testimonio de Partnoy, la versión en inglés es simplemente una traducción, mientras que en el caso de Kozameh, *Steps Under Water: A Novel* de 1996 es una reescritura del original que no concuerda completamente con la primera edición en su idioma nativo.

[5] En los EE.UU. se ha tratado el género testimonio como un género de la subalternidad y se han trabajado textos "etnizados" como el de Rigoberta Menchú. Los testimonios tratados aquí no son del tipo que más se ha trabajado en la academia norteamericana.

[6] Aquí se usan comillas y no se subraya porque "La escuelita" no es solamente el título del libro de Partnoy sino el nombre del campo de detención clandestino donde Partnoy estuvo desaparecida. Partnoy usa el nombre de dicho campo de concentración irónicamente porque era allí donde los militares "les enseñaban" a los detenidos a comportarse como debían.

[7] Estos fueron los nombres de las cárceles clandestinas donde estuvieron detenidas: Partnoy en "La escuelita" de Bahía Blanca y Kozameh en "El sótano" de la ciudad de Rosario. Para detalles sobre estos centros de detención clandestina, véase *Nunca más*.

[8] Se le llama "lector solidario" al lector que se identifica y "solidariza" con el sufrimiento del o de la testimoniante. Consultar la amplia bibliografía sobre las teorías acerca del género, entre otras el libro de Sklodowska.

[9] Dentro del discurso del represor, Argentina, la patria, se construye como una 'gran familia' donde los ciudadanos son los 'hijos' y el Estado es 'el padre'. La metáfora de la nación-familia del discurso oficial redefinió las fronteras entre lo público y lo privado para crear la ilusión de una sociedad homogénea y despolitizada, lo que llevó a la creación de un espacio alternativo donde la política y el hogar se mezclaban. Para una lectura crítica de este fenómeno, véase Filc.

[10] El sintagma proustiano hace recordar a *Los pasos perdidos*, de Alejo Carpentier o "Los pasos lejanos" de César Vallejo.

[11] Esta es una cita del texto original en español. Son las palabras de la autora.

[12] El tema del mensaje icónico es de por sí cautivador y merecería un análisis más detenido.

[13] La versión en inglés tiene trece versos.

[14] Según el relato, éstas recibían mucho mejor trato que las presas políticas.

Bibliografía

Avellaneda, Andrés. "Realismo, antirrealismo, territorios canónicos: Argentina literaria después de los militares". *Fascismo y experiencia literaria: Reflexiones para una recanonización.* Hernán Vidal, ed. Minneapolis: Institute for the Study of Ideologies and Literature, 1985. 579-88.

_____ "La ética de la entrepierna: control censorio y cultura en la Argentina". *Hispamérica* 43 (1986): 29-44.

_____ *Censura, autoritarismo y cultura.* Buenos Aires: CEAL, 2 vols. 1986.

_____ "Hablar y callar: Construyendo sentido en la democracia". Trabajo leído en la Universidad de Maryland, 1993.

Bermúdez-Gallegos, Marta. "*The Little School* por Alicia Partnoy: el testimonio en la Argentina". *Revista Iberoamericana* 151 (abril-junio 1990): 30-41.

_____ "Poética del desencaje: La construcción de la memoria en la poesía de Juano Villafañe". *Códice: Revista de poesía y poéticas* 2/2 (Segundo Semestre, 2000): 23-30.

Comisión Nacional Sobre La Desaparición De Personas. *Nunca más.* Buenos Aires: Editorial Universitaria, 1985.

Cristóbal, Olga. "El gobierno no quiere encontrar a López a dos meses de su desaparición. *Prensa obrera.* Noviembre 11, 2006.

Documento Final de la Junta Militar sobre la Guerra Contra la Subversión y el Terrorismo. 28 de abril de 1983. *Emitido a través de la cadena nacional de radio y televisión por la Junta Militar,* en el segmento los principios y los procedimientos.

Filc, Judith. *Entre el parentesco y la política: Familia y dictadura, 1976-1983.* Buenos Aires: Biblos, 1997.

Galeano, Eduardo. *Días y noches de amor y de guerra.* Barcelona: Editorial Laia, 1983.

Jara, René. "Introducción". *Testimonio y Literatura.* Minneapolis: Institute for the Study of Ideologies and Literatures, 1986. 1-18.

_____ y Hernán Vidal, eds. *Testimonio y Literatura.* Minneapolis: Institute for the Study of Ideologies and Literatures, 1986.

Kozameh, Alicia. *Pasos bajo el agua.* Buenos Aires: Editorial Contrapunto, 1987.

Ludmer, Josefina. "Las tretas del débil". *La sartén por el mango.* Patricia Elena González y Eliana Ortega, eds. Río Piedras: Huracán, 1985. 16-29.

Pérez Esquivel, "La 'mano de obra desocupada' sigue ocupada". *Pagina 12* (25 sept. 2006).

Partnoy, Alicia. *The Little School.* Alicia Partnoy, Lois Athey y Sandra Braunstein, trads. San Francisco: Cleis Press, 1986.

_____ *La escuelita.* Buenos Aires: Ediciones La Bohemia, 2006.

Rock, David. "The Apogee of Perón, 1946-1955" and "A Nation in Deadlock, 1955-76". *Argentina 1516-1987.* Berkeley: U of California P, 1987. 262-319.

Samojedny, Carlos. *Psicología y dialéctica del represor y del reprimido.* Buenos Aires: Roblanco, 1986.

Scarry, Elaine. *The Body in Pain: The Making and Unmaking of the World.* Nueva York: Oxford UP, 1985.

Sklodowska, Elzbieta. *El testinomio hispano-americano.* Nueva York: Peter Lang, 1992.

Traba, Marta. "Hipótesis sobre una escritura diferente". *La sartén por el mango.* Patricia Elena González y Eliana Ortega, eds. Río Piedras: Huracán, 1985.

Zamorano, Carlos. *Preso político. Testimonio sobre las cárceles políticas argentinas.* Buenos Aires: Estudio, 1984.

De padres muertos y enfermos: paternidades, genealogías y ausencias en la novela argentina de la posdictadura[1]

FERNANDO REATI
Georgia State University

> Yo habría sido feliz teniéndote como amigo, jefe, tío, abuelo [...] Pero precisamente como padre ha sido demasiado fuerte para mí...
> Franz Kafka, *Carta al padre*

> Vine a Comala porque me dijeron que acá vivía mi padre, un tal Pedro Páramo.
> Juan Rulfo, *Pedro Páramo*

> Morir era horrible, y mi padre se estaba muriendo.
> Philip Roth, *Patrimonio*

Desde que Borges imaginara con característica ironía la existencia de una enciclopedia china que clasifica el reino animal sobre la base de criterios tan risibles como arbitrarios, se nos hace difícil no temer que toda selección y agrupación de textos literarios (o cualquier otro objeto del mundo) alrededor de un rasgo común puedan ser igualmente fortuitas.[2] Sin embargo, es inevitable y necesario organizar el conjunto confuso de textos que nos ofrece un corpus en un período determinado por medio de *algún* hilo temático o estilístico que nos permita iluminar ciertos aspectos de su producción en *ese* país y *ese* tiempo. Una manera de hacerlo es recurrir a lo que Andrés Avellaneda llamó "series", vale decir conjuntos de textos cuya verdadera significación (o por lo menos una de cuyas significaciones) nace de estudiarlos como parte de un sistema mayor que los engloba y los explica; vale decir, textos que pasan a significar algo diferente cuando se los conecta con otros componentes de la serie literaria a que los asignamos, sin que por ello pierdan su significado individual y sin que se niegue su posible pertenencia a otras series igualmente válidas: "La propuesta de examinar una serie literaria desde el ojo de una forma específica interesa en la medida en que se logre articular un interrogante sobre la práctica concreta de esa forma: es decir sobre su lugar en la serie y su existencia en medio de otras alternativas posibles" (Avellaneda 219).

Esto viene a cuento por la aparición a partir de los años de la dictadura militar argentina (1976-83) de un significativo número de novelas que giran parcial o completamente alrededor de la figura del padre muerto, enfermo o ausente. Dueñas de una gran diversidad estilística y obedeciendo a muy diferentes impulsos, estas novelas coinciden en examinar la relación padre-hijo/a para hacer de ella no sólo el eje de una identidad personal sino además, como veremos, la cifra de una circunstancia nacional. A modo de ejemplo, elijo casi al azar algunas escenas paradigmáticas (entre otras posibles) que con variaciones se repetirán en muchos textos:

> Escena #1: Un hombre recuerda su infancia en la llanura cordobesa cuando era un niño sensible atormentado por un padre autoritario: "el padre, con su gran estatura y el ceño terrible, que les grita algo cuyo sentido está íntegro en la entonación y es a la vez acusación y orden, enjuiciamiento y ley". En medio de la aplastante monotonía de la llanura, el jardín es el único sitio bello donde escapar de la chatura cotidiana. Pero igual que un Dios tronante, el padre lo echa de allí y el niño pasará el resto de su vida buscando ese jardín-Edén del que fuera expulsado: "el padre le da un empellón y, vociferante, lo conmina a no penetrar nunca más en ese sitio de flores, para mujeres, y, llevándolo a rastras hasta la puerta de hierro, lo arroja del jardín...". Sólo al cabo de las décadas comprenderá que el lugar perdido y añorado está en la muerte, y que el cementerio es "el jardín, suma de todos los jardines, lento jardín de piedra donde termina la busca del Jardín". (Bianciotti, *La busca del jardín* 69, 15, 199)

> Escena #2: Un hombre vuelve al departamento humilde donde vivió con su padre hasta los dieciséis años, intuyendo que esa visita al pasado abre una peligrosa caja de Pandora: "No se vuelve a los lugares donde la vida de uno ha terminado, pensaste: pero él volvía, se equivocaba, ¿hacía mal?". Cuando el nuevo propietario del departamento le permite entrar, el hombre experimenta un choque entre el recuerdo idealizado de su vida con el padre, y la realidad mezquina de esa vivienda que tal vez siempre fue tan pobre como ahora la ve: "eso que quizás habías creído tan luminoso, tan propio: nada, un living estrecho, con manchas de humedad sobre el empapelado y una ventana por la que casi no entraba luz [...] la imagen se hizo clara, los mismos estantes, las hornallas, el mismo hueco para la heladera. Se quedó como petrificado". (Torre, *Quemar las naves* 140, 143)

> Escena #3: Un hombre interna a sus padres seniles en un geriátrico y limpia la casa que ocupaban para acondicionarla para la venta. Las señales del deterioro y el abandono en que vivían están por todas partes, y el hombre siente que a la tristeza de llevarlos a un geriátrico se le suma la culpa por haberlos descuidado: "Sobre el escritorio se depositan diarios viejos, facturas, pólizas de seguro, lapiceras consumidas, lápices sin punta [...] En el interior de los roperos quedan los restos de la ropa hilachienta que [el padre] se resistió a arrojar a la basura...". Peor aún que la culpa, es la curiosidad mezclada con vergüenza del hijo que espía en la intimidad de una vida privada cuyos secretos tal vez no debiera conocer: "fotos de mujeres semidesnudas de grandes pechos en poses seductoras [...] nos preguntamos, en silencio, sobre la funcionalidad de esas láminas en el imaginario de la escasa o nula actividad sexual del matrimonio de mis padres en los últimos años". (López, *Odisea del cangrejo* 129-130, 138-139)

Ante los numerosos relatos sobre padres muertos o enfermos en la literatura argentina de las últimas tres décadas, no podemos menos que preguntarnos qué nos dicen estas historias sobre la sociedad y la época en que se produjeron. Se trata del padre recordado con cariño o con odio, con veneración o con resentimiento, en la plenitud de su vida o enfermo en el lecho de muerte. En todos estos relatos hay una dimensión personal, otra social, y una tercera universal. Escribir sobre el padre es como hacerlo sobre la vida o el amor. En efecto, ¿qué podría ser más cercano a la experiencia de todo ser humano que la muerte de un padre? Es de suponer que los autores responden a una pérdida personal, pero ¿es necesario haber perdido a un progenitor para escribir estos relatos o para sentirse profundamente tocado por ellos? Para conmoverse ante el vacío que deja la ausencia, ¿es necesaria la experiencia de la pérdida? Por supuesto, no es necesario ser judío para sentirse tocado por el Holocausto, ni ser mujer para describir un parto, ni ser un perro (en una especie de *reductio ad absurdum*) para escribir *Colmillo blanco*. Sin embargo, todos tenemos padres y todos los hemos perdido o somos conscientes de que habremos de perderlos en algún momento, por lo que esta certeza nos une en una misma condición existencial. Nada más individual y a la vez universal que la reflexión sobre nuestro origen, identidad y lugar en el mundo motivada por la presencia/ausencia paterna. De allí la obvia universalidad del tema, como lo ejemplifican los epígrafes que encabezan este trabajo.

Sin embargo, quienes nos formamos en la creencia de que todo texto literario representa una variación o tonalidad de cierta voz epocal, colectiva y en gran medida inconsciente que trasciende a los autores individuales, respondemos casi a un tic profesional cuando buscamos algo "social" en cada novela que leemos. Como el detective Lonrot en "La muerte y la brújula" de Borges, vamos tras las pistas de lo oculto y no evidente, la figura de una trama que sólo una pesquisa astuta extraerá de la conexión entre los puntos de un mapa: la "forma" de esa serie literaria que hemos privilegiado sobre otras. Por eso, percibo un eco social en estos relatos sobre el padre después de la dictadura. Un eco que, sugiero a modo de hipótesis, tiene que ver con la muerte de las utopías y de los "padres de la Patria", con el corte intergeneracional causado por la desaparición de miles de jóvenes en los 70, e incluso con la desaparición de la Argentina familiar en los años de neoliberalismo y achicamiento del Estado benefactor. Todo ello ha dejado a los argentinos huérfanos en más de un sentido, y estas novelas serían un síntoma entre muchos del duelo colectivo que ocasionan estas pérdidas.

En referencia al cine argentino de la posdictadura, Gustavo Geirola menciona la importancia que asumen el amor filial y la búsqueda de un padre muerto o ausente en películas de Octavio Solanas y Eliseo Subiela. Este ideologema se ubica en el marco de una reelaboración de las utopías peronistas e izquierdistas del pasado, que Geirola analiza en películas como *Sur* y *El viaje* de Solanas, y *Ultimas escenas del naufragio* y *El lado oscuro del corazón* de Subiela. Pero una obra menos conocida –*El dueño del sol* de Roberto Mortola– ofrece el ejemplo si se quiere más explícito de la alegoría padre/patriotismo/Padre de la Patria: "Un padre tiránico y con el pulmón canceroso (a cargo de Alfredo Alcón), va develando, en su deterioro progresivo y en su lecho de muerte, sus oscuros orígenes inmigratorios y el origen de su fortuna, amasada con fraudes y conciliaciones políticas" (286). El objetivo de Geirola es hallar en obras cinematográficas los síntomas de la perseverancia en el imaginario argentino de "un padre atroz que, habiendo muerto, no logra morir definitivamente" (286), padre que alude en primer término a Juan Domingo Perón y la cultura paternalista que éste dejó como legado, pero también a las semillas de autoritarismo que estuvieron presentes en las prácticas de la izquierda argentina en los 70. La crítica de Geirola contra obras que "no deconstruyen la figura del padre y, fundamentalmente, insisten en la figura paternal como salida histórica ineludible" (295), es entonces una reflexión respecto de una cultura política atada a paternalismos y providencialismos falsamente salvadores, incapaz de madurar en la medida en que no termina de "matar" esa figura dominante.

Junto a la figura autoritaria del padre que se resiste a morir en el imaginario argentino, está el fantasma de la desaparición como un fenómeno psíquico-político que a partir del terrorismo de Estado de los 70 interrumpió la normal transferencia intergeneracional. Los miles de desaparecidos dejaron con su ausencia una herida incurable: padres sin hijos, hijos sin padres, abuelos buscando a sus nietos. Quedan por identificar cientos de jóvenes secuestrados con sus padres o dados a luz en cautiverio, y todo argentino nacido entre 1976 y 1980 tiene derecho a dudar si sus padres realmente lo son. Lía Ricón, colaboradora del Equipo Argentino de Trabajo e Investigación Psicosocial que asistió profesionalmente a las Madres de Plaza de Mayo y otras víctimas de la dictadura, indica que "las fantasías de los niños de no ser hijos de quienes dicen ser sus padres también se alimentan del robo de niños y de la impunidad de los apropiadores" (en Kordon y otros, 26).[3] Estos síntomas abandónicos y sentimientos de orfandad afectan no sólo a las víctimas directas sino a la sociedad toda, que durante la dictadura quedó colocada en un estado de inseguridad frente a la ausencia del Estado protector:

> podemos vivir solamente porque nos sentimos protegidos, como lo estuvimos cuando niños, ya no por adultos, sino por estructuras que se han organizado en la sociedad y que nos permiten recurrir a representantes de esos adultos todopoderosos, imagos paternas y maternas que para darnos tranquilidad tendrían que funcionar de la misma manera que los padres que nos protegieron [...] sin esa protección dada en la sociedad por los representantes de las imagos parentales se aborta la posibilidad de desarrollo. (Ricón en Kordon y otros, 72)

En este sentido, así como el psiquiatra Daniel Kersner sostiene que los argentinos no *tuvieron* 30.000 desaparecidos sino que *conviven* permanentemente con ellos (en Kordon y Edelman, 134), se podría decir que no sólo los hijos de los secuestrados se sienten "abandonados", sino también la sociedad argentina toda.

Un tercer elemento tiene que ver con el neoliberalismo y la desaparición del Estado protector en los 90. Con la imposición plena del modelo neoliberal a partir de la asunción del presidente Carlos Menem en 1989, se profundizó un plan económico que achicó el Estado benefactor, abrió la economía a la competencia extranjera y empobreció rápidamente a la mayoría de la población. La literatura y el cine reflejaron esos cambios a través de figuras de la nostalgia y la melancolía frente a la desaparición del país familiar. El fenómeno tuvo alcance continental, y en el cine latinoamericano se tradujo, según Deborah Shaw, en obras sobre padres ausentes. Películas como la argentina *El viaje*, la brasilera *Central do Brasil* y la mexicana *Amores perros*, establecen paralelos entre los modelos paternos fallidos y los fracasos de los gobiernos nacionales en los 90, aludiendo tanto a la crisis del patriarcado tradicional como a la del paternalismo estatal. La orfandad de los protagonistas remite a la búsqueda de nuevos modelos que llenen el hueco dejado por las figuras paternas y patrióticas tradicionales, algo ilustrado por ejemplo en *El viaje* con la caída estrepitosa al suelo de los retratos de los héroes nacionales en una escuela (Shaw 88). La ausencia del padre paraleliza la incapacidad del Estado para cumplir el contrato social con sus ciudadanos, algo que los deja sumidos en la desprotección y la orfandad.

En Argentina, la primera obra que nos ocupa, *Persona* de Nira Etchenique (1979), inicia una práctica que será común en otras novelas de la serie al combinar la metáfora del padre/país con lo que se dio en llamar la metáfora médica o metáfora del cuerpo enfermo que habría de caracterizar a gran parte de la novelística y el cine a partir de la dictadura.[4] El relato va desde mediados de 1975 hasta poco después del golpe militar de 1976, período durante el cual la narradora asiste a la progresiva enfermedad de su padre internado primero en un hospital público y luego en un geriátrico, donde muere. Durante las interminables horas de visita en el hospital, se perciben como telón de fondo los sonidos exteriores de un país en crisis, con huelgas, atentados y las violentas disputas internas del peronismo que marcaron los últimos meses del régimen de Isabel Perón. Si por un lado la narradora es testigo de torpes procedimientos médicos en el hospital, con médicos demasiado ocupados y enfermeras indiferentes y antipáticas, por el otro asiste al espectáculo de los grupos que en Plaza de Mayo gritan a favor o en contra de Isabel, las calles vacías por las noches y el temor que va invadiendo Argentina ante la certidumbre del baño de sangre que se avecina. El propósito alegórico es claro, y la pregunta de la narradora sobre qué tienen que ver los sufrimientos de su padre con lo que sucede afuera del hospital es meramente retórica: "No entiendo qué relación podría existir entre lo que ocurre más allá de las puertas del hospital y esta embrutecedora promiscuidad en que me muevo dentro de los límites de la sala común y el pasillo" (75). La "sucia lucha de un anciano con la muerte" (22) es una metáfora apta de una Argentina que se muere lentamente. El contraste entre las imágenes paternas del pasado ("un hombre afeitado y con corbata que llevaba *La Prensa* bajo el brazo", 48) y las del presente ("ponen al descubierto sus nalgas flacas y escareadas", 98) se corresponde con el rápido deterioro de la situación política bajo el gobierno de Isabel. Adentro de la habitación, el anciano desahuciado pasa sus últimos meses de vida en medio de un "olor a vejez y a excrementos [que] lo ocupa todo, lo invade todo y es inútil sahumar, fumigar, espolvorear" (135); afuera, huelgas, asesinatos, parálisis económica y la sombra de un golpe militar que promete males aún mayores.

¿A quién o qué se refiere la narradora cuando, hablando del avance de la enfermedad, dice que el "enemigo es una montaña de inmundicias que no dejan de fluir y expandirse sin cesar" (135)? La metáfora del padre/país enfermo puede resultar demasiado transparente desde una lectura actual, pero en 1979 fue una respuesta temprana a la metáfora organicista promovida por el discurso militar, emparentándose con una larga serie de textos que a partir de entonces la subvertirían.[5] Sin embargo, la metáfora de *Persona* va todavía más allá porque la agonía del padre no sólo paraleliza la del país sino que además explícitamente alude a la progresiva muerte del mito del peronismo, dentro del cual la figura de Perón como "padre" de la nación ocupara un lugar preponderante. Las irónicas referencias a "Perón Perón qué grande sos" (20) y a "la poderosa sombra del hombre del balcón" (78) remiten a ese mito en un momento particular de la historia nacional en que el viejo líder desaparece físicamente de la escena, dejando a buena parte de los argentinos envueltos en una sensación de orfandad. Se trata de la muerte del padre mítico: no por coincidencia, el padre de la narradora entra en coma el primero de julio de 1975 al cumplirse exactamente un año del anuncio del fallecimiento de Perón. Es la muerte de un mito que la narradora no lamenta sino por el contrario celebra, ya que guarda con su progenitor una relación ambigua de amor y odio similar a la de Argentina con Perón.

Esa relación ambigua se muestra en el insinuado incesto simbólico que planea sobre la relación de la narradora con su padre, manifestada en el hecho de que en el santuario paterno ("el estudio con sillones de cuero, biblioteca de cortinillas y pesado escritorio de nogal", 16) un amigo del padre y figura putativa suya inicia a la niña en el conocimiento de la sexualidad: "manoseó mis piernas y hurgó en la intimidad de mi bombacha..." (17).

El mismo sentido tiene el recuerdo de las mañanas de domingo cuando la niña pasaba horas jugando con el padre en la cama matrimonial, una memoria cargada de erotismo que contrasta con la referencia a los "genitales marchitos" (27) del anciano bajo las sábanas del hospital. De allí los sentimientos contradictorios hacia una figura paterna otrora poderosa: "Somos dos bandos enemigos" (92). La narradora dice, "Sé que está muriendo. Sé que hay que dejarlo morir" (84), pero el anciano, igual que la vieja Argentina, se aferra tenazmente a una vida ya casi sin sentido en una prolongada agonía cuyo final ella aguarda con tanta impaciencia como miedo. Y esa imagen patética del cuerpo paterno cubierto de llagas por la larga permanencia en la cama le sugiere "ruinas cuyos míticos prestigios los demás se empecinan en construir" (98), algo que igualmente podría pensarse del intento pueril de revivir un sistema ideológico –el peronismo– o un país –el de los 70– que ya deben dejar de existir.

Ese anciano castrador, autoritario y casi paralizado que se niega a morir, de algún modo contiene a todos los que "ejercieron el poder de los laxantes, del aceite de ricino, la operación de amígdalas, el catecismo, la siesta, el guardapolvo almidonado, la cataplasma de lino, las inhalaciones de mentol, las enemas" (33). En ese "poder" se superponen el sistema médico (laxantes, enemas, operaciones), el padre en cuanto Ley familiar (la imposición de la siesta), y otras instituciones que según la conocida propuesta de Foucault complementan el aparato discursivo de control y vigilancia del Estado, tales como la Iglesia (el catecismo) y la escuela (el guardapolvo almidonado). Padre/Perón y hospital/Argentina son círculos concéntricos de un mismo dispositivo de control ("una cárcel inmersa en otra cárcel", 101) que la narradora odia y ama con igual intensidad. Por eso, hay momentos en que siente que sólo un convencional deber filial nos hace cuidar de progenitores que nos impiden vivir: "Sensibles al juicio social cumpliremos las leyes sin apelación: les daremos de comer, limpiaremos sus inmundicias [...] y rumiaremos a escondidas el secreto deseo de que mueran para concedernos la libertad que nos quitan" (109). Pero a la vez, y a pesar del resentimiento, comprende que su propia identidad está irremediablemente unida a la de ese anciano que la procreó, cuyos "desamparados genitales suscriben una biografía de la cual, ya, no podré desentenderme" (26), y por eso la culpa se suma al alivio cuando recibe el anuncio telefónico de que el padre acaba de fallecer: "repito con maníatico fervor: *yo lo maté*" (152). Es que si bien la muerte del padre/Perón/viejo país es deseada y necesaria, junto con ellos muere algo en todos y cada uno de los argentinos, lo cual explica el tono de profunda melancolía con que concluye la novela: "¿Quién me asegura que no soy yo la que ha muerto?" (152).

Dos décadas y media después de *Persona*, en *Visitas después de hora* de Mempo Giardinelli (2003) se repite la escena primordial del padre que agoniza en un hospital mientras a su lado una hija lo contempla y piensa. Al monólogo interior de la hija se suman otras voces que completan la pintura de la vida de ese hombre: las cartas de dos hijas que viven en Estados Unidos; una carta de la ex esposa a una amiga; el diario de una amante extranjera; e incluso las cartas de otra joven amante enviadas años atrás desde París. De este coro de voces femeninas surge una imagen íntima del padre que, como es habitual, no coincide con su imagen pública. Nos enteramos así de su crisis emocional cuando su primera esposa lo dejó por otro hombre, de sus amoríos con mujeres más jóvenes que él, de su egoísmo y soledad que lo alejaron de sus hijas, e incluso de un incidente bochornoso pero nunca explicado que lo condujo a la cárcel y la ignominia. De este modo, las voces privadas dibujan la contracara del hombre meritorio que nos presenta el clásico anuncio fúnebre que al final del relato certifica su muerte: "serán depositados los restos de quien fuera una apreciada personalidad de nuestro medio" (299). Indagar en la vida privada de un hombre implica cierto *voyeurismo* insano que se magnifica cuando se trata del propio padre, algo que explica la sensación culposa de la hija cuando lee furtivamente su cuaderno de apuntes para saber si era verdad lo que se rumoreaba sobre su fortuna oculta: "Y jamás me hubiese atrevido a leerlo... Pero ya ves: hoy me vence la curiosidad. [...] Es curiosa, rara, la sensación de estar espiando una vida" (103). Pero leer los apuntes y diarios íntimos del padre no sólo responde a una necesidad personal de la hija sino que sintetiza el propósito mismo de la novela, que es sacar a luz las facetas ignoradas y desagradables de una familia llena de secretos: "Somos una familia de especialistas en no decir" (106).

De este modo, nos vamos enterando de que no sólo el padre agonizante sino prácticamente todos quienes lo rodean –tíos, amigos, otros padres– tienen secretos que guardar: "En todas partes es así: no hay familia en el mundo en la que no se oculte la mierda" (158). Esto apunta a una dimensión mayor que trasciende el ámbito familiar. Como en *Persona*, a lo largo del relato se perciben ecos de la violencia indescriptible que se adueña de la ciudad, y si bien todo transcurre entre las cuatro paredes del cuarto silencioso y aséptico del hospital, afuera se entrevé una realidad amenazante: "Afuera se escuchan bombazos, tiros, dicen que hoy incendiaron todo un barrio pero el silencio aquí es luminoso" (35). Nunca se explicita qué es exactamente lo que ocurre afuera, pero esos pantallazos bastan para despertar terrores latentes en el lector argentino. ¿Se trata de reminiscencias de la violencia de los 70? ¿Tal vez una alusión velada al colapso económico y los disturbios del 2001? ¿Podría ser un anticipo de futuras crisis? El relato no lo aclara. Pero la relación adentro/afuera y enfermedad paterna/crisis argentina se refuerza cuando, tras catalogar a la familia política del padre de "clánica y llena de conflictos nunca expresados, hecha de silencios y culpas y vaya a saber cuántas otras cosas feas", la hija agrega: "Igual que este país que se muerde la cola y se come a sí mismo" (49). Como en *Persona*, país y hospital se equiparan, y a la sensación de que en Argentina "pasan cosas todo el tiempo pero es como si nunca pasara nada" se agrega "la misma sensación que se tiene de noche en todo este inmenso hospital: aquí el tiempo está como detenido..." (269).

La triste figura del padre moribundo y apenas mantenido con vida por los aparatos médicos se superpone a la del país en decadencia: "Caído como un árbol, como un enorme roble talado, un quebracho, una lenga. Eres la vieja ballena que se echa a morir en la costa patagónica..." (19). En un país que no hace mucho mostrara su otra (¿verdadera?) cara de violencia hasta entonces disimulada bajo la pátina del país "europeo" y civilizado, ese hombre alguna vez fuerte y seductor, que fue querido aunque también odiado por sus hijas, y respetado aunque también temido por sus amigos, está ahora convertido en un deshecho físico y despojado de su anterior aura de grandeza. Padre dominante y poderoso, se revela ahora como lo que siempre fue. Incontinente e inconciente en una cama de hospital, depende de los otros hasta para la higiene íntima, y en el acto filial de la hija de "limpiar [la] mierda" (52) de su cuerpo inerte se puede ver algo semejante al acto de contrición y catarsis de la sociedad argentina cuando se mira en el espejo de su pasado reciente. Como en un diálogo de sordos, la hija se queja de que es "horrible hablarle a un cuerpo que amas pero que no registra nada, no responde..." (63). Pero la muerte de un ser querido (o de una vieja sociedad) es preferible a una agonía prolongada que más bien parece una versión del infierno, algo que la hija comprende resignadamente cuando lo llevan a terapia intensiva en los momentos finales: "pero si te vas a morir pues ojalá y te murieras de una vez. Que no sufras más..." (291). Lo cual es también una manera de ponerle fin al sufrimiento propio para luego tal vez renacer.

En *Papá*, de Federico Jeanmaire (2003), también se relaciona la metáfora padre/país con el ámbito médico. El relato contiene reflexiones y recuerdos del narrador durante los últimos meses de vida de su padre después de una larga enfermedad: "A mi padre lo estamos velando desde hace más de dos años" (9). La figura del progenitor como metonimia de una Argentina autoritaria es más explícita que en las novelas anteriores porque el padre es un militar en retiro que fue designado dos veces intendente de un pueblito bonaerense bajo gobiernos de facto, mientras que el hijo es un escritor de ideas progresistas que se resiste a seguir la carrera de aquél y desprecia todo lo que tiene que ver con el Ejército. De allí la relación ambivalente con el padre que se superpone a la que tiene con el país: "Odiaba a mi país. Lo odiaba. Y entre las cosas y las personas que odiaba ocupaban un lugar preferencial tanto mi padre como mi pueblo" (69). Si el padre es equivalente a la patria y ésta se define como un "montón de verdades y mentiras heredadas", la aseveración de que crecer significa "animarse a matar al padre" (75) significa que también es necesario matar la Argentina idealizada de los manuales escolares. En la figura paterna se conjugan lo militar y lo campestre como supuesta fuente de la esencia nacional (el padre viene de una familia rural rica y mantiene el cariño por las tradiciones del campo), por lo que ese tipo de patriotismo folclórico es una de las cosas que el narrador rechaza. De niño se resistía a lustrar los zapatos del padre por "odiar desde siempre el color marrón y su pampeana abundancia..." (77), al asociar inconscientemente el color de los zapatos con el de la tierra. Y de adolescente soñaba con dejar el pueblito y viajar a donde nadie supiera que su padre era intendente militar, una manera de optar por una orfandad voluntaria: "irme de su lado y del país era para mí una necesidad"(99).

Como en otros relatos sobre padres autoritarios, se mezclan el amor y el odio frente a esa figura contradictoria, capaz de cariño pero también de distanciamiento emocional, tierno pero insensible, lector voraz de libros pero ignorante de las cosas del mundo. El padre es como los diferentes registros de su voz: puede ir del tono cariñoso cuando habla de amigos al impersonal con que pronuncia los discursos de intendente militar, o incluso a la "voz terrorífica de cuando se enojaba, la voz de hielo con que hablaba de la patria" (57). Pero igual que en otros relatos, su enfermedad sirve para sacar a luz aspectos de su personalidad hasta entonces ignorados: "Un cuerpo que, por otra parte, recién ahora conozco en su totalidad [...] Yo estaba solo cuidándolo y a él no le importó que lo viera desnudo" (10). Ver al padre desnudo es, como en otras novelas, paralelo al desnudamiento de los secretos nacionales, ya que la crisis del país afuera de los muros del hospital acompaña la enfermedad del ser querido adentro. Hay referencias explícitas a los meses postreros de gobierno del presidente Fernando de la Rúa, las protestas de diciembre del 2001, y el "desastre final, incontenible, en que se ha convertido la patria en estos últimos días" (109). Así, padre/país y hospital/país son ecuaciones equivalentes igual que en las novelas de Etchenique y Giardinelli.

Cuando se aproxima el momento de la muerte, la "guerra" entre el hijo y el padre deja paso a una especie de tregua toda vez que la compasión por el anciano vulnerable puede más que las desavenencias acumuladas durante años. Es el momento del pacto, y no por coincidencia el narrador hace referencia explícita al "pacto público" (122) que representó el regreso de la democracia acotada en 1983, cuando los militares y la sociedad civil acordaron negociar el fin de la dictadura. Este paralelismo entre familia y nación se acentúa con el recuerdo de las violentas discusiones con el padre, especialmente cuando éste llegó a afirmar que de tener un hijo guerrillero lo mataría con sus propias manos. En esas discusiones, dice el narrador, "los dos bandos se gritan crueldades" (91), usando un término –"bandos"– más reminiscente de los enfrentamientos políticos que de los familiares. Pero cuando el narrador ya adulto se convierte a su vez en padre y comienza a acercarse a ese "hombre silencioso al que amaba tan profundamente" (17), especula que tal vez "la relación de los padres con los hijos no sea más que una cadena infinita de *pactos de convivencia*" (énfasis mío; 132). De allí que cuando la madre le da a escoger un objeto cualquiera como recuerdo del padre, elige nada menos que su gorra militar, el símbolo de todo lo que odiara de joven. Quedarse con la gorra es algo que nunca hubiera imaginado durante los años de peleas y alejamientos, y sin embargo es una manera de decirle al padre muerto que lo quiere a pesar de lo que hizo y lo que fue. "Cosa rara el amor. Casi imposible de escribir" (152), afirma en las últimas líneas, resumiendo allí ese largo proceso de reconciliación con el padre y con la patria autoritaria que éste representara en vida.

En los relatos de Etchenique, Giardinelli y Jeanmaire se encuentran imágenes del padre dominante como metáfora de un país generador de sentimientos encontrados de amor y odio. Contra esa figura autoritaria se alzan otras novelas donde se recuerda al progenitor con un cariño y nostalgia que se superponen a los sentimientos de tristeza que produce el empobrecimiento de la nación. *El lugar del padre*, de Angela Pradelli (2004), ejemplifica esa mezcla de nostalgia y tristeza con que se empieza a pensar la realidad argentina a partir de los 90. En su comentario de contratapa, Antonio Skármeta habla del relato de Pradelli como una "elegía de la precariedad", y en efecto se trata de un texto íntimo y minimalista, un recorrido melancólico y sin estridencias por el recuerdo de un padre y las "hilachas que han quedado flotando después de su muerte" (Requeni 22). Narrado en primera persona por una hija adulta que se queda sola en la casa que compartieran, el relato está hecho de pequeñas escenas de la vida cotidiana en ese hogar vacío, junto a unos pocos diálogos con Ramón, el vecino y viejo amigo del padre que ahora acompaña a la hija en un contenido duelo. Contenido porque, como ya se dijo, no hay estridencias ni manifestaciones de dolor exageradas en la voz que narra. Por el contrario, se trata de un cariñoso repaso de las pequeñas, casi intrascendentes acciones que marcaron la vida compartida y los objetos que quedaron como únicos restos ("hilachas") de ella.

Como en la típica rememoración proustiana, un olor, un sonido o una sombra en la pared pueden desatar recuerdos que sugieren lo fugaz de la existencia. Puede tratarse de la "espuma que se depositaba en la arena mojada" y queda como único rastro de una ola que acaba de retirarse de la playa (149). O el sonido de una ambulancia que trae el recuerdo de otra que condujo al padre enfermo (131). O incluso una campana que perteneciera al progenitor, y que puesta a tocar produce un "sonido que es una vibración y se sostiene en el aire" (140). Ciertos objetos cotidianos impregnados de la presencia del padre desatan asociaciones melancólicas, como un viejo reloj de pared que dejó de funcionar y al ser quitado dejó "la marca del contorno del reloj sobre la pintura blanca"

(76). O unas prendas del padre muerto regaladas a Ramón, que puestas a secar en la terraza parecen cobrar vida como si su dueño original todavía estuviera en ellas: "El viento agita las mangas de la camisa a cuadros. Los brazos de mi padre, livianos, suben y bajan, van de aquí para allá. Huecos, se mueven sin control. El viento, también, sacude, vacías, las piernas grises del pantalón" (22). Espuma, rachas de sonido, vibración de una campana, contorno de un reloj ausente, ropas huecas que se agitan: todo sugiere impermanencia a la vez que prolongación en la memoria de lo que ya no está. La hija conserva frascos de remedios del padre sabiendo que tarde o temprano tendrá que tirarlos a la basura, y del mismo modo el recuerdo prolonga por un tiempo aquello que de todos modos desaparecerá. En este sentido, se concibe la memoria como una especie de realidad paralela en la que entramos y salimos en sucesivas rachas, tal como en un recuerdo de niñez el padre y la hija atravesaban bancos de niebla en la ruta: "Salíamos de [un banco de niebla], andábamos unos metros y nos metíamos en otro [...] La niebla nos devoraba y desaparecíamos del mundo por un instante, flotando en el aire algodonoso" (55).

El jardín de la humilde casita que el padre cuidaba con esmero deviene el sitio de las reflexiones de la hija. Igual que uno riega plantas y árboles sabiendo que a la larga perecerán, la narradora alimenta los recuerdos con plena certeza de que es una tarea sin fin y sin futuro. Se mencionan fumigaciones y venenos que no terminan de eliminar las hormigas, y podas que no acaban de embellecer el jardín. Un inmenso árbol de paraíso que Ramón voltea porque el tronco se ha ahuecado por dentro sirve de metáfora de la muerte del padre. El experto del vivero recomienda cortarlo porque "el hecho de que un árbol crezca demasiado nunca es bueno" (24), e indica que el árbol probablemente ya estaba enfermo antes de que aparecieran los primeros síntomas de deterioro: "cuando uno lo nota, en general, ya hace bastante tiempo que la planta empezó a morirse" (42). Pero al caer el inmenso árbol "empiezan a aparecer, en el fondo del pozo, las raíces del paraíso" (11), y del mismo modo la muerte del progenitor hace aflorar sentimientos y recuerdos que, igual que las raíces, estuvieron creciendo ocultos durante años. La muerte del gran árbol se acompaña de otras señales de deterioro y envejecimiento de las cosas y las personas. Puede tratarse del leve polvillo que se asienta incesantemente sobre los muebles ("corpúsculos imperceptibles formados por pizcas de polen, lana, algodón, tierra, piel de personas o de animales, papel", 18), invisible hasta que lo ilumina un haz de luz penetrando entre las hendijas de la persiana. O el pelo burdamente teñido de negro de Ramón, un "modo de demorar la muerte" (15) que hace que por unos días el jubilado camine más erguido y seguro de sí mismo. También puede tratarse de un antiguo pañuelo de seda de la abuela guardado con esmero pero comido por las polillas a pesar de las bolitas de naftalina; o los diamantes de una pulsera regalada hace tiempo por el padre, que resultan ser falsos cuando la hija trata de venderlos para pagar la internación del anciano; o incluso unas gardenias para la tumba del padre, que recién compradas ya se ven secas y mustias.

La intención de que esos pequeños deterioros de lo cotidiano remitan a una realidad exterior más allá del dolor íntimo de la protagonista no es explícita, pero precisamente porque no se la menciona jamás la realidad del país es un trasfondo natural que se da por sentado. No es necesario decirlo para entender que si Ramón deja de ir a la peluquería del barrio y se tiñe el pelo en casa para ahorrar unos pesos, es porque hoy un anciano argentino no tiene derecho a una jubilación digna. Uno de los recuerdos más melancólicos de la narradora tiene que ver con un viejo ejemplar de la revista de fútbol *El Gráfico* del año

1967, que el padre y Ramón solían hojear juntos para repasar con nostalgia las publicidades de aquella época: "Cigarrillos Nueva Florida, superlargos con filtro; Embajadores con filtro, suaves y con carácter; y Medias Sportilandia industria argentina" (61). Estas publicidades son señales de una época anterior mejor que la presente, y acompañan otros objetos simbólicos de una prosperidad familiar y nacional que se ha ido desgastando: el elegante sobretodo del padre que la narradora admiraba de niña y ahora usa de abrigo sobre la cama; o el ya mencionado pañuelo de seda de la abuela comido por las polillas.

Entre esos objetos se destacan unos manuales de instrucciones para empleados del ferrocarril conservados por el padre como recuerdo de sus años de trabajo. El simbolismo de que el padre fuera empleado de ferrocarril no es fortuito en un país como Argentina donde la red ferroviaria fue uno de los grandes motivos de orgullo nacional a partir del peronismo, y donde bajo la reconversión económica del neoliberalismo fue poco menos que eliminada por no redituar ganancias para el Estado. Es difícil no ver en el recuerdo del padre paseándose con orgullo por la estación de trenes un comentario melancólico sobre una Argentina que, igual que el padre, ha desaparecido: "Está siempre sobre la plataforma y camina erguido. Como los trenes, mi padre regresa siempre y está ahí una y otra y otra vez" (135). Pero ni el padre regresa de verdad (salvo en la memoria de la narradora) ni tampoco lo hace el país del pasado. En ese aspecto, la elegía al padre muerto está teñida por la aguda conciencia de que toda rememoración es un gesto efímero y que el pasado (individual o colectivo) está irremediablemente perdido. Es el sentido de otro recuerdo que aparece al final de la novela y constituye uno de los momentos más felices de la infancia, cuando el padre y la hija viajaban al mar y la niña lo cubría de arena: "Mi quietud, ahí, a su lado, esperando que él rompa el silencio. Desentierre su cuerpo de una vez. Se levante, por fin. Que salgamos corriendo" (163). Pero como la hija bien sabe, eso no ocurrirá de verdad porque, ya lo ha dicho unas páginas antes, "cuando alguien se muere, se muere..." (97).

La hija de Singer, de María Inés Krimer (2002), tiene más de un punto en común con el relato de Pradelli. La historia comienza con el viaje de la protagonista de Buenos Aires a Paraná para asistir al velorio de su padre judío. Un pequeño detalle en las primeras páginas —"La manija [del ataúd] tenía una salpicadura de barro y la limpié con el dedo" (18)— sienta el tono general de una novela que gira alrededor del reencuentro de la hija con el recuerdo incompleto de un padre alejado geográfica y espiritualmente por años. Pero el reencuentro termina siendo consigo misma, con sus fracasos en la vida e incluso con el fracaso del país. Limpiar la salpicadura de barro es símbolo de otras limpiezas que debe emprender esta mujer ya mayor y sin hijos, con un divorcio a cuestas y un empleo de abogada precario e insatisfactorio. Sólo que las salpicaduras de la vida —la suya propia, la del país— no son tan fáciles de limpiar como las del barro sobre el metal. Volver a Paraná significa encontrarse con primos a los que no veía desde la infancia, con un viejo novio por el cual todavía siente cariño, con los amigos ya ancianos del padre. Volver es sobre todo visitar la casa en que vivió de niña, repleta de restos o marcas físicas que indican una presencia paterna que ahora trata de reconstruir a través de objetos personales que parecen anacrónicos al faltar su dueño: "Anteojos de aumento [...] Las zapatillas [...] Dos bufandas a cuadros. Las pantuflas. La gorra de franela [...] Listas de remedios. Un alicate" (27). El deterioro general de la vivienda, las paredes descascaradas, el olor a orina en el baño, los muebles desvencijados puestos en la vereda para que se los lleve el basurero, son las señales de una vejez apretada típica de quienes sobreviven con una magra jubilación. Todos esos objetos pobres e inservibles que quedan tras la muerte del padre –una colección ajada de revistas *Reader's Digest*, frascos vacíos para guardar tornillos, recipientes de plástico con tapas que no coinciden– son los restos en la playa de un naufragio personal.

Hasta este punto, la novela de Krimer podría ser una versión local de la rememoración proustiana que nace del reencuentro con un olor o un objeto de infancia olvidado. También podría ser, como muchas otras novelas sobre el padre, un intento de dilucidar el secreto que guarda todo progenitor: "Me pregunté quién había sido ese hombre [...] La vida de papá era un secreto. Lo que pasó dentro de la casa era un secreto" (75, 109). O una típica novela de regreso a los orígenes, un arreglo de cuentas con una figura paterna elusiva: "Papá se había muerto sin hablar. Durante años, cuando lo llamaba por teléfono se mostraba lejano o hacía chistes o contaba historias de otras personas. Era su forma de estar ausente" (49). Pero la misma narración se encarga de abrir otras vías interpretativas sobre esa lejanía cuando dice que él "enmudeció de viejo" (50). Es que bajo la primera y engañosa imagen de un padre distante va surgiendo otra, la de un hombre lleno de vida y sabiduría popular (la judía tanto como la argentina) que comenzó a decaer a partir de una fecha significativa: 1983. Este es el año en que vuelve la democracia, y él, secretario del sindicato de trabajadores del ferrocarril de Paraná, comienza a mandar cartas a los periódicos para denunciar el gradual traspaso de los trenes a las compañías privadas como resultado del achicamiento del Estado. Una de esas cartas terminaba con la premonitoria pregunta de "¿Qué va a pasar con los pueblos, con la gente?" (51), y sugestivamente a los dos meses se le notifica la jubilación forzosa. Es a partir de ese incidente que se inicia el deterioro paterno –"Perder el trabajo es perder la persona, dijo, porque al perderlo el hombre no puede hablar con Dios" (52)–, no por casualidad es a partir de ahí que la novela cambia sutilmente de tono para girar hacia una descripción impresionista de las señales visibles de la decadencia nacional.

Se suceden entonces imágenes de la crisis narradas sin dramatismo ni estridencias. Un cliente recurre desesperado a la protagonista porque ha recibido una intimación judicial contra su empresa constructora; otro va a juicio por un despido imprevisto; una joven estudiante de abogacía que trabaja en la misma empresa de la protagonista busca quitarle el puesto. En los días que siguen a la muerte del padre, la novela describe el viaje interior de la protagonista por sus recuerdos y reflexiones, pero también pinta en trazos rápidos el deterioro social: la pobreza ("Chicos de la calle hurgando bolsas de papas fritas [...] un rumano con un bebé en brazos pedía monedas envuelto en frazadas", 77); los piqueteros ("las columnas de humo que levantaban unas gomas quemadas en un cruce de rutas", 81); la marginación de los pobladores del interior ("tenían gamulanes gastados, sacos puestos uno encima del otro, pantalones de jean, barbas de dos días", 102). El contraste entre el padre jovial y lleno de energía del recuerdo, y el padre enfermo y silencioso de los últimos años, es paralelo al contraste entre la prosperidad argentina de ayer y la pobreza de hoy. Esto se ejemplifica en el viaje a Paraná en un tren destartalado que no sólo retrotrae a los trenes elegantes de la infancia ("Me acordé de los vagones ingleses, con camarotes y escupideras de bronce") sino por sobre todo a cuando el padre representaba para la niña protección y seguridad: "[En el tren] papá saludaba a todos y todos le devolvían el saludo" (101).[6]

En una novela caracterizada por una fuerte presencia de lo visual (objetos en desuso, escenarios deteriorados, paisajes de la pobreza) una imagen en particular se destaca por su simbolismo: en el piso del viejo dormitorio del padre, las "patas de la cama seguían marcadas" (110). Las marcas de una cama ausente son sinécdoque del durmiente que la usó, y por extensión de todo aquello que alguna vez fue y ya no es. Como señalamiento de la memoria, esas marcas hablan del padre ausente y funcionan como el *kadish* al que asiste la protagonista, el ritual judío que honra y recuerda al fallecido a los 30 días de su muerte. En esa ocasión, el oficiante del rito habla a los allí reunidos: "No debemos llorar por el que se va, sino confortar y cuidar al que recuerda" (141). Quien narra es quien recuerda, y esa calidad de la narración como *kadish* le permite a la novela honrar y mantener vivo el pasado no sólo del padre sino del mundo que él habitó, esa Argentina lejana de trenes elegantes y trabajadores orgullosos que ya no están.

Una de las tragedias argentinas de las últimas décadas es el desarraigo forzoso de cientos de miles de personas empujadas a un exilio primero político y luego económico. *Levantar ciudades*, de Lilian Neuman (1999), es de una novelista que desde 1991 vive en Barcelona y asocia los recuerdos del padre muerto con los del país dejado atrás. La primera parte incluye una fiesta navideña pasada en familia cuando la narradora tenía siete años, y entre los recuerdos de aquella noche se destaca su padre recitando las palabras de Dios a Abraham: "Vete de tu tierra y de la casa de tu padre a la tierra que te mostraré" (58). Esa interpelación divina, que a la niña le parece en ese momento una broma, cobrará sentido años más tarde cuando ella misma, ya adulta, se aleje de su ciudad natal de Rosario para irse a buscar fortuna a Buenos Aires y más tarde a Barcelona. Ese periplo entre ciudades, más la idea de que la vida del padre consistió en "levantar una ciudad" de la nada después de llegar a Rosario como un joven judío de trece años sin un peso en el bolsillo, es el *leitmotif* que estructura la novela. El padre que se recuerda con admiración es aquel joven emprendedor que llegó a tener un próspero negocio de venta de neumáticos gracias a su esfuerzo personal, en una Rosario que en aquel entonces prometía "convertirse en una ciudad 'de proporciones yanquis' [...] en donde se crecía y se creía a fuerza de trabajo, empuje y honradez" (53). Los proyectados "rascacielos y puentes que nada tendrían que envidiar al puente de Brooklyn" (53) son respecto a la ciudad real lo que las fantaseadas "ciudades" de la niña respecto a la imagen del padre: el depósito lleno de neumáticos que a la niña se le antoja una fantástica "ciudad de caucho" (20); la "ciudad vertiginosa" que contemplaba desde el asiento trasero del auto cuando el padre la llevaba a recorrer Rosario (134); e incluso el cementerio que, visitado de su mano, parecía "una ciudad desierta, hechizada, lujosa" (115).

El recuerdo del padre conjura un hombre elegante, seductor y tan a gusto eligiendo vinos en un restaurante caro como tratando con los ejecutivos norteamericanos de la empresa de neumáticos. Como en otras novelas, ciertos objetos grabados en la memoria de la hija —en este caso un automóvil— sintetizan metonímicamente la imagen del padre poderoso: "El motor del Fairlane cimbraba potente y seguro, sin rugidos ni estruendos. Serenidad espacial, aclaraba mi padre, como se afirmaba en la propaganda de televisión, y luego me mostraba, moviendo el volante con un dedo, 'dirección hidráulica', contento, y el coche giraba con ese solo dedo..." (36). Pero igual que en otros relatos, esa imagen idealizada cede paso a la conciencia del tiempo y el deterioro. Ya en la infancia hay un primer anticipo de esa traumática sustitución cuando el padre sufre un ataque de depresión que obliga a internarlo en una clínica psiquiátrica. Cuando se lo llevan a la clínica, se produce el primer vislumbre de la muerte aunque ésta no se producirá sino muchas décadas después: "se iba, sin saberlo entonces, se iba para siempre el padre que yo había conocido y me traerían de vuelta otro, un padre taciturno, un padre triste y aplacado, un padre al que yo siempre miraría de lejos..." (76).

El segundo paso en esta gradual despedida será muchos años después, ya en la década de los 80 y en una Buenos Aires que empieza a mostrar señales de decadencia: "si a mi padre se le ocurría pasear por la Avenida de Mayo iba a ver qué deteriorada estaba, qué distinta, qué oscura" (122). Padre e hija vuelven a encontrarse después de un tiempo de separación, y aquél todavía se ve fuerte pero ya no parece tan seguro de sí mismo. Viene a Buenos Aires a recibir una medalla en premio a sus años de servicio vendiendo neumáticos, y hay cierto dejo de ironía en su voz ante lo que no puede sino representar el fin simbólico de una vida de trabajo. Esta será una de las últimas veces que la hija vea al padre con vida, y en cierto modo las horas que pasan juntos conversando son el preludio del adiós final. No por coincidencia, en ese momento la hija vuelve a recordar "aquel Rosario que él había llegado a levantar a los trece años [...] que se anunciaba como un coloso de proporciones yanquis", y se hace mención de "la decadencia, antes del pálido espectro de una época de oro que mi padre había conocido y que no vería regresar" (146), sin que quede claro si se refiere a la vida del padre, a la del país, o a ambas en su imbricación. Pero es evidente que el arco en la vida de ese típico representante de la clase media argentina que va de la prosperidad a la decadencia, paraleliza el último medio siglo del país: "aquel último viaje de mi padre a Buenos Aires, antes de que se fundiera y terminara para siempre su negocio de neumáticos, antes de que decidiera divorciarse de mi madre después de cuarenta años de casados, antes de que se cansara una y otra vez de despotricar contra la rama andaluza, antes de que clamase por volver a su colonia judía, antes de que se cayera al suelo, trastabillara, volviera a ser ingresado, volviera a salir, volviera a ser ingresado..." (147). Esta despedida dolorosa del padre/país termina junto al tren que lo regresa a Rosario, con el deseo de la hija (que por supuesto no se cumple) de subirse con él al vagón, y con un tren que se aleja sin que ella le haya dicho lo que realmente importa: "No me dejes, no te vayas..." (149).

La novela concluye con la narradora en Barcelona y la sensación de que exilio y orfandad son nociones equiparables: el uno nos priva de la patria y la otra del progenitor. Ahora la hija debe recorrer en su vida el camino que antes siguiera el padre, por lo que la pulsión de "levantar ciudades" se parece a una verdadera tarea de Sísifo: "Vete, porque ya no hay ciudad alguna en esta ciudad. [...] Vete, y de aquí en adelante todo lo que harás será levantar ciudades" (165), imagina la narradora que le dice el padre, repitiéndose una vez más el mandato de Dios a Abraham. En un país como Argentina que acogió a los inmigrantes para cien años más tarde expulsar a sus nietos, ese ir y volver de las corrientes migratorias es la prueba de un proyecto nacional fallido. De allí la fuerte sensación al concluir el relato de que el destino del padre, repetido en la hija, es tan doloroso como inevitable. Imaginando la voz del padre, la narradora se (nos) dice sobre el exilio: "Y entenderás por fin el apogeo y la caída, el principio, el nudo y el desenlace. Habrás dejado de ser mi hija, y como yo serás tu propio padre y tu propia hija..." (169). Como en las historias míticas, el padre debe morir para que viva su descendiente, y perder el padre/la patria parece ser la condición ineludible de la argentinidad.

Concluyo este recorrido con *El buen dolor*, de Guillermo Saccomanno (1999), que si bien no es cronológicamente la última novela de la serie, tiene la virtud de hacer preguntas pertinentes a toda escritura sobre la enfermedad y la muerte del padre. En ella, un escritor confiesa que toda su vida no ha hecho sino reescribir una y otra vez el mismo relato sobre la terrible agonía de su abuela cuando era niño. Presa de una súbita demencia senil, esa mujer hasta entonces de salud inquebrantable comienza un rápido declive que la convierte en poco menos que un animal bañado en sus propios vómitos fecaloides: "Quedó paralítica. En pocos meses su pelo se volvió gris y su dentadura amarilla [...] Su cuidado exigía una serie de ceremonias repulsivas. Sus llagas se abrían como bocas. En una de sus heridas en la cadera se veía el hueso" (50-51). Esa espantosa agonía, más una vida misérrima en un barrio proletario de Buenos Aires y un padre frustrado cuyo sueño de escribir una novela nunca se concreta, marcan para siempre al escritor que se pasa años tratando de "terminar *de una vez y para siempre* ese cuento sobre la muerte de la abuela" (119). Pero cuando poco después del golpe militar de 1976 el padre sufre una isquemia y queda semiparalítico y casi sin habla, comienza una larga enfermedad que se superpone a la de la abuela en el recuerdo. Y esa enfermedad del padre prolongada por años hace resurgir un pensamiento de la abuela cuando todavía estaba sana, producto de su filosofía de mujer inmigrante acostumbrada a la dureza de la vida: "La abuela, me acordaba, solía decir que todos los sufrimientos que se padecían en esta vida eran una templanza. Había un dolor que era bueno. Y ese dolor era una prueba a la que nos sometía Dios para probar nuestra fe" (131).

La naturaleza del "buen dolor" de que hablaba la abuela y que da título a la novela es el eje de las preocupaciones del narrador. Cuando la enfermedad del padre se agrava con una infección respiratoria y serias complicaciones neurológicas, nace una angustiada pregunta: ¿existe tal cosa como el "buen dolor"? Testigo de la prolongada agonía de la abuela décadas atrás, y ahora de la del padre, el narrador desviste a la enfermedad de todo ropaje literario o connotación pedagógica para mostrar en cambio su radical y absoluta falta de sentido. No hay en ella nada romántico o ejemplificador: "La enfermedad y la pobreza, se dice, nunca vienen solas. Vienen acompañadas por un sinfín de dolores que no son únicamente físicos" (133). Ellas no sacan a luz lo mejor de las personas sino que producen rechazo: "Y así como la enfermedad, a quien la vive, hace envidiar a los sanos, estos, los sanos, sienten un rencor instintivo hacia los enfermos [...] Porque la enfermedad, como la pobreza, emite radiaciones" (133). Pero por sobre todo, la enfermedad y la pobreza —eso que la abuela consideraba "buenos dolores"— son lo traumático e innombrable más allá de la comprensión humana: "Por lo general se evita hablar de ambas [...] las ideas nunca representarán con exactitud lo que se siente en la enfermedad y la pobreza, porque para sentirlo, hay que estar auténticamente enfermo o ser auténticamente pobre [...] sólo pueden hablar de la enfermedad y la pobreza aquellos que la vivieron, aun cuando no puedan referirlas con precisión..." (134-35).

El escritor expresa la impotencia del lenguaje ante el sufrimiento del padre, convertido en aquello que está más allá de los límites de la razón. No es sólo que el "buen dolor" argumentado por la abuela es una injusticia de Dios ("Dios era injusto, prometiendo un paraíso a los que más sufrían", 152), sino que además es irrepresentable, de lo cual es símbolo ese cuento sobre la agonía de la abuela que el protagonista nunca termina de escribir. De allí que la novela esté llena de referencias a la frustración de quienes intentan futilmente revelar algo oculto. Un ejemplo es la frustración del padre anarquista que quisiera poner en evidencia los secretos de la explotación capitalista pero no puede: *"Si se levantaran de improviso todos los techos de la ciudad,* te dijo papá después de una de esas grescas, *si los hombres pudieran ver cómo viven, el mundo sería otro.* Pero los techos no se levantaban" (34). Esa frustración se repite en su trabajo de sastre, porque cose trajes que sirven para disimular barrigas y esconder hombros caídos, haciendo que los clientes se vean "no como eran en realidad sino como sus pretensiones lo querían" (31). Y es la frustración también de verse perseguido por sus ideas bajo el gobierno peronista, para luego verse igualmente perseguido por los militares antiperonistas, con lo cual su prédica revolucionaria siempre cae en oídos sordos.

Un encuentro con una mediocre actriz que lo aburre con la enumeración detallada de sus problemas personales –una carrera frustrada, amoríos con hombres que no la aprecian, la muerte accidental de un hijo– le sirve al protagonista para comprender que toda vida está hecha de parecidas tragedias y que la autoconmiseración es un ejercicio inútil. Cuando la actriz le dice que su vida podría servir de material para una novela (algo que el escritor ya ha escuchado de otras personas), queda en evidencia una vez más que el "buen dolor" es intransferible e inenarrable. Esa mujer que se regodea contándole sus sufrimientos, convencida de que su vida es especial y de interés para alguien en busca de historias que narrar, lo confronta con su propio engaño y sus limitaciones como escritor: "Durante los diecinueve años que duró su enfermedad, una y otra vez escribí sobre mi padre. Casi siempre uno escribe sobre lo que ignora, persiguiendo develar un misterio. Se escribe buscando una explicación. *Y se encuentran sólo incógnitas"* (énfasis mío; 151). Ésa pareciera ser la conclusión de una novela que se propone explicar el significado de la enfermedad y la muerte del padre: hay que escribir sin fin sabiendo de antemano que el verdadero sentido de ese dolor quedará para siempre en un cono de sombras.

Con esta idea de que todo cuanto se pueda decir sobre la enfermedad y la muerte del padre es en última instancia una mera aproximación al centro del misterio, termino el recorrido por novelas que tratan de hallarle un sentido personal a ese misterio a la vez que se proponen como alegorías de algo más allá.[7] Si "la enfermedad nos revela lo que auténticamente somos" (*El buen dolor*, 147), eso que se nos revela tiene que ver con una circunstancia individual pero también con nuestra condición social y universal, como hijos de la especie e hijos de una época y un país particular que somos. En este recorrido hemos hallado padres buenos y malos, tiernos y distantes, cariñosos y autoritarios; pero el hilo común a estas representaciones es que el padre antes joven y fuerte ahora se encuentra muerto o enfermo, y ese camino hacia el deterioro del progenitor es lo que impacta en todos estos relatos, ya que el padre es un símbolo universal de autoridad y seguridad: "The father as patriarch, apparently invulnerable, in control, is one of our most powerful mythologies" (Owen 9).

Tal vez interrogar la figura del padre sea un gesto típicamente posmoderno, algo a lo que apuntan los compiladores de *Naming the Father* cuando señalan que en la literatura norteamericana reciente abundan las memorias sobre el padre que desdibujan los límites entre la ficción y lo no ficcional. Pero también señalan dos cosas que parecen aludir directamente a aspectos que hemos tratado aquí: que en este fin de siglo sólo podemos hablar de la paternidad en términos de *ausencia* o de *relaciones fallidas*, y que el padre siempre aparece simultáneamente como un *personaje en una ficción* y como una *función simbólica* (Bueno,

Caesar y Hummel 2). También en referencia al fin de siglo (y de milenio), Jorge Rufinelli apunta que la búsqueda del padre es un motivo recurrente en el cine y la literatura de los 90 en América Latina, y que ese fenómeno posiblemente tiene que ver tanto con la idea del 'fin del mundo' que siempre acompaña esas transiciones, como con el fin de una época de certezas ideológicas en el continente: "La sensación colectiva de que 'algo' *se ha derrumbado definitivamente* [...] la *desaparición de la utopía* y la *ansiedad por la llegada del milenio*" (énfasis en el original; 444). Así, el padre siempre representa (¿cómo podría no hacerlo?) muchas cosas a la vez: ficción y realidad, presencia y ausencia, ser de carne y hueso a la vez que símbolo descarnado.

No se le escapará al lector que los grandes ausentes en mi recorrido son Freud y Lacan, aunque aquí y allá se pueda sentir su presencia: una lectura psicoanalítica revelaría dimensiones que tienen que ver con la Ley, la mirada del padre y lo simbólico más allá de lo real. Lo mismo ocurre con una lectura desde el feminismo, que agregaría cuestiones pertinentes al patriarcado. Como dice Ursula Owen en la introducción a *Fathers: Reflections by Daughters*, Freud y el patriarcado son las dos rúbricas bajo las cuales se expresa la relación padre-hija en el siglo XX. Pero estos son aspectos que exceden los límites de este trabajo y simplemente apuntan a la gran densidad de sentidos presentes en la temática del padre; una temática que en el caso argentino remite una y otra vez a ciertas obsesiones nacionales de los últimos treinta años. Hablar del padre implica en cierto modo hablar de nosotros mismos, de nuestros éxitos y fracasos como personas y como sociedad: "sin decir una palabra, mi padre acababa de entregarme un legado, una herencia, un destino" (Neuman 164). Hablar del padre, en fin, es algo que ya sea a título individual o como parte de una comunidad nos interpela, nos desafía y nos pone frente a un espejo donde contemplamos nuestro propio lugar en la genealogía.

NOTAS

[1] El trasfondo de este trabajo es doble. Por una parte, hace tiempo sé de la extraordinaria dedicación de Andrés Avellaneda a su padre anciano en Buenos Aires, a quien cuida con un amor incondicional a pesar de las dificultades de la distancia. Esa lealtad suya agrega un motivo más a las muchas razones por las que admiro a Avellaneda en su calidad de gran intelectual, profesor, amigo, e hijo. Pero además, durante los meses en que buscaba las novelas para este trabajo mi propia madre enfermó gravemente y murió en Argentina, por lo que el tema de la muerte y la enfermedad del progenitor se me hizo más real. De esta conjunción de circunstancias nació un trabajo que es tanto una exploración personal como un homenaje.

[2] Me refiero a la enciclopedia que Borges cita en "El idioma analítico de John Wilkins": "En sus remotas páginas está escrito que los animales se dividen en (a) pertenecientes al Emperador, (b) embalsamados, (c) amaestrados, (d) lechones, (e) sirenas, (f) fabulosos, (g) perros sueltos, (h) incluidos en esta clasificación, (i) que se agitan como locos, (j) innumerables, (k) dibujados con un pincel finísimo de pelo de camello, (l) etcétera, (m) que acaban de romper el jarrón, (n) que de lejos parecen moscas" (708). La broma de Borges apunta a que toda división del reino animal (o cualquier otro campo de objetos o ideas), no importa cuan lógica o científica, es en última instancia, aleatoria porque seleccionar implica privilegiar un criterio cualquiera sobre muchos otros posibles.

[3] La temática del joven que no sabe si sus padres son realmente sus progenitores biológicos aparece con cierta frecuencia en la novelística argentina, por ejemplo en *Memorias del río inmóvil* de Cristina Feijóo (2001), y *Dos veces junio* de Martín Kohan (2002).

[4] Según esta figura discursiva, la disidencia era un bacilo, virus o cáncer que debía ser extirpado por medio de una cirugía mayor (la represión), siendo las fuerzas armadas el cirujano. Uno de los primeros en describir el fenómeno fue el sociólogo Francisco Delich, quien en 1983 escribía: "Con bastante más frecuencia de lo razonable se habló de la sociedad enferma, pero desde 1976 se convirtió en el diagnóstico oficial del gobierno para explicar de un modo didáctico y convincente el pasado inmediato de la República Argentina [...] La sociedad estaba enferma de gravedad [...] La relación entre el poder militar y la sociedad es así una relación médico-paciente [...] Se apoderan del aparato estatal los cirujanos-terapeutas y comienzan por aislar radicalmente al paciente..." (11-19). Como señalan Delich y otros, esto explica cierto vocabulario militar emparentado con lo médico: el "quirófano" como sinónimo de sala de tortura; "limpiar" como sinónimo de matar; una "guerra sucia" para lograr una limpieza radical. De allí en más, aparecen en las novelas imágenes de cuerpos enfermos y mutilados en hospitales, clínicas y asilos mentales.

[5] Es de recordar que uno de los primeros textos (y el más conocido) que desmontó esta figura retórica del discurso militar fue *Respiración artificial* de Ricardo Piglia, aparecido en 1980 un año después de *Persona*. El título, como se sabe, aludía a un país enfermo y necesitado de respiración artificial para revivirlo.

[6] Son imágenes casi idénticas a las de *El lugar del padre*. En ambas novelas, el padre trabajaba para los ferrocarriles; en ambas, uno de los recuerdos más felices de la hija es haber viajado con su progenitor en un tren lujoso: "Recuerdo esos viajes en tren cuando íbamos al sur. Viajábamos en primera y cenábamos el menú más caro del coche comedor [...] Y éramos como ricos sin billetes mientras duraba ese viaje" (*El lugar del padre*, 133-34). También en *Levantar ciudades* el recuerdo de la época en que el padre era exitoso se asocia con los trenes de la Argentina próspera: "gentes que pedían algo, una coca cola, el turno para comer, ruidos diferentes y, como único ruido constante, el traqueteo de ese tren que ya no existe –ya no existe el tren de Rosario a Buenos Aires..." (66).

[7] Por razones de espacio quedan fuera de este trabajo otras novelas sobre el tema, como *Corazones* de Juan Forn (1987, reeditada en 2001) y *La muerte como efecto secundario* de Ana María Shua (1997).

NOVELAS ARGENTINAS SOBRE EL PADRE

Etchenique, Nira. *Persona*. Buenos Aires: Editorial Sudamericana, 1979.
Giardinelli, Mempo. *Visitas después de hora*. Buenos Aires: Ediciones B, 2003.
Jeanmaire, Federico. *Papá*. Buenos Aires: Editorial Sudamericana, 2003.
Krimer, María Inés. *La hija de Singer*. Buenos Aires: Editorial Sudamericana, 2002.
Neuman, Lilian. *Levantar ciudades*. Barcelona: Ediciones Destino, 1999.
Pradelli, Angela. *El lugar del padre*. Buenos Aires: Clarín/Alfaguara, 2004.
Saccomanno, Guillermo. *El buen dolor*. Buenos Aires: Emecé, 1999.

OTRA BIBLIOGRAFÍA

Avellaneda, Andrés. "Construyendo el monstruo: modelos y subversiones en dos relatos (feministas) de aprendizaje". *Inti* 40-41 (otoño 1994-primavera 1995): 219-31.
Bianciotti, Héctor. *La busca del jardín* [1978]. Barcelona: Tusquets Editores, 1996.
Borges, Jorge Luis. "El idioma analítico de John Wilkins". *Obras completas*. Buenos Aires: Emecé Editores, 1974. 706-709.
Bueno, Eva Paulino, Terry Caesar y William Hummel. "Introduction". *Naming the Father. Legacies, Genealogies, and Explorations of Fatherhood in Modern and Contemporary Literature.*

Eva Paulino Bueno, Terry Caesar y William Hummel, eds. Lanham: Lexington Books, 2000. 1-10.
Delich, Francisco. "La metáfora de la sociedad enferma". *Crítica y utopía latinoamericana de ciencias sociales* 10/11 (1983): 11-31.
Geirola, Gustavo. "Padres malos e hijos desesperados: memorias del amor mal llevado en el cine reciente de Solanas y Subiela". *Memoria colectiva y políticas de olvido: Argentina y Uruguay, 1970-1990*. Adriana Bergero y Fernando Reati, comps. Rosario: Beatriz Viterbo Editora, 1997. 279-304.
Kordon, Diana y Lucila I. Edelman. *Efectos psicológicos de la represión política*. Buenos Aires: Sudamericana/Planeta, 1986.
Kordon, Diana, Lucila Edelman, Darío Lagos, Daniel Kersner y otros. *La impunidad. Una perspectiva psicosocial y clínica*. Buenos Aires: Editorial Sudamericana, 1995.
López, Fernando. *Odisea del cangrejo*. Buenos Aires: Planeta, 2005.
Owen, Ursula. "Introduction". *Fathers: Reflections by Daughters*. Ursula Owen, ed. Londres: Virago Press, 1983. 9-14.
Requeni, Antonio. "Saber sugerir y callar más que decir". *La Nación* (16 enero 2005): 22.
Rufinelli, Jorge. "Telémaco en América Latina. Notas sobre la búsqueda del padre en cine y literatura". *Revista Iberoamericana* 68/199 (abril-junio 2002): 441-57.
Shaw, Deborah. "The Figure of the Absent Father in Recent Latin American Films". *Studies in Hispanic Cinemas* 1/2 (2004): 85-101.
Torre, Javier. *Quemar las naves*. Buenos Aires: Legasa Literaria, 1983.

El norte y el sur de la poesía

FRANCINE MASIELLO
Universidad de California, Berkeley

"Are you going to do something?"
–Raúl Ruiz

Cuando empecé a conceptualizar este ensayo, me atrajo el renovado interés por lo popular que había surgido entre los escritores de Buenos Aires a partir de la crisis del 2001, por los nuevos pobres que han pasado (otra vez) a ser protagonistas de los textos literarios. Los cartoneros, los piqueteros de ruta, las mujeres de las fábricas tomadas, son figuras reconocibles en la literatura reciente (piensen, por ejemplo, en las novelas de César Aira, Sergio Chefjec o Juan Martini o en la representación lírica de estas figuras en los versos de Daniel Samoilovich). Se trata de la irrupción del *otro* en la escena cultural metropolitana, un otro que propone tanto una posibilidad estética como una manera de acercarse a la realidad actual de la Argentina.

Por supuesto, la representación de estas figuras no viene sin sus problemas. Queda claro, por ejemplo, que esta elección temática termina por imponer una línea divisoria entre el escritor y sus objetos estudiados, con la cual el autor se autodesigna intérprete y mediador. Me pregunto entonces si se producen nuevos saberes, nuevas políticas culturales o si se trata de una operación estética que se asienta sobre un fetiche y termina privilegiando al "yo" intelectual. Para explorar esta zona de conflictos, quisiera volver al siglo XIX, pensando en la gran línea divisoria que separa el norte y el sur y la relación entre el intelectual frente a los sujetos marginados, en este caso, los indígenas que proveen experiencia e imagen. Aquí, creo, reside una clave para entender la relación del yo cosmopolita con sus otros, del yo con su propio yo, una poética que nos acompaña hasta nuestros días.

El sur, en términos generales, se define como zona de barbarie. Frente al norte, un norte legalizado, con autoría y reconocido poder, el sur ocupa un estatus al margen de la ley y de la historia. El sur señala austeridad, escasez y blancura. Un espacio más allá de los espacios conocidos. El conflicto entre zonas geográficas despierta una serie de crisis: crisis de fronteras, de voces en conflicto, y una contienda a propósito de quién tiene el derecho de hablar sobre el pasado nacional. Dentro de este panorama, el sur escenifica un cruce de malentendidos e historias fracturadas. Es un espacio desterritorializado, fuera de control, marcado por líneas de fuga y por múltiples lenguajes. Metáfora por lo desconocido, el sur está siempre en otro lugar, todavía más al sur del sur. Visto así, sur no es tanto un destino sino movimiento continuo; todo está en ruta, camino a ser transformado.

Curiosamente, el pianista Glenn Gould jugaba con estas mismas imágenes con respecto a la idea del *norte* en un documental que él mismo realizó sobre el norte de Canadá. Como un lugar desierto, austero, un lugar que señala peligro, el norte le recordaba los límites del poder humano sobre el espacio geográfico. Las metáforas de Gould no son muy diferentes de las que usamos para referirnos al lejano sur (ver Davidson). Y de hecho, con esta falta de especificidad para marcar los límites geográficos, toda metáfora parece cruzarse con otra, se desestabiliza la totalidad. El célebre grabado de Torres García, quien muy a propósito invirtió la representación del mapa de las Américas para que el sur ocupara el lugar del norte y el norte el lugar del sur, nos recuerda de manera lúdica la arbitrariedad de la disposición cartográfica que nos organiza las políticas culturales. Y Diana Bellessi, quien también reflexiona sobre los puntos de contacto que unen norte y sur, a propósito pregunta en un libro de poemas: "¿Será sur el continente entero?" (122). En este sentido, los polos geográficos son claramente estados de invención, pero terminan, como nos enseña la historia, reforzando la autoridad del centro.

Volvamos al sur que conocemos por sur, y más específicamente al sur patagónico. Curiosamente el sur instala un *hábitus* particular que funciona a partir del desdoblamiento: la repetición y la mímica son sus constantes. Como no se pueden identificar de modo directo sus raíces, se reconstruye el sur con relatos de segunda mano, a través de las escuchas. La cita y la repetición de historias anteriores narradas por los viajeros facilitan su reconstrucción. La crónica de los incendios en Tierra del Fuego, el relato de Jemmy Button, las leyendas del rey de la Araucanía, el mito de la Ciudad de los Césares: son historias repetidas que delimitan la fuga de imágenes sueltas. Controlan de alguna manera un imaginario disperso para anclar la historia del sur en muy pocas leyendas. Éstas se repiten desde la primera crónica de Pigafetta hasta el libro de viaje de Chatwin; así, los pequeños fragmentos van cicatrizando la faz de una zona geográfica aparentemente sin fin.

En general, estos relatos repetidos sostienen en miniatura un proyecto de conquista y colonización. Pero la repetición es también el trabajo del duelo, del que llora un pasado perdido. En este caso, un pasado ajeno. Presenciamos un gesto vinculado a "la nostalgia imperial", de la que habla Renato Rosaldo (69). Sólo después de la violencia de la conquista, con los sujetos ya desaparecidos para siempre, emerge un discurso nostálgico por el bien perdido. Para conquistar esta tierra de nadie que es el sur, hay que volver a poblarla con la cita; la tradición letrada deja allí su huella y permite recordar. Hablando de Benjamin, Hannah Arendt observa que la manera lineal de trasmitir el pasado, de armar la historia, ha sido reemplazada por la cita (38). Efectivamente, la repetición de escenas comunes, de frases conocidas, cristaliza la memoria oficial; es una forma de disciplina y también de alejamiento. Así, se sistematiza lo múltiple, se evita la contaminación de eventos inesperados o de recuerdos que no corresponden a la idea fija que mantenemos con respecto al territorio nacional.

Entre los mitos del sur patagónico, se dice que es desierto, viento y espacio vacío. Darwin ve en la Patagonia una tierra árida y desgastada; esa imagen le persigue como un fantasma. Como coleccionista, Darwin va poblando la Patagonia con sus propios apuntes. Ve los bloques erráticos que encuentra en su camino y hace hablar a las piedras: observa los sedimentos de la tierra e inventa una genealogía. Impone sobre el paisaje estático el movimiento del fluir temporal. De los pequeños y grandes accidentes de la *diferencia*, de lo que está fuera de lugar y no fácilmente reconocible, Darwin arma un relato. Da nombre a los eventos que han ocurrido en la historia natural (muchos dicen de Darwin que su énfasis en los *eventos* de la historia natural es su gran novedad. Ver Grosz 8). Lo que antes pasaba desapercibido, ahora cobra forma. La naturaleza adquiere voz. Son las mañas del ventrílocuo que hace hablar al paisaje mudo. Inventa vocablos, construye el mapa, produce escritura, y mientras concede la palabra a la tierra, silencia al ser humano.

Una observación de Foucault nos sirve en este caso. Foucault hablaba de la genealogía como manera de oponerse a la búsqueda de los orígenes. Dice:

> La genealogía no pretende retroceder en el tiempo para restaurar una continuidad en la historia. [...] Más bien, al seguir las líneas de descendencia de un pueblo, hay que entender las líneas de fuga [...] identificar los accidentes, las desviaciones [...], los errores, las cálculos equivocados que dan vida a las cosas que siguen existiendo. La genealogía es el estudio de las contiendas por la supervivencia y la dominación. (146. La traducción es mía)

Aquí Foucault señala algo de suma importancia: la continuidad de linaje se sostiene por la violencia de los juegos de poder. También se puede decir que se define a través de la disputa entre lenguas, pues es la escena babélica la que marca cada instante de la historia del sur. Pensar, por ejemplo, en los relatos que definen la ciudad de los Césares, donde las tribus se separan por un conflicto de lenguajes; en la historia de Jemmy Button, llevado a Inglaterra donde se le enseña el idioma inglés con tal de usar sus talentos bilingües al servicio de los misioneros. Siempre por detrás de escenas literarias como éstas, está el que registra e interpreta los cambios fundamentales de la cultura, y en este contexto, aparece el papel del traductor.

Cuando Darwin llega a Tierra del Fuego (episodio narrado en su *Viaje de un naturalista*), oye el habla de los indígenas y escribe:

> En nuestro concepto, el lenguaje de este pueblo apenas merece el nombre de *lenguaje articulado*. El capitán Cook lo ha comparado al ruido que haría un hombre limpiándose la garganta; pero con seguridad no ha producido nunca ningún europeo ruidos tan duros, notas tan guturales lavándose las fauces [...]. los indígenas lanzaban los gritos más espantosos. (311-312; 331)

De la misma manera, los indígenas observados por Darwin repiten una sola palabra: "enteramente desnudos, sueltos y esparcidos sus largos cabellos y con gruesos garrotes en las manos; dando saltos y echando los brazos al aire, hacían las más grotescas contorsiones [...]. Jóvenes y viejos, hombres y niños, no cesan de repetir la palabra *yammerschooner*" (331-32). Para Darwin, los indígenas son incapaces de articular una frase. Y lo que es más, su falta de jerarquía en la vida cotidiana demuestra que la tribu está condenada a la miseria infinita. Sin autoridad ni jefe, sin lenguaje fijo, los yámanas vivirán sin organización política y sin ingreso a la ley.[1] Un siglo más tarde, Bruce Chatwin llegará a la Patagonia donde también oirá los gritos del viento, de las ovejas, y de los pájaros. Una pluralidad de sonidos sin comprensión posible, la Patagonia resulta ser extraña para el viajero inglés.

Frente a Darwin, incapaz de extraer sentido del idioma de los indígenas, otros viajeros se quedarán impresionados por la proliferación de los idiomas del sur.[2] El padre Milanesio, por ejemplo, un misionero que se dedicó a estudiar las lenguas de la Patagonia y de Tierra del Fuego a principios del siglo XX, también se sintió frustrado al escuchar la mezcla heterogénea de idiomas. Pero encuentra la solución al estudiar las zonas limítrofes entre una tribu y otra, proponiendo un origen común que uniera todas las lenguas. Su esperanza es encontrar la fuente de los idiomas para unir las tribus. "Los hombres hablan, luego son todos de una misma raza", escribe (6). Pulcro como Darwin, quiere mantener el orden. Una sola lengua, una sola nación; nos recuerda la célebre propuesta sobre la nación ofrecida por Ernst Renan. Pero, ¿cómo imponer esta singularidad tan deseada? Al final, decide que es imposible, porque las fronteras de estos habitantes carecen de marca fija. Sin embargo, la frustración con el lenguaje experimentada por el padre Milanesio inspira a otro misionero, Thomas Bridges, quien armará un diccionario de 32.000 vocablos que pertenecen al idioma de los yámanas. Pero a pesar de su sensibilidad lingüística, Bridges observa que los yámanas desconocen su propio nombre. Dice:

> Las razas ignorantes no tienen un modo de autorrepresentarse aunque, sí, reconocen el nombre de las tribus vecinas. A falta de un vocablo específico, confunden el nombre de su tribu con el de los hombres en general, con el pueblo, con la palabra que identifica a una sola persona, con su propio nombre. La palabra "yámana" señala llanamente la idea del hombre como la forma suprema de la vida. La palabra significa Vida. (x. La traducción es mía)

En lugar de pensar que los yámanas son limitados en materia conceptual, Bridges señala la exuberancia de pensamiento que les conduce al desorden. Hay que sistematizarlo todo, sin embargo, porque los indígenas, por su cuenta, son incapaces de jerarquizar la vida social ni de marcar las identidades particulares de cada participante en la comunidad. Entonces, la historia del sur se funda sobre dos modelos: o se reciclan las observaciones de los viajeros para construir una común leyenda sobre la ignorancia del otro —el caso de Darwin— o, reconociendo la riqueza lingüística del otro, se trata de poner orden a la lengua ajena, desarraigándola de su historia local para inventar algo nuevo: el caso de los misioneros. Dos maneras de sistematizar y de silenciar al mismo tiempo, vinculadas por un deseo paternalista de reconstruir y de reordenar.[3]

La heterogeneidad incontrolable evidenciada en el Sur se ve a través de las múltiples voces sostenidas por los indígenas y también debido a los extranjeros que imponen sus propias lenguas. Gabriela Mistral llama la atención a esta condición particular. Denuncia la inventada circulación de historias que se impone sobre los muertos de las tierras del sur y denuncia los lenguajes arbitrarios impuestos por los extranjeros sobre los sobrevivientes. En "Paisajes de Patagonia", del poemario *Desolación*, dice de ellos:

> Y la interrogación que sube a mi garganta
> Al mirarlos pasar, me desciende, vencida:
> Hablan extrañas lenguas y no la conmovida
> Lengua que en tierra de oro mi vieja madre canta. (124)

Así se suprime el lenguaje del hogar, como si uno pudiera puntualizar un canto puro perteneciente al sur. Mistral busca el hilo esencialista del idioma local, un lenguaje sin contaminación ajena. La denuncia al forastero será repetida años más tarde por varios escritores, entre ellos Libertad Demitrópulos, quien, en una novela sobre el Sur patagónico, altera la perspectiva sobre la población foránea. Ahora son los extranjeros –y no los indígenas– los que demuestran gran ignorancia en las artes de comunicación oral. De ellos, Demitrópulos escribe: "A un mismo tiempo, carcamanes, yankis y gringos auténticos simulan hablar castellano aunque inflan y desinflan sonidos guturales. Se mueven, se apuran, se agitan, rebullen, gesticulan, gritan, corren, se inquietan, bromean" (112). No se hablan entre sí: más bien, se intercambian gestos y gritos. Sagaz inversión de la escena ofrecida por Darwin cuando escucha por primera vez a los yámanas, pues aquí los que gritan sin sentido son los extranjeros que han colonizado las tierras del Sur.

En la representación del Sur, no se trata de oponer *una* sola lengua frente a otra. Más bien, el Sur se define por su ancho mar de lenguajes. Se abre a un espacio híbrido que difícilmente resiste la traducción. Quisiera tomar algunos casos de la poesía actual para señalar cómo se enfrenta este conflicto entre las lenguas y luego especular sobre la función estética de este impasse en nuestros días.

Karra Maw'n, de Clemente Riedemann, es un libro babélico escrito desde Valdivia y Nueva York.[4] Es furiosamente multilingüe. Escrito en idioma mapuche –en mapudungun–, en castellano, alemán e inglés, el libro demuestra una tensión entre las partes, todas arrastradas por un yo poético que viaja desde el sur al norte, y otra vez de vuelta al sur. Todo se vuelve desconocido, todo es extraño. La frontera tan protegida entre el norte y el sur, entre la civilización y la barbarie, aquí se derrumba. Es una sopa de letras, Babel escenificada y, además, inspira terror. En el encuentro entre el forastero y el nativo, ambos se declaran perdidos, pero el secreto de la lengua los envuelve y como tal, marca para cada uno su exclusión del universo del otro. Dice el poeta:

> Los indios desconfiaron de Chaw – Ngenechen
> EL SER DIVINO
> Cuando vieron muchos hierros
> y caballos
> WINKA! –dijeron.
> [...]
> y fueron a consultar al guardador de secretos y leyendas:
> "ÑIELOL DUGUTUM TRALKAN"
> y sintieron temor. (14)

Se arma un desequilibrio aquí entre el mapuche y el winka. Frente al otro, el mapuche guarda los textos en su propio idioma y trabaja con su memoria particular. Pero el poeta también trabaja con sus secretos, juntando léxicos distintos y aceptando las diferencias bajo la sombra del lenguaje estándar, o sea el castellano.

> La Maldad del Wekufe residía
> En los siglos de diferencia.
> Diferencia económica
> Diferencia política y moral
> Religiosas diferencias.
> No mejores, ni peores
>   Sólo diferentes.

Como lo son entre sí, el *Martini on the Rocks*
Y la chicha de maqui. (14)

El poeta entonces nos gana la confianza y resuelve su extranjería al entrar en la otra cultura como guía y exegeta. Altera así su propio estatus con respecto a la cita, tomando las palabras de los indígenas y no sólo las del colonizador. Pero al reconocer la lengua del otro, se impone como autoridad. Reidemann es el intérprete en el ir y venir de palabras que fluyen entre el norte y el sur.

Juan Pablo Riveros, también chileno, retoma la visión de Babel en relación a la función poética. Riveros quiere contar la colonización de Tierra del Fuego. Para hacerlo, mezcla las historias de Braun Menéndez, de Pigafetta y Cook con algunos versos de Ezra Pound y St. John Perse: todos coexisten en el territorio del poema. Las glosas, de esta manera, forman la base del texto, dan estructura al mapa que viene a ser el poema. Pero también provocan una doble lectura de la cual es imposible salir. Siempre, al entrar en los lenguajes ajenos, estamos en la caverna del fantasma, espectro de significados perdidos, con lo cual se despierta la nostalgia por lo inaccesible. Todas las rutas de entrada son de igual valor.

De esta manera, Riveros nos dice que no hay historia ni cita que adquiera preeminencia sobre otra. Entonces la tarea del poeta es la de unir fragmentos, de armar un collage de historias anteriores sobre la colonización y de la historia de la literatura. Riveros se refiere en su poema a las referencias de Darwin sobre los indios fueguinos, y lo denuncia. Se niega a aceptar que los yámanas son incomprensibles en su hablar. Para defenderlos, agrega una clara alusión al diccionario de Bridges: "Treinta y dos mil suavidades, su lengua". Y continúa en el mismo poema: "Riqueza, no en los bancos, sino en el verbo" (103).[5] También debemos hablar de la riqueza del poema mismo, donde Riveros logra integrar etnohistoria y poesía para construir a los indígenas como personajes llenos de vida. Así introduce vocablos selknam para señalar la "sombra impalpable" de la comunidad todavía presente. No inspira sentimientos de extranjería, como en el caso de Riedemann, más bien, aviva los fantasmas que el poeta lleva adentro.

Entonces, en la poesía de Riveros resuena la nostalgia. El caspi, en particular, se utiliza para expresar la perduración de lo perdido. Fantasma e incertidumbre, el caspi es una metáfora que protege contra la invasión de lenguajes extranjeros; también es un fragmento de la memoria que retiene el espíritu del pasado. Dice el poeta del caspi: "Es el ánima o espíritu como una sombra impalpable. 'El reflejo del rostro en una fuente cristalina' que al tratar de asirse huye o se desfigura hasta el desaparecimiento. También es aquello que permanece de un muerto, lo que queda luego de su desaparición terrenal. También usaban para designarla, la palabra *man*" (219).

En otro texto, Riveros escribe: "Un buen ona transforma su pesada herencia material en algo similar al Caspi" (43). Recuerda la condición de Winka, de extranjero e inmigrante en la que estamos todos sumidos al buscar una voz. La pérdida del régimen de los selknam es también la pérdida del yo poético. El poema señala la inquietud, el movimiento constante que persigue voz y forma y promete compensar la historia censurada con un collage de textos.

Hay un tercer ejemplo del cruce de lenguas que aparece en el fenómeno de las palabras compuestas. No la yuxtaposición de lenguajes (el caso Riedemann), ni la glosa de textos previos para comentar la riqueza del lenguaje (Riveros); más bien, estamos frente al uso de la heterogeneidad lingüística para inventar algo nuevo. Aquí vanguardia y etnopoética se toman de la mano. Dice Elicura Chihuailaf, otro poeta del sur de Chile:

> Todo transcurre con asombro en el paisaje
> Y en la ciudad un ajeno compás
> Marca el círculo de espera
> Muertevida / inviernoimagen
>   Amándose van
>   Confundidos en su lugar común
>   Que es el tiempo infinito. (Vicuña, *Four*... 34)

Elicura señala la posibilidad de juntar palabras, de componer nuevos vocablos sobre el territorio llamado sur. Esta doble voz que uno lleva adentro —marca de toda poesía— vence el espacio conquistado, desordena el fluir temporal. Con el cruce de palabras se supera el espacio y el tiempo.

Como en el ejemplo de Elicura, los poemas de Cecilia Vicuña ayudan a pensar más este problema. En su libro *La Wik'uña*, inspirado por su contacto con la cultura indígena andina y no sin poca ironía con un título que señala su propio apellido, Vicuña se dedica al poema compuesto de versos breves. Las rupturas silábicas van en contra del sentido del verso extendido y, con ello, contra la sintaxis racional para explicar el fenómeno del sur. Más bien, emergen pequeñas ínsulas de sonido, depuradas en su materialismo formal. Herencia de los vanguardistas, por un lado —pienso en algunos versos de Huidobro o del Oliverio Girondo de *En la masmédula*— y por el otro, parte de la recuperación del sur que marca la poesía chilena de la década de 1990, momento en el que surgen las voces de Carmen Berenguer, Elvira Hernández y Soledad Fariña.

Llega la palabra depurada, el sonido emana solo. La estrategia no es yuxtaponer propuestas de tesis o alinear ideas en la página impresa, sino dejarse guiar por los sonidos, los cuales en muchos casos son onomatopéyicos, palabras compuestas entre lenguas que resisten la traducción. En "Unuy Quita", un poema sobre el agua, Vicuña escribe:

> Meandro
> Tu kenko
> Gozo Espiral
> ¿Quién te ensució?
> Chichita
> Challando
> Splasha jugando. (37)

¿Qué ocurre aquí? Kenko, palabra quechua, significa lugar de origen; challando, quechua españolizado, ofrendar: y splasha, inglés españolizado, por salpicar. Los pasajes entre idiomas, como el agua que es el tema del texto, fluyen, se contaminan, absorben las diferencias. Y nos quedamos, más allá de un significado directo y único, con el sonido del poema en sí. En lugar de Babel, es Pentecostés, la escena de la comunión; más allá de las palabras conocidas, los interlocutores se hacen entender por el sonido puro.[6] Aquí el juego de entendimiento entre el uno y el otro se logra a través del sonido de los significantes, más allá del significado.

Se trata de llegar al mínimo punto inteligible entre los idiomas, de encontrar un ritmo común, de disolver las fronteras entre las sílabas y de entender sin frases completas. Es el aspecto transformacional de estas palabras en conflicto lo que engendra el texto literario. El ritmo por encima del sentido específico de las palabras. Estamos frente a un *tertius quid*, una catacresis, con la cual se supera la fragmentación atribuida a los hablantes del babélico sur. Nos ancla, además, en un nudo de lenguas, en un largo momento presente.

"Estar en el presente," nos dice Maria Negroni con respecto a los efectos de aquellos momentos en el poema cuando se detiene el tiempo. Estamos frente al nudo que resiste el fluir de la frase en su formulación totalizante, explica (13). Sostener el trabalenguas para prohibir el avance de la historia. Cuando escribe sus *Definiciones mayas*, un homenaje a la lengua inspirado por el trabajo de Rothenberg con respecto a la poesía de los indígenas, también Mercedes Roffé insiste en la partícula de la frase –los adverbios, las preposiciones, una mínima indicación del tiempo– para sostener el poema en su totalidad sin la necesidad de relato. Es su manera de superar la historia y encontrar otros puntos de contacto entre el poeta y su público lector. Este trabajo con las partículas trae como efecto una manera de encontrarse con el otro a través del sonido puro. La intersubjetividad, entonces, fundada en el sonido, en la superación de significados, la *chora semiótica* de la que hablaba alguna vez Kristeva.[7]

Si por un lado los poetas actuales mantienen un deseo utópico de producir –a través del sonido y de la mezcla incomprensible de las lenguas– la base de un diálogo futuro, por el otro, este conflicto de las lenguas hace pensar en el oficio del poeta y su papel de mediador. Frente a Darwin que se niega a entender o al padre Milanesio y a Tomás Bridges, los misioneros que intentan ordenar la lengua bajo la lupa europea, los poetas que hoy escriben sobre el sur se atreven a confundir las fronteras entre el norte y el sur, trabajan la hibridez. Es el multilingüismo, entonces, como manera de producir nuevos sentidos. El multilingüismo, al mismo tiempo, utilizado como efecto estético. Pero estos poetas de alguna manera también comparten la mirada de los viajeros del siglo XIX al afirmar el papel del traductor metropolitano frente a la materia informe del sur. Y si bien estos traductores nuevos se dan la libertad de mezclar vocablos, sintaxis y orden, el rumbo de las frases que arman responde al orden del castellano. Otra vez, el sur propone la materia cruda, el norte, la estructura sintáctica y el poder de la ley.

Ahora, si la tradición experimental de la poesía metropolitana trabaja con el multilingüismo del sur, Raúl Ruiz –cineasta chileno radicado en París– vuelve a este nudo ahora para reírse de todo. Más que nada, se ríe de la escena babélica y de la presencia del etnógrafo, un fracasado traductor que trata de hacer sentido de los idiomas escuchados. "Sitting on top of the whale: A Film about Survival" (el título viene en inglés), una película de 1982, obliga a dar otra mirada al sur y sus múltiples lenguajes. Ubicada en la Patagonia, el film piensa la relación del observador-etnógrafo con su otro, el privilegio del hombre cosmopolita frente al sujeto indígena; también se burla de Darwin y sus viajes de exploración. En la película, se conversa en cinco idiomas europeos y en una sexta lengua que puede ser el idioma de los yámanas o bien un lenguaje inventado. Los diálogos no son productivos. Más bien, nadie trata de entender el código o el sistema del idioma del otro. Aquí se abandona el poder de la sintaxis para declarar el caos.

Un chileno, Narciso Cambos, un millonario marxista radicado en Europa –en La República Soviética de Nederlandia, o la Democracia Federal de Burgundia, no sabemos dónde— propone llevar a un antropólogo y a su novia a conocer la Patagonia con el fin de estudiar a los últimos hablantes nativos. El antropólogo se dedica a estudiar la telepatía y los sueños de los indígenas. Mezcla las matemáticas y los verbos. Todo resulta confuso, con nombres inventados. Las fronteras entre un idioma y otro se borran. También las confusiones amorosas entre los tres reflejan los cruces de cultura y el sinsentido de las lenguas que se encuentran en el sur.

El filme focaliza a los yámanas como los últimos de los hablantes nativos de su tribu, pero a ellos no se les entiende nada. Dicen continuamente, "yamascuma" (aquí Raúl Ruiz rescata y se apropia del relato de Darwin, quien recordó, en su cuaderno de viaje, haber escuchado el mismo vocablo incomprensible a los indígenas de Tierra del Fuego). Los nativos repiten la misma palabra para identificar todos los objetos posibles. Tampoco sabemos si la palabra única tiene alguna resonancia simbólica. Para poner orden, entonces, el antropólogo busca en las fuentes de la lengua una serie de raíces matemáticas, pero este camino tampoco ayuda a descodificar la lengua. Concluye entonces que los yámanas son ignorantes y pasa a otro tema. Después escuchamos a los indígenas hablando en italiano.

A diferencia de los poetas del sur, Ruiz no se limita a jugar con el léxico, no aprecia las palabras sueltas de un idioma u otro. Más bien, desarma la sintaxis y toda comunicación. El desconocido no es el indio sino todos entre sí, Raúl Ruiz incluido. Y el lenguaje fílmico, para contrastar con estos diálogos absurdos entre los personajes, se refugia en otro registro, en el dominio musical y el experimento con los colores de la pantalla. Son signos extralingüísticos, otra manera de hacer sentido, más allá del uso de la razón occidental apreciado por el etnógrafo y el marxista millonario chileno.

Al final se repite una frase en inglés, "Are you going to do something?" (¿Vas a hacer algo? ¿Qué vas a hacer?). Y allí, en la última escena, el etnógrafo va dejando a Narciso y al indígena sentados al borde del río, los dos en silencio, sin decir palabra. El impulso babélico termina en el vacío; no hay comunicación. El multilingüismo no conduce a nada; los personajes no aprenden el uno del otro. Presenciamos sólo un placer intelectual cuya raíz nos lleva de vuelta al centro metropolitano.

Quizás estos actores de Raúl Ruiz comparten el mundo de Murdock, el personaje de Borges en el cuento "El etnógrafo", quien después de haber pasado años viviendo con los indígenas para descubrir los secretos de la tribu, vuelve a la ciudad grande ahora sin el deseo de divulgar los frutos de su investigación. Abandona todo propósito interpretativo y se queda con el placer de la experiencia pura, sin marco analítico. Termina su carrera como bibliotecario de la Universidad de Yale.

Déjenme volver a mis palabras iniciales sobre el nuevo interés por lo popular que se generó en Buenos Aires a partir de la crisis del 2001. El interés por los nuevos pobres como tema literario de vanguardia: los cartoneros, los inmigrantes bolivianos, los piqueteros de ruta; incluso el actual éxito del paraguayo Washington Curcurto, nutrido por algunos poetas y centros experimentales de arte. Me parece que el redescubrimiento del sur, tan de moda en nuestros días, coincide con el proyecto de rescatar lo popular y ofrecerlo como mercancía perteneciente a la alta cultura. Si bien la extranjería y el multilingüismo local son valorados como objetos estéticos, también entra en el contexto literario como objeto de venta.

Me preocupa mucho este nuevo encuentro y a partir de esta "moda", se me plantean varios interrogantes, no sólo sobre los lenguajes cruzados sino también sobre las éticas y las políticas culturales que rodean esta nueva escena. ¿Existirá una política fronteriza detrás del Babel literario, una que proponga nuevas alianzas y un núcleo comunitario? ¿O tendrá que ver con una estrategia de dejar hablar al subalterno de forma novedosa, propulsando el show de los marginados en el centro de la ciudad grande? Hay dos lecturas posibles: La primera, sospechosa —aquí me temo que estemos presenciando una repetición del viaje del buen etnógrafo del siglo XIX— que abrió camino para la futura conquista y comercialización de la zona periférica. En este sentido, el sur producirá sus monstruos. Fundado en lo desconocido, un lugar de múltiples voces, el sur babélico es también espacio de venta, proyecto de mercado. Sopa de letras no exenta de su posibilidad estética, pero cuya condición de existencia depende, en última instancia, de las mañas del cocinero; en este caso, se destacan no sólo el etnógrafo sino el poeta traductor.

Mi segunda lectura es en gran medida, optimista. Y aquí propongo resaltar una ventaja que procede del sur babélico que hemos ido descubriendo. Pues en esta escena híbrida, domina la figura del *xenos*. Con la consecuencia de que podemos decir con la gente del sur y con los sujetos populares que han pasado nuevamente a la escena literaria actual, que todos somos *winkas*, hablando una lengua que ahora no es nuestra y que tampoco pertenece a nadie. Quizás a partir de nuestra propia extranjería frente a la palabra, surja la posibilidad de una nueva política cultural. Quizás a partir de la otredad de todos, podamos entrar en debate sobre las democracias del porvenir.

Notas

[1] Cuando Darwin en Valparaíso observa un barco norteamericano anclado en el puerto, se asusta. Parece babélico, dice con miedo. Igual que en el momento de encontrarse con los yámanas, el barco yanqui sugiere una amenaza, como si la democracia multilingüe observada a bordo fuera un peligro.

[2] Su multiplicidad es la base del tejido social. Estamos frente a una construcción social del espacio y también del orden de las lenguas. El diccionario, las traducciones, la glosa, la cita de documentos: todos contribuyen a asentar esta base social.

[3] Pero sabemos que estos planes de organización se les van de la mano. Las equivocaciones con respecto a los modos de traducir y nombrar los objetos de la cultura indígena de Tierra del Fuego, se ven en las colecciones de museo y en los recordatorios nostálgicos que pretenden retener un pasado que jamás existió.

[4] La tercera sección del volumen se titula "Wekufe en Nueva York" y llama la atención a otro lugar de extranjería. Ahora el chileno de los medios urbanos se ve, en Nueva York, también como miembro de una raza en vías de extinción.

[5] Sobre los libros de poemas de Riveros y Riedemann en el contexto de la nueva poesía épica de Chile, véase el ensayo fundamental de Soledad Bianchi, "Descubrimientos y conquistas como intertexto en la poesía chilena actual" en *Cartas de Don Pedro de Valdivia*. Barcelona, Editorial Lumen, 1991, 278-91.

[6] Marta Ana Diz presentó un excelente estudio sobre los diferentes tratamientos del lenguaje en la Biblia, en particular las diferencias entre las escenas de Pentecostés y el tratamiento de la Torre de Babel. en el congreso de LASA de 2004.

[7] Ver la reciente obra de Susan Stewart, quien también retoma el tema de la intersubjetivdad como efecto del poema.

Bibliografía

Arendt, Hannah. "Prólogo". *Illuminations.* Walter Benjamin. Nueva York: Schocken Books, 1978. 1-51.
Bellesi, Diana. *Sur.* Buenos Aires: Tierra Firme, 1998.
Borges, Jorge Luis. *Elogio de la sombra.* Buenos Aires: Emecé, 1969.
Bridges, Thomas. *Yamana-English. A Dictionary of the Speech of Tierra del Fuego.* Ferdinand Hestermann y Martín Gusinde, ed. Modling, Austria: Missionsdruckerei, 1933. Reimpresa por Rae Natalie Prosser de Goodall. Ushuaia: Zagier y Urrity, 1987.
Chatwin, Bruce. *In Patagonia.* Nueva York: Penguin, 1977.
Darwin, Charles. *Diario del viaje de un naturalista alrededor del mundo.* Juan Mateos, trad. Tomo I. Madrid: Espasa Calpe, 1921.
Davidson, Peter. *The Idea of North.* Londres: Reaktion Books, 2004.
Diz, Marta Ana. "Babel". Congreso de LASA (Latin American Studies Association). Las Vegas, Nevada. 6-8 octubre 2004.
Demitrópulos, Libertad. *Un piano en Bahía Desolación.* Buenos Aires: Braga, 1994.
Foucault, Michel. *Language, Counter-Memory, History, Practice: Selected Essays and Interviews.* D. F. Bouchard, comp. Ithaca: Cornell UP, 1977.
Grosz, Elizabeth. *The Nick of Time.* Durham: Duke UP, 2004.
Melanesio, Domenico. *Estudios y apuntes sobre las lenguas en general y su origen divino; particularidades sobre los idiomas de la Patagonia.* Buenos Aires: Imprenta San Martín, 1917.
Mistral, Gabriela. *Obras Completas.* Madrid: Aguilar, 1968.
Negroni, María. *El testigo lúcido: La obra de sombra de Alejandra Pizarnik.* Rosario: Beatriz Viterbo, 2003.
Riedemann, Clemente. *Karra Maw'n y otros poemas.* Valdivia: El Kultrún, 1995.
Riveros, Juan Pablo. *De la tierra sin fuegos.* Concepción: Consmigonon, 2000.
Roffé, Mercedes. *Definiciones mayas.* Nueva York: Pen Press, 1999.
Rosaldo, Renato. *Culture & Truth: The Remaking of Social Analysis.* Boston: Beacon Press, 1989.
Sitting on top of the Whale: A Film about Survival. Raúl Ruiz, director. Intérpretes: Fernando Bordeu, Herbert Curiel, Amber DeGrauw, Jean Badin. Film International Rotterdam, 1982.
Stewart, Susan. *Poetry and the Fate of the Senses.* Chicago: U of Chicago P, 2002.
Vicuña, Cecilia. *La Wik'uña.* Santiago de Chile: Francisco Zegers, 1990.
_____ comp. *UL: Four Mapuche Poets: An Anthology.* Nueva York: The Americas Society/ Pittsburgh: Latin American Literary Review, 1998.

Discursos críticos y discursos sociales: los estudios literarios latinoamericanistas en el contexto de los Estados Unidos[1]

ANDRÉS AVELLANEDA
University of Florida

A partir del ímpetu adquirido en la década del sesenta, cuando se funda la Latin American Studies Association (1966), los estudios latinoamericanos realizados en los Estados Unidos han alcanzado una complejidad y riqueza quizás inigualada. El estudio de la lengua y de la cultura iberoamericana es una presencia activa en las más de dos mil instituciones universitarias del país; se mantiene una generosa oferta de maestrías y doctorados relacionados con el campo en todas las disciplinas; el estudio del español es el menos afectado por la actual crisis de empleo universitario; la productividad de la investigación en el campo de los estudios literarios españoles y latinoamericanos, visible en más de cincuenta revistas especializadas, es sólo inferior a la realizada sobre literatura en lengua inglesa. En la vasta y creciente población del campo latinoamericanista ya es visible la figura del intelectual y teórico migrante y viajero que Edward Said definiera hace algún tiempo como "modelo posible para una libertad académica" (134), ese crítico poscolonial o intelectual "de frontera" que parece flotar en un *espacio otro* por dentro de los países centrales, posicionado entre éstos y sus países marginales de procedencia.

En las universidades latinoamericanas el volumen y calidad de esta productividad académica suele causar admiración y algunos efectos imitativos, pero también estimula a una saludable autorreflexión crítico-teórica, cuyo riesgo menos seductor es la complacencia ocasional en ciertas "victorias del margen", la verificación de haber "estado allí antes", y hasta mucho antes (viene a la mente de inmediato la temprana discusión que se hizo en Latinoamérica sobre Bajtín, Lotman, Bourdieu, Raymond Williams, Foucault, Benjamin, Adorno, Lacan, entre otros pensamientos integrados en la discusión crítico-teórica a veces con décadas de anticipación respecto de los Estados Unidos). Pero la cuestión fundamental no es tanto hacer una lectura comparada diacrónica de la reproducción teórica, sino más bien comprender qué relación existe entre los discursos críticos y sus discursos sociales específicos de referencia. De acuerdo con esto, me propongo presentar aquí una evaluación no axiológica de las condiciones discursivas de los estudios literarios latinoamericanistas en los Estados Unidos. Conviene empezar por describir algunos rasgos específicos del lugar de enunciación de ese discurso crítico: la discusión sobre el multiculturalismo, el canon, el currículum y la "universidad de excelencia".

El multiculturalismo, entendido como aceptación de la diversidad cultural por dentro de una sociedad de composición multiétnica, es quizás el postulado que mayor efecto ha tenido en los debates teórico-críticos realizados en las universidades norteamericanas de los últimos años. Dentro de ese espacio el multiculturalismo intenta revelar, para decirlo con Benjamin, "la barbarie de la civilización". Intenta mostrar tal barbarie dentro de los documentos culturales sancionados y reproducidos por la universidad y por otros sistemas de dominación discursiva; procura desnudar los mecanismos institucionales de creación y preservación de la cultura. En ese esfuerzo por deconstruir la "barbarie", el multiculturalismo busca revelar las formas de poder y de conocimiento que existen en lo marginal y que son "ilegítimos" precisamente porque existen en el interior de la marginalidad.

En el campo de los estudios literarios este ímpetu multiculturalista se derramó en la reconfiguración del canon y del currículum, una tarea hecha célebre por las llamadas "guerras culturales" de mediados de los ochenta, cuando muchos teóricos de los departamentos de educación y de inglés –sobre todo los enrolados en corrientes como los estudios poscoloniales y de subalternidad– salieron a romper lanzas con el airado *establishment* de centroderecha. Pero no sólo una derecha recalcitrante y económicamente poderosa se encargó de cuestionar el multiculturalismo y su insistencia en reivindicar la diversidad y la diferencia. Desde muchos espacios teórico-críticos de izquierda la diversidad, punta de lanza del multiculturalismo, llegó a ser considerada como una manipulación del sistema para mantener la ilusión de que la pluralidad benigna es posible. Desde la perspectiva de esta crítica de izquierda, la diversidad fue vista como una práctica que concede "respeto por la diferencia" para domar el potencial rebelde del texto marginal, para reducirlo a la simple función pedagógica de enseñar a entender la diferencia con una implícita premisa: la diferencia puede ser entendida; o sea sobrepasada; es decir, neutralizada. *Diferencia* llega a ser así una categoría que en última instancia se encarga de reinscribir la centralidad de aquellos que definen el sentido de lo diverso. Un instrumento, como subraya lúcidamente Gayatri Spivak, para construir un nuevo objeto de investigación destinado a "la validación y la certificación institucional": el objeto "Tercer Mundo", el objeto "*lo marginal*" (56) .

El intelectual del tercer Mundo corre así el riesgo de ser invitado a este escenario para proveer la posibilidad de una auténtica diferencia, de tal manera que la comunidad crítica central pueda abrazar la fantasía del margen y olvidar que lo "otro" es en realidad un producto fabricado, algo bien organizado y perfectamente regulado desde el centro. Aun cuando se constituya en campeón del radicalismo teórico, el intelectual periférico en residencia es determinado por una economía institucional de intercambio en que el centro lo desea y lo constituye porque, como dice Spivak, el centro "necesita un margen identificable" para su funcionamiento (55).

Dentro de esta perspectiva, la inserción de cursos obligatorios de literatura "mundial" en el currículum pudo ser percibida, más allá de sus aparentes efectos benéficos a largo plazo, como un escenario donde "los artefactos de la cultura [llamada] 'extranjera' [son tratados] como [si fueran una] materia prima para el consumo", reforzando en definitiva la primacía indiscutida del centro canónico eurocentrista (Champagne 22; esta traducción y todas las que siguen me pertenecen). Aunque las nuevas ediciones de las populares antologías de "obras maestras de la literatura universal" usadas en la educación universitaria subgraduada buscan disimular su clásica y predominante orientación eurocéntrica con voluminosos apéndices de "textos del Tercer Mundo", no logran eclipsar la sospecha de que la inclusión de la diferencia es una concesión oportunista del sistema, una muestra más del viejo truco que disfraza un apetito global imperialista con el recurso al exotismo (Hassan 794). En el uso pedagógico de esos textos "diferentes", el Otro termina siendo invocado como lo exótico, como sujeto "de afuera" más que como sujeto nacido por dentro mismo de la experiencia de lectura. Un Otro, en suma, comprendido como "ausente", un convidado al que se le ha sustraído su poder potencialmente subversivo.

En este contexto, la "lucha por la representación canónica", o sea el debate por expandir el canon en una dirección multiculturalista que exalte la diferencia, pudo ser pensada, y de hecho así fue pensada, como un resultado de la aparente derrota de la izquierda en la actual sociedad estadounidense. Una derrota política porque en última instancia la expansión canónica terminó por ser una forma limitada de hacer política, una política imaginaria que da sus batallas en el territorio canónico porque no puede hacer mella en la función omnipotente de una universidad que es, por encima de otra cosa, proveedora de investigación militar, inventora al servicio de las corporaciones, y formadora de profesionales gerenciales y administrativos. Una universidad, para abreviar, reproductora del sistema: controlada políticamente por las reducciones presupuestarias; por las nuevas prácticas de subcontratación y flexibilización; por la ausencia de un sindicalismo activo y la eliminación de los beneficios laborales; una universidad organizada según el modelo corporativo neoliberal. Ubicado en el centro mismo de la economía globalizadora, este nuevo modelo de universidad expresa el irresistible deseo de fraccionar el trabajo intelectual en unidades cuantificables susceptibles de medida, patentes, subsidios, libros o artículos. Es la llamada "universidad de excelencia", cuyos programas académicos pueden ser evaluados con criterios enteramente formales y burocráticos, sin que sea necesario tener en cuenta objetivos específicamente pedagógicos, intelectuales o políticos.

En la perspectiva tecnocrática de las nuevas administraciones universitarias estadounidenses, este concepto de excelencia está erigido sobre la noción de máxima productividad y eficiencia, de manera que "tanto un biólogo molecular, como un teórico literario o un supervisor de parque de estacionamiento puedan ser evaluados y eventualmente premiados de acuerdo con el mismo criterio" (Berubé 149). Va de suyo que a los estudios literarios, modestamente ubicados en la nueva escala de valores institucionales, también se les aplican estas reglas del juego.

Resumido en sus rasgos fundamentales, éste es el lugar desde donde inevitablemente tienen que hablar los actuales estudios literarios latinoamericanistas hechos en los Estados Unidos (estudios que incluyen, naturalmente, a los producidos por la "diáspora" intelectual latinoamericana que allí trabaja). Éste es el patrón de referencia válido para evaluar las convergencias, los paralelismos o en todo caso las simultaneidades que explican sus rasgos distintivos de origen y muchas de sus propuestas. Una coincidencia fundamental entre los estudios latinoamericanistas estadounidenses y su específico lugar de enunciación, es por ejemplo el impulso descentrador que ha predominado en estos estudios durante los últimos años, "una suerte de revitalizado deconstruccionismo profundamente relacionado con la creciente importancia de la teoría en la universidad norteamericana y con la pseudopolitización académica a que ésta ha dado lugar" (Berubé 202).

Algunas muestras de este impulso descentrador son el rechazo de los conceptos de valor estético y de calidad literaria por su condición elitista, reemplazados por la idea de la significación social o política de los textos; la revisión del canon y la consiguiente incorporación de lo considerado "marginal" hasta poco antes, como la escritura de mujer, la escritura gay, el testimonio, o la literatura de regiones o países poco estudiados. El concepto mismo de estudio literario es puesto en cuestión, transformado en nuevas categorías como los estudios culturales, los estudios poscolonialistas y los de subalternidad.

Las claves de estos cambios teórico-críticos en los estudios literarios latinoamericanistas se encuentran tanto en el nuevo clima de sensibilidad política hacia la diferencia, responsable importante del nuevo vigor de la disciplina y de su apertura hacia la diversidad, como en la gradual entronización de la teoría.[2]

Inevitablemente, los microdebates latinoamericanistas reproducen las macrodiscusiones no latinoamericanistas que marcan su lugar de enunciación, y en ninguna parte esto es más visible que en el deseo ético-político que expresa la disciplina al discutir cuestiones relativas a la "política de la identidad" y a la "política cultural de la diferencia". Aquí es donde se despliegan dos dimensiones contradictorias: por una parte, se niega la premisa de que un sujeto *unitario* pueda "representar" las identidades heterogéneas (es decir describirlas y hablar por ellas); por otra, se deconstruye el esencialismo subrayando la invención de las tradiciones, la hibridez de las culturas y la multiplicidad de las identidades.

Pensar la cuestión de la identidad, tratando al mismo tiempo de evitar una naturalización homogeneizadora por vía de la apelación a la diferencia –la llamada "dialéctica de identidad y diferencia"– plantea una aporía central: cómo deslegitimar la idea de identidad en tanto forma de representación, y abrir al mismo tiempo un espacio para las diferentes *voces silenciadas* (para las *diferentes identidades*) según el mandato multiculturalista. Para solucionar esta aporía –o sea para quebrar la antítesis identidad-diferencia–, se ha postulado a veces, con impecable lógica pero con desconcertante irreflexión política, pensar la imposibilidad de conocer al Otro, es decir la imposibilidad de identificarlo. Según esta propuesta la alteridad del Otro señalaría los límites de toda búsqueda de identidad: el Otro sería precisamente lo que se resiste al dominio conceptual y de esta manera no podría ser ni apropiado ni dominado (véase por ejemplo Moreiras). Pero si el punto de partida es la imposibilidad de representar al Otro *diferente*, no importa cuán híbrido o multicultural sea éste, ¿cómo sería posible pensar y ejercer una práctica crítica ético-política que tenga al Otro como objetivo de su acción, una práctica ético-política que pueda definirse a sí misma como progresista?

El ímpetu teórico gira muchas veces sobre sí mismo en estas cuestiones, como si la primacía otorgada a la política cultural de diferencia se volviera lúdica, "ocupada más que nada en el placer estético de la elegancia teórica" (Hale 582), olvidada de la base social de su objeto de estudio. Como lo ha demostrado el antropólogo Charles Hale, la teoría que es elegante y progresista en el medio académico del centro puede volverse reaccionaria en su viaje a la periferia: en Guatemala, por ejemplo, las teorías de izquierda sobre mestizaje e hibridismo fueron usadas por las elites criollas para quitarle legitimidad al activismo cultural indígena (Hale 582). La teoría latinoamericanista, al igual que la teoría mayor que la engloba en su lugar de enunciación, llega así a convertirse en un sustituto del activismo político. Es tentador pensar que descentrar y desestabilizar el *texto* en el plano teórico pueda ser equivalente a conferirle poder al marginado para cambiar su realidad. Pero para que la teoría tenga el poder de cambiar las condiciones sociales, se hace necesario postular la posibilidad de que el mundo sea un texto, y de que el texto sea el mundo. Definidas por Hernán Vidal como "críticas tecnocráticas", estas perspectivas teóricas suelen apoyarse más en la novedad técnica que en las necesidades sociales latinoamericanas propiamente dichas (Vidal 117-18).

Permítaseme agregar un ejemplo más de este girar de la teoría sobre sí misma. Al desnudar con toda justicia la tenacidad eurocéntrica de la disciplina, Walter Mignolo propone la práctica de una "teorización bárbara" (*barbaric theorizing*), un acto de teorizar que define como "propio del Tercer Mundo y desde el Tercer Mundo [...] para todo el planeta" ("Globalización" 35). En el esquema de Mignolo, el "bárbaro" no resulta vencido por la civilización sino que se apropia de las herramientas de producción de conocimiento para reemplazarlas por las suyas, asumiendo así legitimidad teórica y por lo tanto admisión plena a la conversación global. El inconveniente que plantea la propuesta de Mignolo es que en su propio lugar de enunciación, en sus propias sociedades, los teóricos de su esquema solo podrían ser "bárbaros" a condición de ser incluidos en un discurso de poder —el de civilización y barbarie— que implica cierta inferioridad según raza, clase social y género. Pero los teóricos de las sociedades latinoamericanas no experimentan ese tipo de marginalización y en esos términos. Como miembros de clases medias privilegiadas pueden elegir participar activamente en la discusión transnacional que circula en el centro, y hasta asumir o rechazar la etiqueta de "bárbaros": una elección que ciertamente no poseen quienes carecen de capital cultural suficiente para rechazar la imposición de *barbarie*. Como apunta Joshua Lund, la obsesiva mirada teórica sobre fronteras teórico-discursivas entre primer y tercer mundo puede así olvidar o no identificar correctamente las verdaderas fronteras que marcan la diferencia entre, por una parte, la legitimación institucional del conocimiento, y por otra, los vastos sectores de la sociedad que están excluidos de toda participación en el diálogo (76-77).

Es comprensible entonces que el latinoamericanismo estadounidense, situado en un lugar central de enunciación, haya desarrollado una mirada ambivalente conciente de sí misma y de la función que le compete en su contexto interpretativo. Por un lado, su discurso se identifica a veces decididamente con el del lugar central en que se desarrolla, volviéndose ciego a las implicaciones políticas de su uso: la desenvuelta circulación del término "poscolonial" en los estudios latinoamericanistas, por ejemplo, parecería sugerir en ciertas ocasiones la consoladora impresión de que los países del Primer Mundo ya hubieran renunciado a controlar partes importantes de las sociedades latinoamericanas.

Por otro lado, el latinoamericanismo estadounidense revela a veces dramáticamente su autoconciencia del vacío político en que puede girar su discurso. John Beverly ha demostrado fehacientemente las dificultades y contradicciones del intento de representar al "otro subalterno" latinoamericano, y ha desencubierto la pérdida de poder político contestatario que experimentan las categorías críticas latinoamericanas cuando son sacadas fuera de su contexto para ser domesticadas por dentro del latinoamericanismo de los Estados Unidos.[3] José Rabasa ha advertido sobre el riesgo de "combinar las representaciones político-estéticas de la subalternidad hechas por los intelectuales descolonizadores con los intereses y la subjetividad de los subalternos" mismos (145).

En los estudios literarios sobre producción cultural en lengua inglesa es bastante frecuente la percepción de que el discurso teórico puede convertirse en un simple *ersatz* de la acción política, la percepción de que las discusiones teórico-críticas pueden llevar a la academia hacia un margen cómodo pero no por ello menos marginal. En los estudios latinoamericanistas estadounidenses esta percepción es a veces más penosa porque implica una decepcionante *capitis diminutio*, el incómodo reconocimiento de desenvolverse en el margen del margen. Un caso a guisa de ejemplo. Walter Mignolo subraya que Frederic Jameson, el "distinguido profesor de inglés en Harvard", ha señalado (con intención reivindicatoria, por otra parte) que en la universidad estadounidense se ha ignorado "no sólo la literatura afronorteamericana y la literatura de mujer, sino también la del Tercer Mundo". Mignolo expresa así su irritación respecto de tal afirmación de Jameson: "Dado que [he estado todo este tiempo] enseñando literatura del Tercer Mundo a los estudiantes norteamericanos, vengo a darme cuenta de que tanto la literatura como la función que desempeñan los departamentos de lengua y literatura extranjeras fue ignorada en el pasado y, probablemente, aún lo sea" ("Canons" 16). Si los estudios literarios sobre literatura inglesa y norteamericana dan una batalla política imaginaria, si sus luchas teóricas no van generalmente más allá de constituirse en reacciones compensatorias ante el fracaso político (Guillory 5-8), las luchas teóricas latinoamericanistas estadounidenses pueden resultar entonces doblemente marginadas, un substituto a la segunda potencia.

Esta condición no invalida el trabajo latinoamericanista realizado en los Estados Unidos ni mucho menos paraliza su autocuestionamiento, que como se ha visto es tan activo como el que le sirve de marco. Deben ser reconocidas, sin embargo, las dificultades de *traducibilidad* que plantean sus condiciones de trabajo. Nacidos en un particular lugar de enunciación, los objetivos y hasta las categorías del latinoamericanismo estadounidense pueden ser especies de complicado trasplante fuera de su medio. El peso otorgado al realismo mágico, por ejemplo, es de difícil digestión en el actual discurso crítico latinoamericano pero no lo es en el latinoamericanismo estadounidense, donde se le sigue atribuyendo con frecuencia un "poder transgresor y subversivo", y donde ha adquirido renovado prestigio al ser incluido en el discurso poscolonial como un "modo de conciencia en conflicto" que actúa en la interacción entre las culturas indígenas y la europea (Zamora y Faris 5-6). Las posiciones de avanzada en la discusión sobre la legitimidad de las literaturas no canónicas, como la chicana y la afronorteamericana, suelen recurrir más a García Márquez que a Faulkner cuando se busca otorgarles a esas literaturas una genealogía caribeño-latinoamericana, echando mano a la categoría naturalizada del realismo mágico para integrar la literatura "menor" norteamericana (la literatura de minorías) en un plano transnacional y hemisférico (Saldívar).

Este recorte del realismo mágico, sin duda extemporáneo desde la perspectiva del contexto interpretativo latinoamericano, debe ser entendido por dentro de la especificidad del contexto estadounidense y no como resultado de un ejercicio de "libertad teórica" por parte de los investigadores. Como la representación cultural de Latinoamérica está mediatizada por el sistema universitario y las empresas estadounidenses, quienes deciden según su lógica globalizadora qué películas latinoamericanas serán exhibidas, qué libros serán traducidos, qué asuntos sociales o políticos serán representados o cuáles serán los "verdaderos representantes" del continente, la construcción imaginaria de Latinoamérica prevaleciente en la academia y en los medios estadounidenses tiende a reforzar la percepción de que aquella es predominantemente una zona geográfico-cultural de la que se debe esperar la provisión de materia prima textual: el realismo mágico de marras, por ejemplo, y otras "auténticas" *otredades*.[4] Se vuelve, en general inadvertidamente, a la rancia división del trabajo internacional pergeñada a mediados del siglo veinte y mencionada al comienzo de esta charla.

Ejemplos como éstos son bastante elocuentes respecto de la necesidad de examinar con debida atención el *lugar* de los enunciados teórico-críticos para poder evaluarlos correctamente según su posicionalidad en el discurso social respectivo. La contribución más importante de los estudios literarios latinoamericanistas estadounidenses no hay que buscarla en sus rasgos masivos; en su ingente productividad de investigación y publicación exigida por el sistema de contratación, promoción y ascenso profesional; o en su inevitable *excesividad*, que es parte del sistema general de consumo excesivo en el que se inserta. Su verdadero aporte reside en la ambivalencia misma en que se desenvuelven, en la autorreflexión que a veces ésta promueve; en la conciencia (aun la falsa conciencia) de la responsabilidad ético-política que implica la disciplina, tanto en relación con su propio lugar enunciativo como con el latinoamericano de referencia. Cierro con un caso que desde sus remotos orígenes ya le plantea al latinoamericanismo norteamericano una acuciante pregunta sobre la condición política de sus funciones.

William Prescott (1796-1869) es quizás el hispanista que más concluyentemente ha definido el campo de los estudios literarios latinoamericanistas norteamericanos en sus primeros momentos.[5] Su *Historia de la conquista de México*, publicada por primera vez en 1843, se convirtió en un éxito de venta durante la invasión norteamericana de los Estados Unidos a México entre 1846 y 1848, y fue obra de inclusión obligatoria en las bibliotecas de las naves de su marina de guerra. El peso discursivo *profético* adjudicado a ese relato está atestiguado en numerosos documentos de la época, por ejemplo en la correspondencia privada de oficiales de la fuerza expedicionaria norteamericana, donde se usa el relato de Prescott sobre la invasión de Hernán Cortés para elevar épicamente los propios actos de guerra en el valle de México, comparando a las tropas mexicanas con hordas *primitivas* de "aztecas supersticiosos" y comparándose estos oficiales a sí mismos con los conquistadores españoles, como símbolos de civilización y progreso. Acaso sin advertir que su Historia se había convertido en una racionalización de estos actos e interpretaciones, Prescott demuestra en sus cartas de la época estar en contra de la invasión, a la que califica de "ola de locura sin precedentes" y a la que considera un potencial "veneno para la democracia" (cartas a George Sumner de 1846, citadas por Eipper 420-421).[6]

Pero este rechazo de la aventura imperialista tiene un reverso en su apetito voraz y privado por los despojos culturales acarreados por la invasión. En la correspondencia que Prescott mantiene con oficiales de su amistad acampados en ciudad de México después de la victoria, los exhorta a buscar activamente manuscritos y documentos que puedan servirle para sus proyectos de investigación. Le escribe al general Caleb Cushing: "Tengo la esperanza de que podamos sacar algún provecho de nuestra pasajera posesión de la capital mexicana para exhumar algunos monumentos y manuscritos aztecas" (citado en Eipper 423). Dueño de una gran fortuna, conectado con los círculos del poder, semiciego, recluido en su biblioteca, escribiendo sus libros con la ayuda de un noctógrafo (el instrumento tecnológicamente más avanzado de su época), Prescott duplica simbólicamente el apetito de apropiación que caracteriza el expansionismo de su sociedad, el llamado "Destino Manifiesto". Dirige desde su puesto de trabajo solitario un ejército privado de agentes a quienes retribuye generosamente para que le encuentren, en archivos, monasterios y bibliotecas privadas de Europa e Hispanoamérica, riquezas documentales inéditas destinadas a aumentar su biblioteca y a fundamentar sus investigaciones: manuscritos de Fernández de Oviedo, la quinta carta de Cortés, las canciones del rey poeta Nezahualcóyotl.

En su invasión de México los Estados Unidos se habían apropiado de California, Nueva México y otros territorios adyacentes, demarcando en el proceso un nuevo mapa del continente. De la misma manera, en su narrativa de la marcha apropiadora de Cortés

Prescott había insertado estudios literarios sobre Sahagún, Las Casas, Oviedo, Gómara, Bernal Díaz, Solís, Nezahualcóyotl, codificando en su proceso de escritura el canon que aún es la base de los cursos y listas de lecturas sobre literatura colonial hispanoamericana en las universidades de los Estados Unidos. El apetito geográfico del "Destino Manifiesto" se duplica en esta apropiación de capital simbólico, donde "pirámides, alfarería y poesía son semánticamente intercambiables con la dominación política y la conquista territorial" (Eipper 423). Prescott está asqueado por la guerra de expansión y fascinado al mismo tiempo por la oportunidad que ésta le brinda para apropiarse de valiosos materiales culturales; rechaza moralmente la rapiña del "Destino Manifiesto" pero la imita al creer que el derecho de propiedad sobre los bienes culturales ajenos le asiste a quien sepa *mejor* usarlos. La ambigüedad de Prescott se convierte en un legado y una referencia remota pero todavía válida para los actuales estudios literarios latinoamericanistas estadounidenses, puestos a cargo de la interpretación de textos latinoamericanos para una audiencia norteamericana. Como señala John Eipper, latinoamericanista norteamericano, "tenemos mucho que aprender del inquietante ejemplo planteado por un investigador cuya genuina admiración del mundo hispanoparlante sirvió sin embargo a un acto imperialista que rechazó personalmente" (2000: 424). Agrego: aprender a resistir la poderosa oferta del propio contexto interpretativo; aprender a evitar el posible vaciamiento teórico de la realidad y el acto político; aprender a hablar por encima del ruido imperialista, a pesar de estar hablando desde el centro imperialista. Estar alerta para advertir cuándo una investigación comienza a girar sobre sí misma y a volverse lúdica, "ocupada más que nada en el placer estético de la elegancia teórica" porque se ha olvidado de la base social de su objeto de estudio. Una carga, pero también un privilegio, para quienes se encargan de hacer estudios literarios latinoamericanistas en los Estados Unidos.

Notas

[1] Versiones previas de este trabajo fueron leídas en el Sexto Congreso de Teoría y Crítica Literaria Orbis Tertius (Universidad Nacional de La Plata, Argentina, mayo de 2006), y en el Segundo Coloquio de Lengua, Literatura y Lingüística (Universidad de Florida, EEUU, octubre de 2006).

[2] En el actual predominio de la teoría en los estudios literarios también está presente la herencia lejana de la nueva crítica anglonorteamericana de los cincuenta, del estructuralismo de los sesenta, del deconstruccionismo y el postestructuralismo de los ochenta.

[3] Véase su discusión sobre los usos de los conceptos "transculturación narrativa", de Angel Rama, y "heterogeneidad," de Antonio Cornejo Polar en los capítulos II y III de su libro *Subalternity and Representation: Arguments in Cultural Theory*.

[4] Véase el análisis de Yúdice sobre Carlos Fuentes como ícono "latinoamericano" y "mexicano" en los Estados Unidos (204). Sobre la construcción estadounidense de Latinoamérica como dadora de materia prima cultural y no de teoría, véase López (2-3).

[5] Sigo aquí en resumen la lúcida discusión que desarrolla Eipper (2000) sobre el caso Prescott. Entre otros trabajos recientes sobre Prescott véanse Merrim (1989), Ernest (1993) y Wertheimer (1995).

[6] No parece que este rechazo de Prescott se haya debido a la intención de defender la soberanía y los derechos mexicanos, sino más bien a una concepción casi religiosa respecto del castigo divino que puede esperar una sociedad que comete actos violentos fuera de su territorio. Algo parecido sugiere Sarmiento en *La vida de Lincoln* al explicar la guerra civil de secesión como un precio que Estados Unidos debió pagar por la guerra que injustamente desatara pocos años antes contra México (Eipper 421).

BIBLIOGRAFÍA

Berubé, Michael. "The Abuses of the University". *American Literary History* 10/1 (1998): 147-63.
Beverly, John. *Subalternity and Representation: Arguments in Cultural Theory*. Durham: Duke UP, 1999.
Champagne, John. " 'A Feminist Just Like Us?': Teaching Mariam Ba's *So Long a Letter*". *College English* 58/1 (enero 1996): 22-42.
Eipper, John E. "The Canonizer De-Canonized: The Case of William H. Prescott". *Hispania* 83/3 (2000): 416-27.
Ernest, John. "Reading the Romantic Past: William H. Prescott's *History of the Conquest of Mexico*". *American Literary History* 5 (1993): 231-49.
Guillory, John. *Cultural Capital: The Problem of Literary Canon Formation*. Chicago: U of Chicago P, 1993.
Hale, Charles R. "Cultural Politics of Identity in Latin America". *Annual Review of Anthropology* 26 (1997): 567-590.
Hassan, Wail. "A Comment on 'Reflections on an Anthology'". *College English* 63/6 (2001): 792-94.
López, Silvia L. "Introduction: The Task of the Editor". *Cultural Critique* 49 (2001): 1-17.
Lund, Joshua. "Barbarian Theorizing and the Limits of Latin American Exceptionalism". *Cultural Critique* 47 (2001): 54-90.
Merrim, Stephanie. "Civilización y barbarie: Prescott como lector de Cortés". *La historia en la literatura iberoamericana*. Raquel Chang-Rodríguez y Gabriella de Beer, eds. New York: City College, 1989. 87-96.
Mignolo, Walter. "Canons A(nd) Cross-Cultural Boundaries (Or, Whose Canon are We Talking about?" *Poetics Today* 12/1 (1991): 1-28.
_____. "Globalization, Civilization Process, and the Relocation of Languages and Cultures". *The Cultures of Globalization*. Fredric Jameson y Masao Miyoshi, eds. Durham: Duke UP, 1998. 32-53.
Moreiras, Alberto. Reseña de *The Dialectics of Our America: Genealogy, Cultural Critique, and Literary History*, de José David Saldívar . *The Hispanic American Historical Review* 74/4 (1994): 697-98.
Pletsch, Carl E. "The Three Worlds, or the Division of Social Scientific Labor, circa 1950-1975". *Comparative Studies in Society and History* 23/4 (1981): 565-90.
Rabasa, José. Reseña de *The Dialectics of Our America: Genealogy, Cultural Critique, and Literary History*, de José David Saldívar. *The Americas* 51/1 (1994): 143-45.
Said, Edward. "Identity, Authority, and Freedom: The Potentate and the Traveler". *Transitions* 54 (1991): 131-50.
Saldívar, José David. *The Dialectics of Our America: Genealogy, Cultural Critique, and Literary History*. Durham: Duke UP, 1991.
Spivak, Gayatri Chakravorty. *Outside in the Teaching Machine*. Nueva York: Routledge, 1993.
Vidal, Hernán. "The Concept of Colonial and Postcolonial Discourse: A Perspective from Literary Criticism". *Latin American Research Review* 28/3 (1993): 113-19.
Wertheimer, Eric. "Noctography: Representing Race in William H. Prescott's History of the Conquest of Mexico". *American Literature* 67 (1995): 303-27.

Yúdice, George. "We Are Not the World". *Social Text* 31/32 (1992): 202-16.
Zamora, Lois Parkinson y Wendy B. Faris, comps. *Magical Realism: Theory, History, Community*. Durham: Duke UP, 1995.

Colaboradores

ANDRÉS AVELLANEDA obtuvo su licenciatura en Letras Modernas en la Universidad Nacional de Buenos Aires y su doctorado en Letras Latinoamericanas en la Universidad de Illinois. Ha enseñado en varias universidades argentinas, europeas, estadounidenses y latinoamericanas y es autor de libros y artículos de consulta imprescindible sobre literatura y cultura latinoamericana, publicados en revistas especializadas de Hispanoamérica, Europa y los Estados Unidos. Es miembro de varios comités editoriales y ha recibido numerosas distinciones y nombramientos por sus méritos docentes y científicos; entre otros, el "Term Professor in the College of Liberal Arts and Sciences of the University of Florida", el "Award for Excellence in Teaching at the University of Florida", la "Fulbright Research Fellowship", el "Woodrow Wilson Fellowship", y el Premio de Crítica Literaria de la Editorial Sudamericana (Buenos Aires, Argentina).

DANIEL BALDERSTON es Profesor Titular y Collegiate Fellow de la University of Iowa, donde dirige el Centro Borges (información en borges.uiowa.edu). Es autor de varios libros sobre este autor argentino, entre ellos: *El precursor velado* (1985), *Out of Context* (1993; edición en español, 1996) y *Borges, realidades y simulacros* (2000). Es también autor de varios libros sobre sexualidades en América Latina, entre ellos *El deseo, enorme cicatriz luminosa* (2004) y, con José Quiroga, *Sexualidades en disputa* (2005), además de traductor y compilador de enciclopedias y libros de referencia. Es traductor al inglés de obras de José Bianco, Silvina Ocampo, Ricardo Piglia, Juan Carlos Onetti y Sylvia Molloy, y compilador (con Marcy Schwartz) de *Voice Overs: Translation and Latin American Literature* (2002). Es el actual presidente del Instituto Internacional de Literatura Iberoamericana.

EFRAÍN BARRADAS, profesor de literatura y estudios latinoamericanos en la Universidad de la Florida en Gainesville, ha escrito diversos estudios sobre literatura y arte del Caribe entre los que se destacan *Para leer en puertorriqueño: Acercamiento a la obra de Luis Rafael Sánchez*, *Partes de un todo: Ensayos y notas sobre la literatura puertorriqueña en los Estados Unidos* y *Mente, mirada, mano: visiones y revisiones de la obra de Lorenzo Homar*.

MARTA ZULEMA BERMÚDEZ (Argentina) recibió su PhD de la Universidad de Arizona, Actualmente es profesora asociada en el Departamento de Inglés y Literaturas y Directora de Lenguas y Estudios Internacionales de Mercer College en New Jersey, EE.UU. Ha publicado artículos sobre literatura y cultura latinoamericana en revistas académicas y capítulos en libros especializados en temas latinoamericanos. Es autora de los siguientes libros: *Decir 'no' al olvido: La construcción de la memoria en América Latina* (2002), *Poder y transgresión: Perú, metáfora e historia* (1996) y *Poesía, sociedad y cultura: Diálogos y retratos del Perú colonial* (1992).

ALVARO FÉLIX BOLAÑOS (Colombia, 1955-EE.UU., 2007) obtuvo su licenciatura en Letras en la Universidad de Cali y su doctorado en Letras Hispanoamericanas en la Universidad de Kentucky. Enseñó literatura colonial hispanoamericana en la Universidad de Tulane (1988-1998) y en la Universidad de Florida (1998-2007). Fue autor de dos libros, de un libro coeditado, de varios capítulos en libros colectivos y de numerosos artículos publicados en revistas especializadas de Colombia y los Estados Unidos. La importancia de su trabajo como investigador de literatura, historia y cultura colonial hispanoamericana fue reconocida con múltiples distinciones de la Mellon-Tinker Foundation, el National Endowment for the Humanities, el Fulbright Program y la Woodrow Wilson Foundation. Cuando falleció tenía en preparación "Reading like Conquistadors: *Hispanism* and The New Kingdom of Granada's Foundational Narratives", su tercer libro sobre literatura colonial hispanoamericana.

MIGUEL DALMARONI. Investigador del CONICET de Argentina. Profesor titular de Metodología de la Investigación Literaria y adjunto de Literatura Argentina II en la Universidad Nacional de La Plata. Ha publicado numerosos estudios en revistas especializadas, y en *Punto de vista, Revista de Crítica Cultural, Otra parte*. Ha colaborado en los tomos VIII y XI de la *Historia Crítica de la Literatura Argentina* dirigida por Noé Jitrik, y en las ediciones críticas de la Colección Archivos del *Martín Fierro* de José Hernández y de *El entenado* y *Glosa* de Juan José Saer. Entre sus últimos trabajos se cuentan los libros La palabra justa. Literatura, crítica y memoria en la Argentina, 1960-2002 (Santiago de Chile: RIL-Melusina, 2004), y Una república de las letras. Lugones, Rojas, Payró (Buenos Aires: Beatriz Viterbo, 2006).

JOSÉ LUIS DE DIEGO es doctor en Letras (Universidad Nacional de La Plata). Se desempeña como profesor de Introducción a la Literatura y Teoría Literaria II de la Facultad de Humanidades y Ciencias de la Educación (UNLP). Es miembro del Comité Científico del Centro de Teoría y Crítica Literaria y de la Comisión de Grado Académico del Doctorado en Comunicación. Ha publicado *"¿Quién de nosotros escribirá el Facundo?"Intelectuales y escritores en Argentina (1970-1986)* (2001); *La verdad sospechosa. Ensayos sobre literatura argentina y teoría literaria* (2006); *Editores y políticas editoriales en Argentina (1880-2000)* (Director del volumen, 2006); y *Una poética del error. Las novelas de Juan Martini* (2007); además de numerosos artículos en revistas especializadas. Ha dictado cursos y conferencias en las Universidades de Buenos Aires, Trieste, Köln, Poitiers, Angers, Granada, Salamanca, Extremadura, entre otras.

ALICIA GENOVESE, poeta y ensayista argentina. Publicó seis libros de poesía, entre ellos, *El borde es un río* (1997), *Puentes* (2000) *Química diurna* (2004) y la antología bilingüe *La ville des ponts/ La ciudad de los puentes* (2001). En ensayo: *La doble voz. Poetas argentinas contemporáneas* (1998) analiza la poesía escrita por mujeres en los '80. Publicó además, reseñas y artículos en los suplementos culturales del diario *Clarín* y *El Cronista Comercial*, así como en revistas especializadas. Egresó como Profesora en Letras de la UBA y se doctoró en la Universidad de Florida, Gainesville. Actualmente, dirige el Departamento de Literatura de la Universidad Kennedy. Obtuvo la beca a la creación otorgada por el Fondo Nacional de las Artes y la beca John S.Guggenheim.

BEATRIZ GONÁLEZ-STEPHAN (Venezuela) ocupa actualmente la cátedra Lee Hage Jamail Chair de Literatura Latinoamericana de Rice University. Entre sus libros recientes figuran: *Escribir la historia literaria: capital simbólico y monumento cultural* (2001); *Fundaciones: canon, historia y cultura nacional* (2002); *Galerías del Progreso* (con Jens Andermann, 2006); *Nación y Literatura. Itinerarios de la palabra escrita en la cultura venezolana* (con Carlos Pacheco y Luis Barrera Linares, 2006); *Andrés Bello y los estudios latinoamericanos* (con Juan Poblete, 2008). En 1987 obtuvo el Premio Ensayo Casa de Las Américas.

FRANCINE MASIELLO ha sido nombrada Sidney and Margaret Ancker Distinguished Professor in the Humanities de la Universidad de California, Berkeley, donde enseña en los departamentos de literaturas hispánicas y literatura comparada. Entre sus libros figuran *Lenguaje e ideología: las escuelas argentinas de vanguardia* (1986), *Entre civilización y barbarie: mujer, nación y modernidad en la cultura argentina* (1992; trad. al castellano, 1997 y ganador del Premio del Modern Language Association por mejor libro del año sobre un tema latinoamericano); *La mujer y el espacio público* (1994); *El arte de la transición* (2001), también premiado por la MLA; y *Dreams and Realities, The writings of Juana Manuela Gorriti* (2003), una edición crítica de la obra de Juana Manuela Gorriti. Es co-autora de *Women, Politics, and Culture in Latin America* (1991) y co-editora, con Tulio Halperin-Donghi, Iván Jaksic y Gwen Kirkpatrick de *Sarmiento, Author of a Nation*. (1994). En colaboración con Daniel Balderston ha preparado una colección de ensayos sobre *El beso de la mujer araña*.

MABEL MORAÑA es William H. Gass Professor of Arts and Sciences en Washington University, St. Louis, donde dirige el Programa de Estudios Latinoamericanos. Es directora de publicaciones del Instituto Internacional de Literatura Iberoamericana desde 1996. Su último libro sobre literatura y cultura latinoamericana lleva por título *Crítica Impura* (2006). El volumen *Coloniality at Large. Latin America and the Postcolonial Debate*, coeditado con Enrique Dussel y Carlos A. Jáuregui, será publicado por Duke University Press en 2008.

FERNANDO REATI, nacido en Córdoba, Argentina, obtuvo su doctorado en Washington University (St. Louis). Es profesor de literatura latinoamericana contemporánea, y jefe del Departamento de Lenguas Modernas, en Georgia State University, Atlanta. Autor de *Nombrar lo innombrable: Violencia política y novela argentina, 1975-1985* (1992); y *Postales del porvenir: La literatura de anticipación en la Argentina neoliberal, 1985-1999* (2006). Compilador, con Adriana Bergero, de *Memoria colectiva y políticas de olvido: Argentina y Uruguay, 1970-1990* (1997); con Mirian Pino compiló el volumen *De centros y periferias en la literatura de Córdoba* (2001).

SYLVIA SAÍTTA es doctora en letras de la Universidad de Buenos Aires, donde se desempeña como profesora de literatura argentina del siglo veinte y dirige el proyecto de investigación "Frente a la Underwood: modos de la intervención cultural, política y literaria en diarios y revistas de la Argentina del siglo veinte". Es investigadora adjunta del Conicet y publicó los libros *Regueros de tinta. El diario Crítica en la década de 1920* (Sudamericana, 1998. Primer Premio al mejor libro argentino de historia argentina de la Fundación El Libro) y *El escritor en el bosque de ladrillos. Una biografía de Roberto Arlt* (Sudamericana, 2000), por el que obtuvo el "Diploma al mérito", otorgado por la Fundación Konex en 2004. Dirigió el noveno tomo de la *Historia crítica de la literatura argentina*, titulado *El oficio se afirma* (Emecé, 2004), y realizó compilaciones de gran parte de la obra periodística inédita de Roberto Arlt. Publicó numerosos artículos en volúmenes colectivos y en revistas académicas sobre literatura argentina, historia cultural y los vínculos entre la cultura alta y los medios masivos de comunicación. Es colaboradora del suplemento cultural del diario *La Nación*.

SAÚL SOSNOWSKI es profesor de literatura y cultura latinoamericana de la Universidad de Maryland, College Park; Director del Centro de Estudios Latinoamericanos (que fundó en 1989) y desde 2000, Vicerrector para Asuntos Internacionales. Es autor de *Julio Cortázar: una búsqueda mítica*, *Borges y la Cábala: la búsqueda del Verbo* (traducido al portugués y al alemán), *La orilla inminente: escritores judíos-argentinos*, de más de 80 artículos publicados en revistas y volúmenes colectivos, y editor o co-editor de más de 15 libros. Sosnowski es el fundador y director de la revista de literatura Hispamérica. En 1995 lanzó el proyecto "Una cultura para la democracia en América Latina" y en marzo de 2001, en Buenos Aires, "Nuevo liderazgo para una cultura democrática". Sus conferencias y publicaciones a lo largo de más de una década se han centrado en temas de educación ciudadana, democracia y manejo de conflictos, con énfasis en Latinoamérica.

www.ingramcontent.com/pod-product-compliance
Lightning Source LLC
Chambersburg PA
CBHW071409300426
44114CB00016B/2244